博士论文
出版项目

中国城镇化进程中的土地级差收入研究

A Study of Land Differential Income in China's Urbanization

金栋昌 著

中国社会科学出版社

图书在版编目(CIP)数据

中国城镇化进程中的土地级差收入研究 / 金栋昌著. —北京：中国社会科学出版社，2020.8
ISBN 978－7－5203－6330－3

Ⅰ.①中⋯　Ⅱ.①金⋯　Ⅲ.①收入分配—研究—中国　Ⅳ.①F124.7

中国版本图书馆 CIP 数据核字（2020）第 064599 号

出 版 人	赵剑英
责任编辑	刘　艳
责任校对	陈　晨
责任印制	戴　宽

出　　版	中国社会科学出版社
社　　址	北京鼓楼西大街甲 158 号
邮　　编	100720
网　　址	http://www.csspw.cn
发 行 部	010－84083685
门 市 部	010－84029450
经　　销	新华书店及其他书店

印刷装订	北京君升印刷有限公司
版　　次	2020 年 8 月第 1 版
印　　次	2020 年 8 月第 1 次印刷

开　　本	710×1000　1/16
印　　张	22
字　　数	297 千字
定　　价	128.00 元

凡购买中国社会科学出版社图书，如有质量问题请与本社营销中心联系调换
电话：010－84083683
版权所有　侵权必究

出 版 说 明

为进一步加大对哲学社会科学领域青年人才扶持力度，促进优秀青年学者更快更好成长，国家社科基金设立博士论文出版项目，重点资助学术基础扎实、具有创新意识和发展潜力的青年学者。2019年经组织申报、专家评审、社会公示，评选出首批博士论文项目。按照"统一标识、统一封面、统一版式、统一标准"的总体要求，现予出版，以飨读者。

全国哲学社会科学工作办公室

2020年7月

序 一

以土地出让金为核心的土地财政问题是我国推进新型城镇化的重点和理论解析的难点问题。改革开放以来，关于土地出让金的本质属性、分配逻辑和治理模式的讨论不绝于耳：土地出让金究竟是租是税？它的分配过程是否公平？相关管理制度该如何完善？学术界对于这些问题的回答角度各异、论点各异。这使得从马克思地租理论角度出发解析我国土地出让金的系列学理问题，构建中国特色社会主义的土地级差收入理论显得十分必要。正是基于这样的考虑，我与栋昌商讨后决定将他的博士论文题目定为"中国城镇化进程中的土地级差收入研究"。

《中国城镇化进程中的土地级差收入研究》可以说是个"难啃的硬骨头"，不仅需要静下心来细细品读大量经典著作，还要深入解析土地财政的结构，同时进行必要的调查研究。令我欣慰的是，栋昌的完成质量超过预期，博士论文不仅以高分通过，而且还在此基础上申请获批了国家社科基金后期资助项目（优秀博士论文出版项目）。呈现在读者面前的这部专著就是他承担的国家社科基金的最终研究成果。作为栋昌的博士导师，我见证了他的漫漫攻博之路，也看到了他为这本专著付出的艰辛劳动。值此著作问世之际，我欣然题序。

要想进一步完善城镇化过程中的土地利用与管理问题，破解当前土地出让金的某些短期效应、建构符合我国国情的土地利用与管理体系，就要从学理上回答"土地出让金是何属性，如何分配，怎样转型？"等理论问题。《中国城镇化进程中的土地级差收入研究》以马克思地租理论中的方法论思想为指导，从土地出让金切入，对中国城镇化进程中的土地级差收入的本然属性、实然状态和未然走向进行了系统研究，对当前土地出让金管理制度的深化改革具有积极意义。

这本书在以下几个方面对研究中国城镇化过程中的土地问题提供了很有价值的理论探索。

（一）对马克思地租理论及其科学方法论思想进行了较系统的诠释。从分析马克思地租理论的文本出发，对马克思地租理论的基本体系、核心思想进行了系统梳理，揭示出马克思地租理论的科学方法论思想，即：以生产关系为根本的唯物主义方法论、工具价值和制度价值对立统一的地租功能方法论、整体性与结构性相结合的地租结构方法论，为科学指导我国的土地级差收入改革工作提供理论依据和方法论前提。

（二）对中国城镇化进程中土地级差收入的本质属性进行了理论分析，提出"土地级差收入"的理论概念，指出土地级差收入是反映社会主义生产关系的租金，是土地社会主义公有制与土地收益全民共享的集中体现，核心特征是公有共享，它具有调节土地利益关系的工具价值和彰显社会主义生产关系特性的制度价值，其中制度价值具有根本性和统摄性。这为认识土地级差收入的本质属性提供理论依据。

（三）对中国城镇化进程中土地级差收入的实然状态进行了总结和问题分析。剖析了我国土地级差收入独特的生成条件和生成过程，指出经济层面、行政层面和法治层面的客观因素导致了土地级差收入强化机制的形成，从而引发了"土地财政"现象，并使得土地级差收入的工具价值与制度价值失衡，最终得出"当前我国土地级差收入正面临增长压力，亟须转型以更好地适应我国的城镇化建设规律"的结论。这对完善土地级差收入治理体系提出了现实要求。

（四）提出了土地级差收入的治理体系和政策建议。为回答

"土地级差收入将去向何方?"的问题,寻找合理的治理路径,从治理理念、治理目标、治理路径、政策建议四个方面提出了涵盖土地级差收入转型、土地产权改革、政府职能转变等诸多内容的治理建议,以推动土地级差收入与新型城镇化的深度契合。

这部著作的创新之处有以下三个方面:第一,通过全面梳理《资本论》中关于地租的经典论述,揭示马克思关于地租生成的内在逻辑和一般规律,系统阐释马克思地租理论的理论逻辑与方法论思想;第二,立足我国国情,以马克思地租理论的理论逻辑和方法论为指导,在论证土地级差收入与地租本质区别的基础上,分析了土地级差收入的三重属性特征;第三,以土地社会主义公有制这一宪法秩序为前提,认为土地级差收入的治理理念须做到"四性统一",即坚守制度根本性、价值引领性、发展规律性和视野整体性的统一,并在此基础上提出了土地级差收入法律、政策、实践三位一体的公有共享的分配逻辑。

总体而言,专著对包括土地出让金在内的土地级差收入及其本质属性、生成机制、数量规模、发展趋势、分配机制、治理体系进行了系统论证,形成了观照中国国情和城镇化战略的土地级差收入分析框架,揭示出马克思地租理论的理论逻辑和方法论思想,界定了中国城镇化进程中土地级差收入的本质属性,还从利益共同体角度提出了土地级差收入公有共享的分配理念和分配逻辑,深化了马克思级差地租理论的研究,开辟了应用马克思地租理论的分析逻辑和方法论思想研究当代中国城镇化过程中的土地问题的思维路径。该书不是那种把马克思的地租范畴不加分析、照搬过来,简单套用,从而忽视在土地租金问题上资本主义属性与社会主义属性的区别,从而导致一定的思想困惑;而是坚持马克思的立场、观点和方法,遵循马克思的理论逻辑研究新时代的经济现象,展现出作者的理论勇气和学术能力。当然,相比于中国特色社会主义政治经济学的理论需要和中国城镇化建设的实践需要而言,这部著作还有一些不足:土地级差收入与深化土地管理体制改革、土地级差收入的共享机制、土地级差收入与土地税、费的系统改革等研究仍需进一步深化。

人生有涯，学术无涯。希望该专著的出版能激发作者在相关领域继续求索，也盼望这部专著的出版能引起学术界同仁对马克思级差地租理论和中国土地出让金的实践过程的更多关注与研究。

王宏波
于西安交通大学
2020年4月7日

序　二

　　城镇化既是促进国民经济社会发展的有力抓手，同时又是衡量经济社会发展水平的重要标尺。改革开放以来，随着中国城镇化步伐的持续加快，我国城镇规模和城镇数量在短时间内迅速壮大，城镇化水平实现了快速提升，这标识着中国城镇化快速发展的历史进程，同时也印证着我国经济社会的快速发展事实。

　　城镇化是产业、土地、人口三重因素多元互动与有机融合的历史过程。但就当前中国城镇化的发展现状而言，过于依赖土地因素，土地城镇化超前于人口城镇化和产业现代化，已然构成了当前中国城镇化发展的显著特点，这也意味着中国城镇化的现实走向是土地城镇化的极化发展。土地城镇化的这种极化发展源于对高额土地出让金的追求和获取，其结果形成了相关方对"土地财政"的过分追求，进而带来了相应的社会问题，并最终影响国民经济的健康发展。这是异化的土地城镇化的社会后果，同时也昭示着中国城镇化发展的困境所在。何以至此？究其本质，正是由于对城镇化进程中土地功能认知不清，对城镇化进程中土地级差收入的本质属性缺乏理性认识，进而使城镇化进程中的"土地财政"问题得以衍生并愈演愈烈，最终导致中国城镇化失衡发展。由此，厘清城镇化进程中的土地功能认知，对城镇化进程中土地级差收入的本质属性进行理性确认，进而有效破解城镇化进程中的"土地财政"问题，推动城镇化进程中土地、产业、人口三大要素有机协调发展，提高城镇化发展质量，构成了当前理论工作者进行理性思考的时代任务。

《中国城镇化进程中的土地级差收入研究》一书，以马克思主义地租理论为科学指导，以中国特色社会主义政治经济学为着眼，以中国城镇化发展为现实观照，对中国城镇化进程中土地级差收入的本质属性及其演进机制进行了学理剖析，厘清了中国城镇化进程中的土地功能认知，科学揭示了中国城镇化进程中土地级差收入的本质属性。同时，该书还进一步对中国城镇化进程中土地级差收入的数量规模与发展趋势进行了细致分析和科学预判，进而提出了中国城镇化进程中土地级差收入分配应遵循的基本原则，并就构建中国城镇化进程中土地级差收入治理体系给出了系统方案。论著逻辑清晰，结构完整，论述精辟，既以中国城镇化进程之"表"考究土地级差收入之"本"，又以土地级差收入之"小"见中国城镇化发展进程之"大"，因而无论是对于当前学界关于土地级差收入的针对性研究，还是对于当前学界关于中国城镇化发展的综合性研究，都提供了新的学术视域和研究思路，具有重要的理论意义和现实意义。

整体而言，《中国城镇化进程中的土地级差收入研究》一书，是当前学界关于土地级差收入研究的一部力作。作为一部学术研究成果，该著作具有三"新"特点：第一，立意新。该书将土地级差收入这一学理范畴同中国城镇化进程进行关联研究，以马克思地租理论为思想来源，对土地级差收入进行了学理上的深入剖析，同时以中国城镇化进程为现实观照，对土地级差收入进行了实践上的科学考察，做到了理论逻辑与实践逻辑的二维统一。第二，视角新。该书确立了马克思主义理论的静态理论研究视角和中国城镇化发展进程的动态实践研究视角，做到了静态理论研究与动态实践考察相结合。在静态理论研究视角下，该书以马克思地租理论为理论依据和方法论，对土地级差收入概念进行了科学厘定；在动态实践研究视角下，该书以中国城镇化进程为现实观照，对土地级差收入进行了系统考察，重点研究了中国城镇化进程中土地级差收入的本质属性、生成逻辑、数量规模与结构、分配机制等内容，并提出了构建中国城镇化进程中土地级差收入治理体系的实践方案。第三，结论新。

该书首先揭示出马克思地租理论的科学方法论思想具有的三重内涵，即以生产关系为根本的唯物主义方法论、工具价值与制度价值对立统一的地租功能方法论、整体性与结构性相结合的地租结构方法论，同时还指出马克思地租理论的科学方法论对于我们认识和治理土地级差收入的相关问题具有重要的指导价值。其次，该书对中国城镇化进程中的土地级差收入的本质属性进行了科学界定，指出土地级差收入本质上是反映社会主义生产关系的土地有偿使用收入，核心特征是公有共享，它内涵着中国特色的制度属性，当前土地出让金代表其主要形式。再次，该书从利益共同体角度提出了土地级差收入公有共享的分配理念和价值逻辑，指出单纯的物权法逻辑不能作为土地级差收入分配的唯一逻辑，而应该是以土地社会主义公有制这一宪法秩序为前提的物权法逻辑。土地级差收入的分配不应该是面向少数人的特定分配，而是面向中央政府、地方政府、失地农民、农村集体、全体人民、纵向群体等利益共同体的多维分配。由此，立意新、视角新、结论新之"三新"，构成了该书的创新之处，彰显着该书独有的学术特色。《中国城镇化进程中的土地级差收入研究》一书，凝结着栋昌读博期间的学术思考和学理沉淀，更是栋昌多年来学术积累的集中彰显。作为栋昌的硕士生导师，我由衷地感到欣慰和骄傲。一直以来，栋昌有着明确的学术方向，并为之不断努力。栋昌勤于思考，勇于探索，能够在学术道路上迎难而上，不断推出高质量的学术成果。"青出于蓝而胜于蓝"，我相信栋昌在今后的学术研究中一定能够取得更为显著的学术成就。

是为序

刘吉发
于长安大学
2020 年 4 月 6 日

摘　　要

改革开放以来，我国借助土地出让金实现了城镇数量和规模的快速扩张，实现了城镇化的高速和高质量发展，但同时也引发了"土地财政"现象。从土地级差收入维度破解土地出让金的短期效应，建构符合我国国情的土地利用与管理关系，成为本书的研究初衷。基于此，本书以马克思地租理论及其方法论为指导，对包括土地出让金在内的土地级差收入及其本质属性、生成机制、发展趋势、分配机制、治理体系进行论证，并试图对土地级差收入领域的热点问题、转型方向和路径进行学理回应。

土地级差收入是凭借土地所有权而取得的租赁性收入，公有共享是其核心特征，这是对中国特色社会主义生产关系的反映。土地级差收入贯穿城镇化全过程，并辩证地适用于马克思所揭示的地租的一般规律，但却与马克思所揭示的资本主义地租存在本质区别——资本主义地租反映了私有制条件下的剥削关系，而土地级差收入反映了社会主义公有制条件下的公有共享关系。逻辑地看，土地级差收入涵盖一次性收入和级差收益两部分；但事实上，前者构成了当前我国土地级差收入的主体，并以土地出让金的形式表现出来；而后者整体较为薄弱。

土地级差收入的生成与发展是一个具体的、历史的过程，土地出让金的生成与发展事实即是对其生成机制的有力佐证。土地资源的资本化转向、土地的社会主义公有制、独特的土地市场体系构成了我国土地级差收入生成的现实条件，而来自经济、行政和法治层面的因素，则进一步强化了对土地出让金的过分追求。从全局来看，规模扩大化、发展可持续化、结构转型化是土地级差收入总的发展趋势；但受多重因素影响，土地级差收入将遭遇增长压力而走向转型区间，其转型方向是回归"土地出让金＋级差收益"的新型土地级差收入。

土地级差收入量的变化轨迹与中国城镇化进程总体保持一致，理性分析二者的互动关系有利于加速其转型。鉴于此，需要我们从"为什么要进行理论测度"、"其实体来源是什么"和"真实绩效如何"三个层面进行事实和价值分析，并探索构建涵盖合理性、公平性、效率性和发展性"四位一体"的指标体系，以此促成其转型。理性地看，随着城镇化进入转型期，土地级差收入量将在地租属性的回归中更契合经济发展规律，未来也将会呈现出"双向阶段化"的转型特征。

土地级差收入的分配应体现公有共享特性，这是对中国特色社会主义生产关系的重要彰显，这意味着其分配主体应该是囊括直接利益相关者在内的广义利益共同体。这要求，当前的分配实践机制须扭转四重悖论（即分配关系扭曲化、分配实体蒙昧化、分配过程竞争化、分配结果短期化），实现三个回归（分配关系市场化回归、分配主体利益共同性回归、分配结果可持续性回归）和三个突破（分配对象从一次性获取到可持续获取的突破、分配价值导向从单一生产要素价值到资源和资产双重价值的突破、分配方式从一次性分配到一次性分配与多次多元分配相结合的突破）。

土地级差收入的治理体系需从整体和全局来统筹建构。我们要坚守制度根本性、价值引领性、发展规律性和视野整体性"四性统一"的治理理念，树立新型土地级差收入发展目标、坚持"渐进式改革"路径、"利益共同体"思维，以及"法律、政策、实践三位一体"相统合的治理导向，进而从"土地"功能的再认知中巩固治理之源、从土地级差收入的属性确认中厘清治理之惑、从土地级差收入的转型中找寻可持续发展方案，并需要配合做好新型城镇化进程中各项土地政策的优化工作。

关键词：土地级差收入；马克思地租理论；方法论；分配逻辑

Abstract

Since the reform and opening up, China has achieved rapid expansion of the number and size of cities and towns with the help of land transfer fees, and has achieved rapid and high-quality development of urbanization, but it has also triggered the phenomenon of "land finance". Based on this, this book is guided by Marx's land rent theory and its methodology, and demonstrates the land differential income including land transfer fees and its essential attributes, generation mechanism, development trend, distribution mechanism, and governance system. A scientific response to the hot issues, transformation directions and paths in the income field.

Land differential income is the income from paid use of land in response to the socialist production relations with Chinese characteristics. It is a kind of lease income derived from land ownership. It applies didactically to the general laws of land rent revealed by Marx, but it is essentially differs with the capitalist rent that Marx reveals. The capitalist land rent reflects the exploitation relationship under the condition of private ownership, while China's land differential income reflects the public share of land income under the socialist public ownership system. Logically, land differential income should cover both land transferring-fee and differential income, while the former constitutes the current China's land differential income. The main body is represented by land transfer payments in fact.

However, differential income performance is weak.

The generation and development of land differential income is a concrete and historical process, and the formation and development of land transfer payments is a powerful proof. The capitalization of land resources, the social public ownership of land, and the unique land market system constitute the realistic conditions for the generation of land differential income in China. But the factors from the economic, the administrative, and the rule of law have strengthened the excessive pursuit of land transferring-fees. In the long run, scale expansion, sustainable development, and structural transformation are the overall development trends of land differential income. However affected by multiple factors, land differential income is experiencing growth pressure, thus transformation has become inevitable, and its transformation goal is to become a new type of land differential income, that is to say, "Land Transferring Fee & Differential Income".

The change in the amount of land differential income is closely related to the process of urbanization in China, and a rational analysis of the relationship between the two will help accelerate its transformation. Therefore, We need to conduct fact and value analysis from three levels: "why do theoretical measurements", "what are their physical sources" and "how are they performing?" "Integrated" indicator system to facilitate its transformation. Looking rationally, as urbanization enters the transition period, the land differential income will be more in line with the law of economic development in the return of land rent attributes. The land differential income will show a phased characteristic.

The distribution of land differential income should reflect the characteristics of public sharing, which is an important manifestation of the socialist production relations with Chinese characteristics, which means that its distribution subject should be a general interest community including direct stakeholders. In the process of promoting the transformation and development of land differential income, it is necessary to reform the current distribution mechanism to reverse the four paradoxes (distortion of distribution relations, allocation of physical entities, competition in the distribution process, and short-term distribution results), to realize three regressions (the market-oriented regression of relations, the common return of the interests of distribution entities, the sustainability of the distribution results), and three breakthroughs (breakthrough of the distribution object from one-time acquisition to sustainable acquisition, distribution value orientation from single value of production factors to resources, breakthroughs and allocations of dual values of assets and assets evolved from one-time allocations to one-off distributions combined with multiple diversification).

Governance system for land differential income needs to be constructed from the overall. We must adhere to the "four unity" governance philosophy of institutional fundamentals, value leadership, development regularity and overall perspective, and establish a new type of land differential income development goals, adhere to the "progressive reform" path, "community of interest" thinking, and "the trinity of law, policy, and practice" integrated governance direction, further consolidate the source of governance from the recognition of the "land" function, clarify the confusion of governance from the property confirmation of land differential income, find sustainable development solutions from the transformation of land differential income, and coordinate with new urbanization Optimization of various land policies in the process.

Key Words: Land Differential Income; Marx's Land Rent Theory; Methodology; Allocation Logic

目　　录

第一章　绪论 …………………………………………………（1）
　第一节　研究背景及问题的提出 ………………………………（1）
　　一　以土地出让金为焦点的土地财政问题凸显 ………………（2）
　　二　对土地出让金属性缺乏深入的学理剖析 …………………（4）
　第二节　研究目的及意义 ………………………………………（6）
　　一　研究目的 ……………………………………………………（6）
　　二　研究意义 ……………………………………………………（7）
　第三节　国内外研究现状 ………………………………………（8）
　　一　国内研究现状 ………………………………………………（9）
　　二　国外研究现状 ………………………………………………（17）
　　三　国内外研究现状评价 ………………………………………（26）
　第四节　研究内容、思路和方法 ………………………………（28）
　　一　研究内容 ……………………………………………………（28）
　　二　研究思路 ……………………………………………………（29）
　　三　研究方法 ……………………………………………………（29）

第二章　马克思地租理论的核心内容及启示 …………………（32）
　第一节　马克思地租理论的基本体系 …………………………（32）
　　一　马克思地租理论的产生背景 ………………………………（32）
　　二　马克思地租理论的内容体系 ………………………………（37）
　　三　马克思地租理论的地位和价值 ……………………………（46）

第二节 马克思级差地租理论的核心思想 (48)
  一 级差地租的形式及内在关系 (48)
  二 级差地租的数量及其计算方式 (51)
  三 级差地租的占有关系及衍生的问题 (54)
第三节 马克思地租理论的方法论思想与启示 (57)
  一 马克思地租理论的方法论思想 (57)
  二 对本书的理论启示 (62)

第三章 中国城镇化进程中土地级差收入的属性分析 (66)
第一节 土地级差收入的内涵外延 (66)
  一 土地级差收入的内涵 (66)
  二 土地级差收入的外延 (68)
  三 土地级差收入与地租等的区别和联系 (69)
第二节 城镇化与土地级差收入的关系 (72)
  一 "产业—土地—人口"三维互动的城镇化 (73)
  二 "产业—土地"维度的土地级差收入 (74)
  三 "人口—土地"维度的土地级差收入 (76)
第三节 新中国成立以来土地级差收入的演进轨迹 (78)
  一 新中国成立以来土地级差收入的发展阶段 (79)
  二 新中国成立以来土地级差收入的属性变迁 (84)
  三 对探索土地级差收入属性的基本启示 (86)
第四节 土地级差收入的属性定位 (90)
  一 明晰土地级差收入属性的价值意义 (90)
  二 分析土地级差收入属性的具体情境 (91)
  三 我国土地级差收入属性的理论定位 (95)

第四章 中国城镇化进程中土地级差收入的生成与发展 (101)
第一节 土地级差收入的生成机制 (101)
  一 土地级差收入的生成逻辑 (101)

二　土地级差收入的生成条件 …………………………………（103）
　　三　土地级差收入的生成过程 …………………………………（107）
第二节　土地级差收入的强化机制 …………………………………（110）
　　一　强化土地级差收入的利益逻辑 ……………………………（110）
　　二　强化土地级差收入的动力机制 ……………………………（114）
　　三　强化土地级差收入的宏观结果 ……………………………（135）
第三节　土地级差收入的发展趋势 …………………………………（141）
　　一　土地级差收入的演进规律 …………………………………（142）
　　二　土地级差收入的发展趋势 …………………………………（151）

第五章　中国城镇化进程中土地级差收入量的理论测度 ………（156）
第一节　土地级差收入量的总体发展特征 …………………………（156）
　　一　土地级差收入量的规模与结构特征 ………………………（157）
　　二　土地城镇化与人口城镇化的关系特征 ……………………（167）
　　三　城镇化与土地级差收入量的关系总结 ……………………（172）
第二节　土地级差收入量的理论测度 ………………………………（174）
　　一　土地级差收入量的计算办法 ………………………………（174）
　　二　土地级差收入量的计算办法与马克思地租理论
　　　　的关系 …………………………………………………………（183）
　　三　理论测度土地级差收入量的具体维度 ……………………（187）
第三节　土地级差收入量的趋势预判 ………………………………（192）
　　一　土地级差收入量面临传统增长压力 ………………………（193）
　　二　转型趋势下土地级差收入量的整体走向 …………………（201）

第六章　中国城镇化进程中土地级差收入的分配机制 …………（206）
第一节　影响土地级差收入分配的利益相关者分析 ………………（206）
　　一　需要高度重视土地级差收入的分配问题 …………………（206）
　　二　要树立土地级差收入分配的利益共同体理念 ……………（209）
　　三　土地级差收入分配要体现利益共同体的合理诉求 ………（212）

第二节 现行土地级差收入分配的机制、理念与效应 (213)
- 一 现行土地级差收入的分配机制 (214)
- 二 现行土地级差收入的分配理念 (219)
- 三 现行土地级差收入的分配效应 (225)

第三节 土地级差收入的分配悖论及其改革动向 (230)
- 一 土地级差收入的四重分配悖论 (230)
- 二 土地级差收入分配机制的改革动向 (236)
- 三 优化土地级差收入分配的理论方案 (243)

第七章 中国城镇化进程中土地级差收入的治理体系 (248)

第一节 土地级差收入的治理理念 (248)
- 一 坚守制度的根本性 (249)
- 二 明确价值的引领性 (250)
- 三 尊重规律的契合性 (251)
- 四 坚持视野的宏观整体性 (253)

第二节 土地级差收入的治理导向 (255)
- 一 树立"渐进式改革"的治理思维 (256)
- 二 体现"利益共同体"的新型利益观 (257)
- 三 坚持法律、政策、实践的三位一体方法 (258)
- 四 建构系统的土地级差收入治理目标 (260)

第三节 治理土地级差收入的关键路径 (262)
- 一 从"土地"功能的再认知中巩固治理之源 (262)
- 二 从土地级差收入的属性确认中厘清治理之惑 (265)
- 三 从土地级差收入的转型中找寻可持续路径 (269)

第四节 治理土地级差收入的政策建议 (272)
- 一 促进"产业—土地—人口"融合的政策建议 (272)
- 二 转变政府土地管理职能的政策建议 (276)
- 三 优化土地管理工作的政策建议 (280)

第八章　结论与展望 …………………………………………（285）
　　第一节　主要结论 …………………………………………（285）
　　第二节　创新之处 …………………………………………（295）
　　第三节　研究展望 …………………………………………（297）

参考文献 ……………………………………………………（298）

索　引 ………………………………………………………（312）

后　记 ………………………………………………………（317）

Contents

Chapter 1　Preface ……………………………………………………（1）
　Section 1　Research Background and Questions ………………（1）
　　1　Land Leasing Fees Bring Land Financial Concerns ………（2）
　　2　Insufficient Theoretical Analysis on the Attribute of Land Leasing Fees ……………………………………………………（4）
　Section 2　The Purpose and Significance of the Research ………（6）
　　1　The Purpose of the Research …………………………………（6）
　　2　The Significance of the Research ……………………………（7）
　Section 3　Overview of Domestic and Foreign Research …………（8）
　　1　Summary of Domestic Research ………………………………（9）
　　2　Summary of Foreign Research ………………………………（17）
　　3　A Short Review …………………………………………………（26）
　Section 4　Research Content, Logic and Research Methods ……（28）
　　1　Research Content ………………………………………………（28）
　　2　Research Logic …………………………………………………（29）
　　3　Research Methods ………………………………………………（29）

Chapter 2　The Core Content and Enlightenment of Marx's Land Rent Theory ……………………………………（32）
　Section 1　The Basic System of Marx's Land Rent Theory ……（32）
　　1　The Background of Marx's Land Rent Theory ……………（32）

2　The Content System of Marx's Land Rent Theory ……… (37)
　　3　The Value of Marx's Land Rent Theory ……………… (46)
　Section 2　The Core Idea of Marx's Differential Land Rent
　　　　　　Theory …………………………………………… (48)
　　1　The Relationship between Differential Rent Ⅰ
　　　　and Ⅱ ……………………………………………… (48)
　　2　The Number of Differential Rent and Its
　　　　Determination ……………………………………… (51)
　　3　The Relation and Derivation of the Differential Land
　　　　Rent ………………………………………………… (54)
　Section 3　The Methodological Significance and Enlightenment of
　　　　　　Marx's Land Rent Theory ……………………… (57)
　　1　The Methodological Significance of Marx's Land
　　　　Rent Theory ………………………………………… (57)
　　2　Application of Land Rent Theory under Socialist
　　　　Conditions …………………………………………… (62)

Chapter 3　Analysis on the Attribute of Land Differential Income in China …………………………………… (66)

　Section 1　Connotation and Extension of Land Differential
　　　　　　Income …………………………………………… (66)
　　1　The Connotation and Characteristics of Land
　　　　Differential Income ………………………………… (66)
　　2　The Extension and Form of Land Differential
　　　　Income ……………………………………………… (68)
　　3　The Relationship between Land Differential Income
　　　　and Land Rent ……………………………………… (69)
　Section 2　The Relationship between Urbanization and Land
　　　　　　Differential Income …………………………… (72)

1　Three Dimensional Interactive Urbanization of Industry-
　　Land-Population ……………………………………………（73）
2　Land Differential Income in the Dimension of
　　Industry-Land …………………………………………（74）
3　Land Differential Income in the Dimension of
　　Population-Land ………………………………………（76）
Section 3　The Evolution of the Land Differential Income since the
　　　　　　Founding of the PRC ………………………………（78）
1　The Historical Evolution of Land Differential
　　Income …………………………………………………（79）
2　The Evolution of the Attribute of Land Differential
　　Income …………………………………………………（84）
3　Enlightenment to the Exploration of the Attribute of
　　Land Differential Income ……………………………（86）
Section 4　The Concrete Analysis of the Attribute of Land
　　　　　　Differential Income …………………………………（90）
1　The Value of Meaning the Attribute of Land Differential
　　Income …………………………………………………（90）
2　Analysis of the Specific Situation of the Attribute of
　　Land Differential Income ……………………………（91）
3　The Theoretical Orientation of the Attribute of Land
　　Differential Income ……………………………………（95）

**Chapter 4　The Generation and Development Mechanism
　　　　　　of Land Differential Income** ……………………（101）
Section 1　The Generation Mechanism of Land Differential
　　　　　　Income …………………………………………………（101）
1　The Generation Logic of Land Differential Income ………（101）
2　Situation Conditions for Generating Land Differential
　　Income …………………………………………………（103）

3　The Generation Paradigm of Land Differential
　　　　Income …………………………………………………（107）
Section 2　The Intensification of Land Differential Income
　　　　　Mechanism ……………………………………（110）
　　1　The Benefit Logic of Intensification of Land
　　　　Differential Income ……………………………………（110）
　　2　The Dynamic Mechanism of the Intensification of
　　　　Land Differential Income ……………………………（114）
　　3　Macro Results of Intensification of Land Differential
　　　　Income …………………………………………………（135）
Section 3　The Evolution Trend of Land Differential
　　　　　Income …………………………………………（141）
　　1　Evolution Law of Land Differential Income …………（142）
　　2　The Trend of Land Differential Income ………………（151）

Chapter 5　Theoretical Measurement of Land Differential Income …………………………………………（156）

Section 1　Overall Characteristics of Land Differential
　　　　　Income …………………………………………（156）
　　1　Scale and Structure Characteristics of Land
　　　　Differential Income ……………………………………（157）
　　2　Relationship between Land Urbanization and
　　　　Population Urbanization ………………………………（167）
　　3　Relationship between Urbanization and Land
　　　　Differential Income ……………………………………（172）
Section 2　Theoretical Measurement of Land Differential
　　　　　Income …………………………………………（174）
　　1　Calculation Method of Land Differential Income ………（174）
　　2　Comparison with the Calculation Method of Land
　　　　Differential Income and Marx's Land Rent Theory ………（183）

    3   The Aspects of the Theoretical Measurement on
        Land Differential Income ………………………… (187)
3   Prediction of the Trend of Land Differential Income ……… (192)
    1   The Amount of Land Differential Income Faces
        Traditional Growth Pressure ……………………… (193)
    2   The Overall Trend of the Differential During the
        Transformation …………………………………… (201)

**Chapter 6 The Distribution Mechanism of Land Differential
             Income** ………………………………………… (206)
    Section 1   Stakeholder Analysis on the Distribution of Land
                Differential Income ………………………… (206)
        1   Pay Great Attention to the Distribution of Land
            Differential Income ………………………………… (206)
        2   Establishing the Concept of Interest Community on
            Land Differential Income ………………………… (209)
        3   Distribution Should Reflect the Reasonable Appeal
            of the Interest Community ……………………… (212)
    Section 2   The Mechanism and Performance of the Distribution of
                Land Differential Income …………………… (213)
        1   Distribution Mechanism of Land Differential Income
            with Its Increment ………………………………… (214)
        2   Distribution Concept of Land
            Differential Income ………………………………… (219)
        3   The Distribution Effect of Land Differential
            Income ……………………………………………… (225)
    Section 3   The Paradox of the Distribution of Land Differential
                Income and Its Reform ……………………… (230)
        1   The Paradox of the Distribution of Land Differential
            Income ……………………………………………… (230)

  2 The Macro Orientation of the Reform for Its Distribution Mechanism ……………………………………… (236)
  3 A Theoretical Scheme of the Distribution of Land Differential Income ……………………………………… (243)

Chapter 7 The Governance System of Land Differential Income ……………………………………………… (248)
 Section 1 The Concept for the Governance of Land Differential Income ………………………………………………… (248)
  1 Adhere to the Fundamental Nature of the System ……… (249)
  2 A Clear Guide to Value ………………………………… (250)
  3 The Agreement of the Law of Respect ………………… (251)
  4 Adhere to the Macro Integrity Vision …………………… (253)
 Section 2 Governance Orientation of Land Differential Income ……………………………………………………… (255)
  1 Setting up the Governing Thinking of "Progressive Reform" ………………………………………………… (256)
  2 A New View of Interest that Embodies the "Community of Interests" ……………………………………………… (257)
  3 Adhere to the Trinity Method of Law, Policy and Practice ……………………………………………………… (258)
  4 Construction a New System of Land Differential Income ………………………………………………………… (260)
 Section 3 The Key Path to Promote the Governance of Land Differential Income ……………………………………… (262)
  1 Consolidating the Source of Governance from the Recognition of "Land" …………………………………… (262)
  2 Clarifying the Confusion of Governance from the Attribute Confirmation of the Land Differential Income …………… (265)

   3   Seeking Sustainable Path from the Transition of Land Differential Income ·· (269)

  Section 4 Policy Suggestions on the Governance of Land Differential Income ·· (272)

   1   The Policy to Promote the Organic Integration of Industry-Land-Population ·· (272)

   2   The Policy of Changing the Government's Land Management Function ·· (276)

   3   Specific Proposals for Optimizing Land Management Policy ·· (280)

Chapter 8 Conclusions and Suggestions ························ (285)
  Section 1 Brief Summary ······································· (285)
  Section 2 Innovation ·· (295)
  Section 3 Suggestions ·· (297)

Bibliography ·· (298)

Index ·· (312)

Postscript ··· (317)

第一章

绪　论

伴随着中国特色社会主义新时代的到来，中国特色社会主义新型城镇化也迈入了新时代。作为中国特色社会主义现代化强国建设战略的重要组成部分，新型城镇化蕴含着产业现代化、土地城镇化、人口城镇化的综合要求，关乎我国经济发展质量、关乎土地可持续利用、关乎以人民为中心发展思想的实现。站在新起点上，以马克思主义理论为指导，以中国特色社会主义政治经济学为着眼点，对影响新型城镇化的土地级差收入问题进行系统研究尤为必要。这既是理论的自觉，也是实践的自觉。

第一节　研究背景及问题的提出

本选题有着深刻的现实背景和理论背景。在现实背景方面，伴随着我国土地城镇化的极化发展，以土地出让金为核心的土地财政问题日益凸显，我国新型城镇化遭遇可持续发展的挑战，破解土地出让金的短期效应、建构符合我国国情的土地利用与管理关系迫在眉睫。在理论背景方面，关于土地出让金的属性认知缺乏科学的学理支撑，如何认识它的理论内涵与本质属性，它与马克思所揭示的地租、其他土地收入、新型城镇化是怎样的关系，它未来的发展趋势是什么等问题都缺乏马克思主义视角的回应，继而不断引发着理论和实践层面的误解误用。实践和理论层面的需要，构成了本书的研究宗旨。具体来看：

一 以土地出让金为焦点的土地财政问题凸显

城镇化是我国经济社会发展转型的重要抓手与标尺，是现代化建设的应有之义和基本之策，是中国经济长期平稳较快发展的动力源泉。当前，我国已经进入前所未有的快速城镇化阶段，联合国发布的《城市化展望（2009）》指出，中国是世界上城市化速度最快的国家。根据中国社科院蓝皮书《2012年中国社会形势分析与预测》的结论，改革开放以来，我国的城市化步伐持续加快，一跃从改革开放初期的17.72%发展至2017年的58.52%[①]。按照美国地理学家诺瑟姆关于城市化率S型曲线的理论，当城市化率在30%—70%时，城市化进入加速发展阶段。国务院发展研究中心预测，今后20年我国还将处在城镇化快速发展阶段，预计到2020年城镇化水平会达到60%左右，到2030年将会达到67%。可以说，我国的新型城镇化将呈现持续而强劲的发展态势。

新型城镇化是产业、土地、人口方面和谐互动、可持续发展的城镇化，逻辑上至少包含三个主要方面，即土地城镇化、人口城镇化和产业现代化。三者之间的协调发展是新型城镇化协调发展的关键。但从当前的实际情况来看，我国的城镇化却呈现出土地城镇化超前于人口城镇化和产业现代化的特点。借助不断推高的土地城镇化来获取高额的土地出让金，进而形成土地财政，已经成为地方政府经营城市的惯用手段——地方政府不断利用统筹规划职能、土地一级市场政府垄断的制度壁垒，加速推动农村集体土地、国有土地、市场用地之间的流转，积累着大量的土地出让金，不断为地方政绩

---

① 国家统计局：《中华人民共和国2017年国民经济和社会发展统计公报》，国家统计局网站，http://www.stats.gov.cn/tjsj/zxfb/201802/t20180228_1585631.html。

与城市建设进行资本积累。统计资料显示，2001—2016年间，我国土地出让金收入整体处于超高速发展阶段，年土地出让金总额从2001年的1296亿元飙升至2016年的37456.63亿元（其中历史峰值是2014年的42930.78亿元），年均增幅达到39.4%；土地出让金占地方财政总收入①的比重平均占据了地方财政总收入的40%（见表1-1）。客观而论，土地出让金有其积极意义，它的快速增长进一步充盈了城镇化的建设资金，但也存在巨大危害，不仅会推高房价、引起房地产市场的非理性发展，还会滋生腐败、加剧不公平现象等，从而形成严重的社会问题，并最终会通过国家财政的稳健性来影响国民经济的健康发展。

表1-1　2001—2016年全国土地出让金总额、增幅及占比情况一览表

年份	土地出让金（亿元）	增速（%）	地方财政一般公共预算收入（亿元）	土地出让金占地方财政收入比重（%）
2001	1295.89	—	7803.80	16.60
2002	2416.79	86.50	8515.00	28.40
2003	5421.30	124.30	9849.99	55.00
2004	6412.00	18.30	11893.37	53.90
2005	5884.00	-8.20	15100.76	39.00
2006	7676.90	39.45	18303.58	41.90
2007	11947.95	55.60	23572.62	50.70
2008	9600.00	-19.70	28649.79	33.50
2009	15910.20	65.70	32581.00	48.80
2010	27111.00	70.40	35382.97	76.60
2011	31500.00	14.60	52400.00	38.00
2012	26900.00	-14.60	86774.19	31.00
2013	41249.52	53.34	117031.08	35.25
2014	42930.78	4.08	127467.62	33.68
2015	32543.01	-24.20	138099.55	23.56

① 地方财政总收入数据为财政部公布的地方一般公共预算收入数据。这一数据大于地方本级财政收入，如果按照地方本级财政收入计算，土地出让金收入在地方本级财政收入的比重更大，也更能凸显土地财政不断增长的趋势。

续表

年份	土地出让金（亿元）	增速（%）	地方财政一般公共预算收入（亿元）	土地出让金占地方财政收入比重（%）
2016	37456.63	15.10	144660.00	25.89
年均增速		32.04	平均占比	39.49

资料来源：根据历年统计年鉴、国土资源年鉴和财政部历年地方一般公共预算收入决算表等数据整理得来。

当前，土地财政的负面效应已经显现，城市土地的可持续利用、失地农（居）民的保障安置、征用土地补偿的公平性问题、征地拆迁引起的社会稳定、房地产价格虚涨飙升等社会热点问题持续发酵。国土资源部2012年发布的统计信息显示，2011年全国各级12336国土资源违法线索处理中心共受理近90000件线索，其中农村集体土地违法占地的投诉最为集中。中国社会科学院发布的2013年《社会蓝皮书》指出，近年来，每年因各种社会矛盾而发生的群体性事件多达数万起甚至十余万起，其中征地拆迁引发的群体性事件占一半左右。更有文章显示，这一比例甚至高达65%。除此之外，与土地财政有关的诸如地方债务风险恶化（地方政府借助土地进行大规模融资，由此需要承担融资费用，据测算每年土地出让金的1/3将用于支付融资利息）、地价房价持续高涨（国土资源部发布数据显示，2008—2012年间全国105个主要监测城市的综合用地、商服用地、住宅用地、工业用地的地价呈持续波动性增长。特别是2009年以来，住宅用地增幅一路超过商服用地增幅，呈现商住倒挂现象）、土地征用后不开发的"囤地"现象等也频繁发生。上述问题都是不理性地追求土地财政所引发的危害，根本而言，是异化的土地城镇化的恶果。

二 对土地出让金属性缺乏深入的学理剖析

现实问题的解决需要彻底的理论作为支撑。可以看到，要实现良性的土地城镇化、可持续的新型城镇化，都需要从学理上对土地出让金进行系统研究。特别是对其性质的界定、生成机制、分配机制以及治理路径的探讨更是重中之重。但是，目前国内对于这些问题，特别是对土地出让金的性质界定依然缺乏深入研究。而已有的研究大多也是从经济学、社会学、法学等单一学科角度展开的，仍缺乏从马克思主义理论和中国特色社会主义政治经济学视野的系统研究。

马克思地租理论为我们提供了分析、解决土地出让金问题的参考依据和方法论。虽然马克思地租理论是针对资本主义农业的地租范畴，具有阶级局限性和一定的历史局限性，但是它成功揭示了在土地所有权、经营权及商品货币关系下，地租的生成、量的规定及其转化的规律，发现了地租的功能与价值，是关于土地及其产品生成与分配的科学的理论。从马克思地租理论出发，我们可以清晰地发现当前中国城镇化进程中地方政府热衷于土地财政，其背后的一种隐性逻辑是"以地方利益为主要目的的土地收入逻辑"，这是一种只注重财富积累而忽视财富分配及其正义的扭曲的逻辑。本质上，只看重这层逻辑而忽略其他价值，是对人民立场的偏离，是不符合社会发展需要和中国特色社会主义制度规定性的不理性行为。这一行为取向的背后，透射出实践界对于土地出让金理论内涵与其本质属性，以及新型城镇化"产业—土地—人口"有机融合互动规律、新型城镇化与土地收入关系（含租、税、费）等关键问题的认知偏差，从而隐喻着我们对新型城镇化科学可持续发展的路径迷茫。

理论的迷惑必然导致实践的误区，对当前土地有偿使用的主要形式——土地出让金进行理论层面的系统反思，并形成系统的理论阐释方案和实践解决方案，显得尤其必要。有鉴于此，本书拟从马克思地租理论的科学方法论出发，提出土地级差收入的概念，结合中国城镇化进程对土地级差收入进行系统考察，重点研究了中国城镇化进程中土地级差收入的本质属性、生成逻辑、量的规模与结构、分配机制等内容，提出了中国城镇化进程中土地级差收入的治理体系，力图更好、更自觉地为推进我国的城镇化战略提供理论参考。

第二节 研究目的及意义

城镇化与土地级差收入之间是相伴相生的关系，在一定程度上也可以理解为目的与手段的关系，因地因时制宜配置和利用好土地级差收入，更有助于新型城镇化战略的顺利实施。

一 研究目的

（一）从马克思主义视角论证我国土地级差收入的内涵属性。马克思地租理论产生的时代背景是资本主义社会，揭示的是剥削制度下农业土地资本家、租种土地的农业资本家、农业雇佣工人三个阶级对农产品利润（含工资、超额利润）的分配关系，指出土地经营权垄断是地租产生的根本原因，商品货币关系是地租的实现条件，土地所有权垄断是收缴地租的经济依据。逻辑地看，地租可以被视为自然条件、社会条件双重作用的结果，这一本质概括同样适用于我国。在这方面诸多学者已做过专门论述，这点我们会在正文中有所体现。更为重要的是，通过分析论证社会主义条件下土地级差收入与地租之间的深层关系，尝试揭示这一范畴与社会制度之间的内在关联，并以此为依据对土地级差收入的治理措施进行改革与创新。

（二）明确土地级差收入的生成与分配机制，解释土地财政的形成机理。土地级差收入问题的核心是利益问题，当前各界从财政角度、公共管理角度分析土地财政问题，是一种"隔靴搔痒"的做法，始终无法解释土地财政的核心本质与终极出路。本书一方面通过运用马克思地租理论的科学方法论，对土地级差收入的本质和土地的社会主义公有制属性进行综合解读，构成了分析土地级差收入生成与分配机制的核心依据；另一方面通过分析利益相关主体的类型，及其在土地级差收入生成与分配等环节的角色功能、利益诉求、内在关系、行为机制等因素,来系统化解释土地财政不断被强化的内在机理。在此基础上,基于"公有共享"理念,辩证分析当前土地级差收入分配机制的合理因素与不合理因素,并提出新型土地级差收入的利益相关者关系和全民共享主张。

(三)厘清新型城镇化与土地级差收入的互动关系,提出土地级差收入的治理体系。在全面分析马克思地租理论科学内涵和我国新型城镇化进程中的土地级差收入的基础上,借助"产业—土地—人口"有机互动模型,理顺以土地为媒介的新型城镇化各核心要素间的关系,并以此作为分析和考察土地级差收入的切入点,具体考察不同阶段城镇化与土地级差收入、土地利用、土地管理政策之间的关系,并从符合我国国情的角度设计土地级差收入的治理方案。

二 研究意义

(一)回应当前土地级差收入领域的分歧,更科学地推动土地级差收入的治理工作。土地级差收入问题只是新型城镇化进程中土地治理问题的缩影,背后涉及诸多复杂因素,对其认识的科学程度将直接影响土地政策,并最终影响国民经济的发展。在当前以土地出让金为主要形式的土地级差收入问题上,产生了不同的声音,诸如:忽视土地出让金的本质属性,强调要向房地产税转型;忽略土地社会主义公有制的宪法秩序,只强调民法上的物权对于土地级差收入的分配主张;忽视土地的资源价值,只强调土地的资产价值;忽视土地对于民族国家的社会价值,只强调土地的经济价值;忽视土地的可持续发展与利用视角,强调对当下土地的不理性配置;等等。这些不同声音的背后,透露出不同的立场和主张,容易引发社会领域更大的分歧。本书力图通过对土地级差收入本质属性的确认和回归来推动实现租金收入、房地产税、土地领域行政事业性收费的对立统一,通过融合土地社会主义公有制与民法领域物权的制度诉求来塑造新型土地级差收入的利益共同体,通过强化土地资源价值和资产价值的"双资"特性来实现土地级差收入分配工作的社会化与市场化的有机统一，通过推动土地级差收入的转型与可持续发展来促进土地级差收入与城镇化的衔接等系列尝试，以扭转社会对土地级差收入的认知偏差，并推动土地级差收入治理工作更科学。

（二）丰富新时代中国特色社会主义政治经济学的理论内容。土地级差收入问题是中国特色社会主义政治经济学的重要研究范畴，对新型城镇化进程中土地级差收入问题进行系统的理论研究有助于丰富和完善中国特色社会主义政治经济学的理论内容。当前学界对土地出让金的研究多集中在财政学、管理学领域，而以马克思主义为指导、以马克思地租理论科学方法论为依据的研究则较为薄弱。本书坚持马克思主义立场，通过对马克思地租理论的核心思想与方法论进行系统提炼、对土地级差收入与地租关系进行辩证分析、对城镇化与土地级差收入规律进行理论反思、对土地级差收入的全环节进行社会工程式考察和治理设计等的研究，形成了界定、论证、建构与治理土地级差收入问题的系统化理论。从这一角度来讲，本研究是推动马克思主义地租理论与时俱进的一种理论尝试，有助于丰富和完善新时代中国特色社会主义政治经济学的理论内容。

第三节　国内外研究现状

土地级差收入是社会主义条件下土地有偿使用的产物，反映了中国特色社会主义初级阶段的生产关系。综合国内外学术界关于本选题的研究成果来看，国内学术界以马克思地租理论的中国化为线索、以不同时期土地有偿使用的形式为切入点，先后围绕级差地租、土地有偿使用问题展开了系列研究；国外学术界重视以政治经济学视角对地租和地价进行研究，表现出悠久的研究传统。辩证来看，这些关联成果各有所长、各有所重、各有所短，都不同程度地为本研究提供了理论参考和借鉴。

一 国内研究现状

整体来看,国内学术界与本选题相关的研究是从两条线索展开的,一条是级差地租线索,另一条是城镇化与土地关系的线索。其中,级差地租线索的研究历史较长,并对新中国成立以来不同时期的土地利用与管理问题进行了理论和实践的讨论;城镇化与土地关系线索的研究工作肇始于21世纪初,主要从实践层面对城镇化与土地财政、土地利用、土地价值增值等问题进行了讨论。

(一)从级差地租角度对社会主义土地利用与管理问题的研究

国内学术界对社会主义级差地租的探讨经历了先农业后其他产业、先理论后实践的话语转换,从不同层次上反映了特定阶段下我国对级差地租的认知水平,以及运用级差地租调整土地利用与管理关系的工作实践。概括起来,主要有三个层面:

1. 关于社会主义农业领域级差地租的理论研究。新中国成立后,我国对土地的利用与管理重心集中在农业和农村,如何客观看待和处理不同区域、不同生产率水平下的农地产出问题也随之成为这一时期的研究焦点,从而也成为我们探讨土地级差收入问题的研究起点。

20世纪60年代初,国内经济学界还专门就农业领域的级差地租问题展开过讨论。这次讨论是以学习和分析马克思级差地租理论为主要特点,并联系当时我国农村农业发展的实际,对农业领域的级差地租问题进行了一定程度的解释与说明,形成了一定的共识,也产生了一些分歧。其中,共识主要体现在学界普遍认同农业领域是存在级差地租(或"级差土地收入")的,其形成既有物质原因(影响级差地租的自然因素),又有社会原因(影响级差地租的制度因素),并且对物质原因的认识保持高度一致——都认可土地肥沃程度、位置差异、土地集约化经营程度不同会导致不同的劳动生产率。而主要分歧则集中在形成级差地租(或"级差土地收入")的社会原因上,呈现出三种典型观点:第一种观点认为,商品—货币关系的存在是级差地租的直接原因，其依据是商品—货币关系是构成同种商品个别价值与社会价值差额的原因，只有存在差额才能使土地生产物实现价值。第二种观点认为，级差地租为什么会有一个差额，并且会比较牢固地存在，根本原因在于对作为经营对象的土地的垄断。第三种观点认为，所有制性质是级差土地收入转化为级差地租的最终原因，其依据是生产资料和产品所有制性质制约着一定形式的土地经营垄断，以及商品生产和价值规律。

综合来看，这一阶段学界对土地利用与管理的学术贡献有二：一方面，承认了农业领域土地级差地租的客观性，并对我国土地级差地租产生的原因有了较为深入的论证；另一方面，以级差地租为参考，为下一阶段征收农业税和处理相应的分配问题提供了理论依据。

2. 关于社会主义级差地租的广泛性与特殊性研究。相较于前一阶段学术界对农业领域级差地租的理论研究而言，这一阶段的研究重点聚焦在了社会主义中国该如何认识和如何处理级差地租的问题上，这也标志着国内学界对我国土地使用制度的实践性思考，马克思地租理论的中国化进程也随之加快。在这一阶段，理论界普遍关注两个问题，一是社会主义级差地租存在的广泛性，二是社会主义级差地租的特殊性。

首先，在社会主义级差地租存在的广泛性上，认为级差地租不仅仅存在于农业领域，只要存在利用土地进行产业发展的地方，都会存在级差地租。由于新中国成立后至1978年间我国土地利用政策的无偿划拨制度，国有企事业单位按需无偿使用土地并将所得纳入单位收入，使得这一时期学界对级差地租的研究主要还是停留在农业领域；直到1978年我国改革开放过程中针对外资企业利用中国土地而征缴的土地使用费，才逐渐开启了我国有偿使用土地的序幕，也正是从这一时间节点开始，社会主义级差地租的学理地位才得到了农业以外的更多产业的确认。在理论上，学术界也对社会主义级差地租广泛存在的原因和条件形成了更进一步的认识，魏浩光（1984）的观点具有代表性，他结合马克思级差地租理论，指出形成社会主义级差地租的条件和原因，即"土地经营垄断是级差地租产生的根本原因，商品货币关系是级差地租的实现条件"[1]。这一观点基本构成了当时学界关于该问题的集成性、权威性的观点，产生了广泛的学术共鸣，代表着我们对这一问题的最大理论共识，这也意味着我国对社会主义级差地租存在广泛性的确认。

其次，在社会主义级差地租的特殊性上，学界重点讨论了社会主义级差地租与资本主义级差地租的本质区别。刘熙钧（1962）认为"在社会主义两种所有制并存的一个很长的历史时期内，在集体所有制中是存在着社会主义性质的级差地租的"，而且这个"社会主义的级差地租不仅在本质上根本不同于资本主义的级差地租，它的表现形式、存在条件和范围也都发生了改变"[2]。魏浩光（1984）也认为"社会主义制度下的级差地租根本不同于资本主义制度下的级差地租，它有自己的性质和特点"，它"不再是资本主义生产关系的体现，而是额外收入的一部分，是社会主义生产关系的体现"[3]。理论上对于社会主义级差地租的特殊性的关注，也产生了涟漪效应，学界纷纷对社会主义级差地租的特殊性展开了延伸研究，并针对社会主义国家"这种土地收益上的差额能不能沿用级差地租这个范畴"产生了争论，还形成了两种代表性观点：一种观点认为"社会主义条件下可以沿用级差地租的范畴，因为作为级差地租的经济前提的商品货币关系、作为产生级差地租原因的土地经营垄断仍然存在"[4]

---

[1] 魏浩光：《论社会主义城市经济中的级差地租》，《东北师大学报》1984年第3期。

[2] 刘熙钧：《对社会主义级差地租范畴问题的认识》，《中国经济问题》1962年第6期。

[3] 魏浩光：《论社会主义城市经济中的级差地租》，《东北师大学报》1984年第3期。

[4] 崔龙鹤：《社会主义经济中级差地租的探讨》，《延边农学院学报》1980年第2期。

（崔龙鹤 1980）；另一种观点则主张用"级差土地收入"（张赋，1983；许经勇，1983；栾锋，1984）①取代"级差地租"，因为后者是资本主义经济特有的范畴，它反映农业资本家、地主和农业雇佣劳动者三个阶级之间的关系，但是这一关系在社会主义制度下已经不复存在，因为构成级差地租实体的那部分成果并不反映剥削关系，从而需要用新的范畴来取代级差地租。

可以说，这一阶段的理论研究进一步拓展了社会主义级差地租的存在领域，并为改革开放以后我国对各领域有偿使用土地而征收相关收入提供了理念和制度基础。此外，更值得重视的是，社会主义级差地租与资本主义级差地租的本质差异也在学界的争鸣中越来越清晰，我国社会主义级差地租的中国特色属性也随之不断强化，"级差土地收入"②这一概念的提出便是例证。

3. 关于实践领域级差地租的分配机制与分配关系研究。张朝尊（1991）根据农村土地集体所有和城市土地国家所有的二元体制，形成了不同的级差地租分配策略，认为农村集体土地的"级差地租Ⅰ归国家占有，级差地租Ⅱ则有必要留给土地的承担者"……"城市级差地租，无论是第一形态还是第二形态，都应当交归国家所有（级差地租Ⅱ可以适当减免）"③。潘光辉（2007）结合我国现行的征地制度对级差地租的分享制度进行了考察，认为"现行的征地补偿制度在增值部分的分配上没有考虑给被征地者以级差地租补偿"④，

---

① 张赋：《关于级差地租形成原因的探讨——学习〈资本论〉第三卷第六篇的体会》，《天津师大学报》1983 年第 3 期；许经勇：《论级差土地收入》，《福建论坛》1983 年第 6 期；栾锋：《论马克思级差地租理论的重大现实意义》，《经济理论与经济管理》1984 年第 1 期。

② "级差土地收入"是这一时期国内学界用来指代社会主义级差地租的代名词，用来区别资本主义级差地租，本质上仍是级差地租；这一概念与本书所研究的"土地级差收入"虽有交叉之处，但也有不同，具体关系见本书第三章第一节。

③ 张朝尊、吕益民：《论社会主义的级差收益与级差地租及其分配》，《经济科学》1991 年第 1 期。

④ 潘光辉：《级差地租分享制度：生成、特点与出路》，《江汉论坛》2007 年第 8 期。

并认为珠三角地区探索的分享级差地租的创新模式（天河模式、南海模式）尽管是对现有土地征用制度的实践创新，但也只是部分实现了级差地租由农村社区实际取得和共同分享，仍需要探索更为科学合理的共享级差地租的模式。张艳萍等（2007）从城市经营角度总结了土地价格上涨的背后是土地二次增值的逻辑（土地征用前基于政府规划的一次增值、征地后基于城市经营的二次增值），认为这两次增值产生了巨大经济收益——级差地租，但在分配机制中形成了国家得到了大部分、失地农民得到了少部分的不合理分配格局，并从"土地使用权也是一种财产权"[①]的理念出发，提出失地农民也应该是级差地租的合理共享者的建议。赵杰（2011）从政治学角度揭示了我国现代化过程中级差地租在分配关系上的博弈格局，认为应该让人民分享到城市化和现代化进程带来的级差地租，并主张"对城市化拆迁居民，补偿应参照市场价格使他们生活状况不受影响；对农民的征地补偿，不可按农用地价值做一次性了结，应当保护他们的预期权利，并提供相应的社会保障，使他们以股权的形式长期分享城市化的成果"[②]。苟兴朝（2012）运用马克思级差地租理论对农民合法权益进行了系统分析。他认为，近年来各地城乡建设用地增减挂钩工作引发群体性和恶性事件中涉及的利益主要是级差地租，不同利益主体对级差地租的分配各执一词并产生分配不公平问题，要破解这一问题，就需要将级差地租在失地农民、新土地使用者、农村集体经济组织、政府之间进行分配。此外，还主张在对失地农民进行补偿时注重运用多样化、多层次、多渠道的补偿形式，转变一次性货币补偿形式为"一次性补偿分配与持续性分配相结合"[③]的形式。

[①] 张艳萍、赵鲁、王辉：《经营城市中失地农民的级差地租分配》，《甘肃农业》2007年第5期。

[②] 赵杰：《地方政府与土地政治——当代中国级差地租分配的政治学分析》，《"后国际金融危机时代的世界社会主义"学术研讨会暨当代世界社会主义专业委员会2010年年会论文集》，北京，2010年8月，第14页。

[③] 苟兴朝：《城乡建设用地增减挂钩中农民合法权益保障研究：基于马克思级差地租理论视角》，《农村经济》2012年第4期。

学术界研究重心从理论到实践的转化，逐步将马克思主义地租理论延伸到了新世纪我国土地征地、土地出让收入的分配领域，从而也越来越凸显马克思地租理论科学方法论对中国特色土地制度的科学应用价值。特别是上述实践领域的探索为我们分析土地级差收入的实践机制提供了重要启示，为探索新型土地级差收入治理方案准备了素材。

（二）从土地财政角度对城镇化与土地关系进行研究

进入21世纪以来，伴随着我国新型城镇化的加速推进，土地有偿使用制度不断被强化，以土地出让金为主导的土地财政问题渐成热点，也成为学术研究的焦点。特别是在城镇化与土地财政关系、城镇化与土地利用关系、城镇化与土地价值增值方面的研究，为本书的研究提供了理论切入点和数据支撑。

1. 关于城镇化与土地财政关系的研究。主要从土地出让金、土地出让收入、土地融资等角度对二者关系进行了研究。刘守英等（2005）认为在我国的城镇化过程中，"地方政府发挥了主导作用、土地扮演了举足轻重的角色……土地出让收入以及土地抵押的银行贷款，成为城市和其他基础设施投资的主要来源"[1]。叶林等（2016）运用实证分析方法考察了地方政府行为、土地财政收入与城市扩张之间的关系，认为"土地财政对土地城市化有驱动作用……地方政府对土地财政形成的'路径依赖'显著推动了我国城市建成区面积和城市空间的扩张"[2]。王小斌等（2014）运用联立方程的实证方法分析了土地财政与城镇化的关系，认为"城镇化与土地财政之间存在正向联动关系"[3]，并认为这种联动关系存在鲜明

---

[1] 刘守英、蒋省三:《土地融资、城市扩张与金融风险——来自一个发达地区的个案》，《不动产开发与投资和不动产金融——2005年海峡两岸土地学术研讨会论文集》，乌鲁木齐，2005年8月，第15页。

[2] 叶林、吴木銮、高颖玲:《土地财政与城市扩张：实证证据及对策研究》，《经济社会体制比较》2016年第2期。

[3] 王小斌、李郁芳:《土地财政、城镇化与城乡收入差距：基于1999—2011年省级面板联立方程的实证研究》，《产经评论》2014年第5期。

的区域差异，其中东、中部地区非常显著，西部地区不显著。唐在富（2013）从财政学视角对土地租、税、费的角度论证了这三类土地相关收入的财政学属性，在肯定土地相关收入的财政功能的基础上，明确指出土地出让收入是典型的土地租，并认为应从土地资源科学集约利用和经济社会可持续发展的角度统筹利用好不同形式的土地相关收入[①]。

城镇化与土地财政关系的研究揭示了土地出让收入对于城镇化的重要性，并为我们分析支撑城镇化发展的财源体制提供了历史视角和区域数据。这方面成果为我们揭示城镇化的可持续发展机制提供了重要启示。

2. 对城镇化与土地利用关系的研究。主要从城镇化进程中的土地利用入手，对耕地保护、工业化、城镇化所关涉的土地需求及其配置问题进行研究。厉伟（2002）从当前城镇化进程中土地的非持续利用现状入手，着重研究了城镇化进程对土地可持续利用的作用机制，将落脚点集中于城市用地规模扩张、城镇化内部用地结构优化、城市土地生态角度，并提出相应建议[②]。牛彦军（2008）则以河南安阳为例，分析了城镇化进程中城镇化水平、城市经济发展水平与城市土地利用的关系与规律，认为"行政区经济"是目前制约我国城市土地可持续利用的主要根源，并提出"建设紧凑型生态城市是城镇化的理想模式之一"[③]，适用于我国众多中小城市。司马文妮（2011）也从城镇化进程中土地的可持续利用角度，对甘肃省城镇化的土地利用现状进行考察，提出了以甘肃为代表的西北省份发展城镇化过程中的土地利用建议，更为重要的是她从制度层面谈及了弱化根除地方政府对土地财政的依赖，并认为应该从改革财税制

[①] 唐在富：《中国政府土地相关收入的财政学属性分析：兼论土地出让收入与房地产税并存的理论依据》，《发展研究》2013年第11期。
[②] 厉伟：《城市化进程与土地持续利用》，博士学位论文，南京农业大学，2002年。
[③] 牛彦军：《城市化过程中土地可持续利用研究》，博士学位论文，中国地质大学，2008年。

度入手来消除地方政府对土地财政的依赖①。张琦等（2007）则从城镇化水平更高的日本和韩国找寻土地利用与经济发展、城镇化的普遍规律，认为"土地利用与经济发展之间存在着农村耕地减少，工业、商业等非农建设用地扩大的必然过程……城市化水平在30%—70%时是建设用地增加和耕地减少最快时期"，相应地，"土地利用结构也大都经历先工业用地快速增长，然后是城市用地和居民住宅用地的快速增长过程"②。

城镇化进程中土地利用关系的空间变化，既能直观描绘出城镇化的空间演进线索，又能揭示出城镇化进程中产业现代化、高级化的规律与过程。学术界对这一领域的研究，为我们归纳"产业—土地—人口"有机互动的城镇化模型提供了启示，并为探索其与土地级差收入的逻辑关系提供了数据参考。

3. 对城镇化与土地价值增值的研究。城镇化进程中土地权益及价值增值是涉及土地经济关系的研究，该类研究是对城市土地利用研究的延伸。李宏（2005）运用实证分析方法，对中国城镇化进程中的土地产权交易、土地价格进行专章论述，明确了马克思地租理论对于土地价格的解释力度，并将对策建议落实到改革农村土地产权制度、重新定位政府在土地产权交易中的角色、促进农村产权交易市场化三个方面③。邵绘春（2010）对城镇化进程中农民土地权益变化的研究则更进了一步，他着重分析了农村土地利用变化与农民土地权能结构变化的一般规律、农民土地产权结构变化过程中的土地权益演变过程、农民土地权益手段的表现与原因等，指出农民自身特征、地方政府行为以及当前土地产权制度安排是造成农民土

---

① 司马文妮：《中国城市化进程中的土地利用问题研究》，博士学位论文，西北农林科技大学，2011年。

② 张琦、金继红、张坤等：《日本和韩国土地利用与经济发展关系实证分析及启示》，《资源科学》2007年第2期。

③ 李宏：《中国城市化进程中土地产权交易研究》，博士学位论文，武汉理工大学，2005年。

地权益受损的主要原因,基于此,他提出了"集体建设用地使用权流转制度的关键是要厘清集体土地经济关系,明确土地流转收益在国家、地方政府、农民三者之间的分配机制"等建议[①]。从本质上来讲,该文的核心结论就是对城镇化进程中级差地租的合理化分配。王巍巍(2011)将研究视角集中于城镇化进程中的土地增值,这涉及级差地租的生成逻辑与实体来源。他根据马克思地租理论关于"土地价格实质是地租的资本化"的观点,揭示我国城市土地增值的内在规律,指出投资、用途转变、供求拉动、政策法规引导、技术进步构成了土地增值的形成机制,论证了城市级差地租的形成逻辑;该文最终落脚到数学模型上,作者通过构建中国城镇化进程中商业用地价格和土地价格联立方程组,力图架构一种城市用地开发模型,为城市合理土地价值增值规律推动城市科学发展提供了理论参考[②]。

土地增值是城镇化发展的必然结果,但土地增值环节同城镇化的演进发展一样,都是有规律可循的。学术界通过对土地市场发展机制、土地增值机制、土地增值分配机制、土地增值模型等的研究,可以为本书进行土地级差收入量的理论测度、政府土地管理职能转变、土地管理政策的优化等提供重要线索和启发。

二 国外研究现状

国外学术界对于地租问题的研究主要是沿着西方经济学的范式展开的,并整体上沿着古典政治经济学、庸俗经济学、现代经济学的演进脉络向前推进。其中,马克思关于资本主义地租的研究完成了对地租理论体系的科学建构,并为其后的地租研究提供了重要基础。也正是自马克思之后,学界对地租的研究视角也逐渐从理论研究过渡到实践研究,并越来越多元化、具象化。为全面展现国外学

[①] 邵绘春:《城市化进程中农民土地权益变化研究》,博士学位论文,南京农业大学,2010年。
[②] 王巍巍:《我国城市化进程中的土地增值研究》,博士学位论文,中国地质大学,2011年。

术界对于地租问题的研究线索，本书分西方经济学视域下的地租理论范式、马克思地租理论体系（见第二章第一节）、20世纪60年代以来的地租理论变迁三个层面对国外研究现状作较为系统的阐述。

（一）西方经济学视域下的地租理论

国外有关土地收入的研究集中在地租理论上。地租理论是古典经济学的重要范畴，是土地经济关系的核心要素。17世纪末，资产阶级古典经济学家就对土地经济基本问题进行了研究，直至现今已先后经历了古典经济学（含重农学派）、庸俗经济学和现代经济学的传承与发展，形成了多元的地租理论，并奠定了当今我们对地租问题的研究基础。

1. 古典经济学的"地租"理论：配第、魁奈、杜阁、斯密、李嘉图

英国古典政治经济学创始人威廉·配第（William Petty）最早提出地租剩余论思想，集中体现在《赋税论（1662）》中。配第的地租思想可以概括为以下三点：（1）地租是在使用农地生产农作物的过程中，既得产品扣除费用成本后的剩余或净报酬，即：地租＝市场价格－生产成本；（2）地价可由土地获得的地租资本化后得出；（3）揭示级差地租基本原理，提出肥沃程度、距市场的距离以及耕作技术水平的差异是造成地租差异的根本原因[1]。

弗朗索瓦·魁奈（Francois Quesnay）是资产阶级古典政治经济学奠基人之一，法国重农学派的创始人和重要代表，其地租、地价观点体现在《农业国经济统治的一般准则（1759）》中，主要通过"纯产品学说"表现出来。魁奈认为，土地是财富的唯一源泉，财富就是物质，就是使用价值，财富是否增加是衡量有效生产的基本标准，由于工业只能改变财富的形态，农业改变财富数量，因此只有农业才是生产，农业生产的结果——农产品除去种子（生产资料）和工资（生活资料）剩下的是纯产品，纯产品以地租形式归土地所

---

[1] ［英］威廉·配第：《配第经济著作选集》，陈冬野等译，商务印书馆1983年版。

有者所有。在对"纯产品学说"探讨的基础上,他还设计了"经济表",对社会总资本的再生产和流通进行了研究,考察了各阶级(生产阶级、不生产阶级、地主阶级)收入的来源、资本与收入的交换、商品与货币的交换、生产消费与生活消费的关系等,并再次指出农业中因自然界的帮助而生产的剩余产品以地租的形式归土地所有者所有,论证了土地所有者阶级是不事生产、不劳而获的阶级[①]。

重农学派的另一位代表人物,法国经济学家安·罗伯特·雅克·杜阁(Anne Robert Jacques Turgot)在《关于财富的形成和分配的考察(1766)》一书中,把工资、利润、利息、地租都归结为资本主义的基本收入,认为出租土地可以取得地租,土地是一切财富首要的来源。杜阁把"自然的恩赐"不知不觉地转化为农业劳动者的剩余劳动。认为"纯产品"是土地对农民劳动的赐予,是农民劳动利用了特殊的自然生产力的结果,土地如果离开了劳动便不能生产任何东西。这种"纯产品"是劳动者以劳动方式从土地取得的财富,但被土地所有者占有。杜阁认识到"纯产品"转化为地租被土地所有者占有是土地私有权的结果,比魁奈更进一步说明了地租的本质和根源[②]。

亚当·斯密(Adam Smith)是最早系统阐述地租理论的经济学家,他在《国富论(1776)》中,首次形成了以绝对地租、级差地租、建筑地租、第一性地租、派生地租等概念为核心的系统框架。其基本观点主要包括:(1)地租作为土地使用的货币代价,是一种垄断价格;(2)同配第一样,斯密认为土地肥沃程度、地理位置和地租、地价有密切关系;(3)提出地租既是一种剩余价值,也是一种土地收入[③]的观点。

[①] [法]弗朗索瓦·魁奈:《魁奈〈经济表〉及著作选》,晏智杰译,华夏出版社2006年版。

[②] [法]杜阁:《关于财富的形成和分配的考察》,南开大学经济系经济学说史教研组译,商务印书馆1991年版。

[③] [英]亚当·斯密:《国富论(上下)》,郭大力等译,商务印书馆2014年版。

作为"现代地租理论的真正创始人",詹姆斯·安德森(James Anderson)对地租与土地市场价格的关系做了充分的论述,他认为在不同生产条件下生产出来的农产品具有统一的市场价格,是地租形成的前提。以此为基础,他又根据土地的肥沃程度差异对地租作了具体而明确的解释,形成了级差地租理论。自此,级差地租理论获得了发展的生命力。也是自此开始,级差地租理论便成为了地租理论的核心内容。

作为英国资产阶级古典政治经济学的完成者,大卫·李嘉图(David Ricardo)实现了对地租剩余理论的综合化和系统化,主要表现在其著作《政治经济学及赋税原理(1817)》中[1]。他以劳动价值论为基础,从分配的角度考察地租,认为工资是由工人的必要生活资料的价值所决定的,利润是工资以上的余额,地租是工资和利润以上的余额,地租则是为使用土地原有和不可摧毁的生产力而付给地主的那一部分土地产品。李嘉图只研究了级差地租,他认为如果一切土地都具有相同的特性、数量是无限的、质量也完全相同,那么使用时就无须支付代价,除非它在位置上具有特殊便利。由此看来,使用土地支付地租只是因为土地的数量并非无限、质量也不是相同的,并且因为在人口的增长过程中,质量和位置较差的土地也投入耕种了。在社会发展过程中,当将次等肥力的土地投入耕种时,头等的土地马上就开始有了地租,而地租额取决于这两份土地在质量上的差别。当三等土地投入耕种时,二等土地马上就会有了地租,并且数额由生产力的差异规定。同时,头等土地的地租将会提高,因为它的地租必然总是高于二等土地的地租,差额等于这两份土地用一定量资本和劳动所生产的产品的差额。一个地区的人口每发展一步,这个地区就不得不使用质量较差的土地以增加食物的供给,这时一切较肥沃的土地的地租就会增长。但是,由于他否认绝对地

---

[1] [英]大卫·李嘉图:《政治经济学及赋税原理》,丰俊功译,光明日报出版社2009年版。

租的存在，其地租理论实际上只是级差地租，其级差地租理论则是在"劳动价值论"的基础上，在对安德森级差地租理论的扬弃中形成的。其基本观点主要有：（1）地租是人类社会不断进步、人口增加的结果；（2）级差地租是由土地肥沃程度及位置区别产生的；（3）地价随着国家发展而不断高涨。

  整体看来，配第的剩余论思想揭示出了地租的经济属性，为地租理论的横纵向拓展开辟了道路。特别是其关于级差地租的相关论述为马克思建立两种形式的级差地租理论积累了基础素材。魁奈的地租地价观点是在其重农主义的外壳中发展起来的，虽然经济表中有一些错误和缺陷，但是其在再生产和流通上的天才思想反映出早期资产阶级经济学说的反封建思想和对自由经济的追求。斯密没有提出绝对地租的概念，但已经在分析中默认了绝对地租的存在。安德森将级差地租的概念显性化，并开启了后世研究级差地租的时代。李嘉图以劳动价值论为基础，实现了对级差地租概念、产生条件、三种级差地租（丰度地租、位置地租、资本地租）的系统分析，但却错误地否定了绝对地租的客观存在。

2. 庸俗经济学的"地租"理论：萨伊与马尔萨斯

  让·巴蒂斯特·萨伊（Jean Baptiste Say）是法国古典经济学派的代表人物，他在著作《政治经济学概论（1803）》中提出了"生产三要素论"和"三位一体"分配论，共同构成了其地租理论的基础。萨伊把政治经济学划分为财富的生产、财富的分配和财富的消费三部分，认为生产不创造物质，只是创造效用，物品的效用是物品价值的基础。生产出来的产品是劳动、资本和土地共同发挥作用的结果。正如工资是对劳动服务的补偿和收入，利息是对资本服务的补偿和收入一样，地租是对土地服务的补偿和收入。萨伊以对斯密经济学说的解释、通俗化和系统化的面目出现，把斯密经济学中包含的科学因素抛掉，将庸俗因素分离出来并发展为庸俗政治经济学体系，他完全否定劳动决定商品价值的观点，认为地租来自土地而不是工人的剩余劳动。这一理论成为后来许多西方经济学家研究地租理论的基础,但是萨伊的理论却真实地回避了剥削问题①。

托马斯·罗伯特·马尔萨斯(Thomas Robert Malthus)的地租思想以"人口增长具有超过食物供应增长趋势"为基本逻辑,认为大多数人注定要在贫困和饥饿的边缘生活,而且任何技术也无法改变食品供应增加必然受限的趋势。在此观点影响下,他在1815年发表的《地租的性质与发展》一文中对地租概念、剩余部分产生的原因进行了探讨,认为地租不是由于土地垄断产生的,否认地租是土地所有权垄断的结果;而是农产品价格经常超过其成本的结果,也就是农产品扣除各种费用后的剩余。对于地租增长的原因,马尔萨斯认为,地租是自然对人类的恩赐,高额的地租意味着国家富足、土地肥沃、农产品丰富,资本的积累、农业改良或劳动强度的提高,以及人口的增加都会使地租提高。抹杀了地租所表现出来的剥削关系和阶级关系;同时认为劣等土地不提供地租,否认了绝对地租的存在。显而易见,马尔萨斯的地租观点是脱离实际的,甚至是完全错误的,这是因为他代表着土地贵族的利益,他的理论从某种程度上来说只是一种阶级辩护的工具②。

可以看到,庸俗经济学对地租理论的探讨主要集中在影响地租的因素和地租量的决定等方面,但对于地租所反映的社会经济关系、生产力发展这些本质问题则采取了回避态度。

3. 现代经济学的"地租"理论:马歇尔与阿朗索

20世纪以前,经济学家们主要是从生产关系的角度研究农业地租,马克思通过剩余价值理论研究了资本主义地租理论;与古典经济学家不同,在20世纪以后,由于城市化和工业化进程的加快,一些西方经济学家开始从市场价格的角度研究城市地租问题,为发达国家的房地产制度建立提供了理论指导。20世纪发达国家中对地租

---

① [法]萨伊:《政治经济学概论:财富的生产、分配和消费》,陈福生等译,商务印书馆1982年版。

② [英]马尔萨斯:《地租的性质与发展》,何宁译,商务印书馆1962年版。

理论研究颇具影响的经济学家包括马歇尔、阿朗索等。

阿尔弗雷德·马歇尔（Alfred Marshall）是当代经济学的创立者，其地租思想体现在《经济学原理（1890）》一书中。他认为地租是由供求关系影响的，由于土地资源的稀缺性，土地的供给量是固定不变的，所以地租只受土地需求状况的影响，地租取决于土地的边际生产力。生产者剩余或地租，是改良土地的总收入超过他每年所投资本与劳动所需要的数额的余额。具体内容包括：（1）认为生产要素由土地、劳动、资本构成，其中，土地是特定形式的资本，凡是不依靠劳动而来的所有有用物质都可以归入土地；（2）指出地租的三级价值，即土地自然的"原始价值"，个人为改良土地和建筑所带来的"私有价值"以及社会一般进步带来的"公有价值"；（3）提出稀有地租和准地租概念，认为从某种意义上讲，所有的土地都是稀有的，因此其地租都是级差地租，另外，指出使用土地之外包括厂房、设备在内的资源所支付的报酬为准地租，它的短期供给弹性为零；（4）提出地租水平的确定应根据供求论进行，认为地租只受土地需求的影响，土地的边际收益产量决定土地需求价格。总体来说，马歇尔在地租本质、地租价格决定上基本保持了与古典经济学的延续性，但与古典经济学认为土地是"异质"的观点有所不同，马歇尔在对地租本质——剩余的分析中，认为土地是"同质"的[①]。

威廉·阿朗索（William Alonso）是新古典地租理论的开创者，其主要著作有《区位和土地利用：地租的一般理论（1964）》，他的地租理论主要有：（1）利用数学模型解释了城市各行业的地租成因，拓宽地租研究领域；（2）利用所谓的地租结构分析不同作物竞标，解释杜能环的形成机制；（3）利用地租结构，研究出城市土地市场出租价格的空间分布特征。阿朗索的主要贡献在于他将空间作为地租问题的一个核心进行了考虑，并首次引进了区位平衡这一新古典

---

① [英] 马歇尔：《经济学原理》（下卷），陈良璧译，商务印书馆2009年版。

主义概念，同时成功地解决了城市地租计算的理论方法问题①。

总体看来，随着时代的发展，西方经济学在地租理论的研究方法上有了较为明显的丰富与发展，对于我们研究社会主义地租问题具有借鉴价值。但是在地租理论的研究内容上，仍然回避了地租所反映的社会生产关系问题。

（二）20 世纪 60 年代以来的地租理论

可以说，马克思地租理论的科学性决定了其理论的生命力。我们通过对 20 世纪 60 年代以来有关地租和级差地租成果的系统梳理，发现马克思之后的地租理论与其说是对马克思的超越与创新，不如说是对马克思地租理论的在地化发展与具体应用。这意味着自 20 世纪 60 年代以来，国外学术界对马克思地租理论的应用转向构成了这一时期马克思地租理论研究的主要特点。

自 20 世纪 60 年代以来，以苏联为代表的社会主义国家对马克思地租理论展开了集中研究。那一时期，社会主义与级差地租的讨论成为主流，Bolgov（1961）探讨了社会主义制度下的级差地租，对其存在和条件进行了本土化剖析②；M. Bronshtein（1960）对社会主义制度下级差地租的分配进行了研究，本质上是对马克思级差地租理论的延续，但这一延续具有典型的实践特色，该文关注社会主义国家中土地的两重性质——国有土地和集体土地，分别对该两种性质基础上级差地租的分配做了理论和实践维度的剖析③；S. Strumilin（1961）在莫斯科大学学术会议上，对社会主义和资本主义制度下级差地租的分配依据做了详细说明，认为资本主义土地私有制导致农业雇佣工人创造的级差地租被租地资本家、土地所有

---

① [美] 威廉·阿朗索：《区位和土地利用：地租的一般理论》，梁金社等译，商务印书馆 2007 年版。

② Bolgov, "Differential Rent under Socialism", *Problems of Economic Transition*, 1961.

③ M. Bronshtein, "Distribution of Differential Rent under Socialism", *Problems of Economic Transition*, 1960.

者剥削,而到了社会主义条件下,土地私有制被废除,农民生产的剩余价值就归集体所有,所以资本主义的级差地租因存在的基础被消灭而随之不复存在①。可以说,这一时期关于级差地租的讨论,构成了社会主义阵营的学术热点,但在本质上仍是对不同语境下马克思级差地租理论的同义重复。

进入到20世纪80年代,特别是伴随着苏联社会主义的退步,学术界关于地租的讨论也日趋多元。Jayati Ghosh(1985)则选用比较的视角对李嘉图的级差地租思想与马克思的级差地租理论进行比较分析,并论证和肯定了李嘉图级差地租思想的合理性,及其对资本主义时代下农业资本化转型的意义②。Alan W. Evans(1992)对级差地租与土地产权关系进行了说明,这种说明是建立在对学者Michael Ball关于马克思级差地租理论分析结果的批判之上的,作者采取客观的态度,既分析了马克思与李嘉图关于级差地租的理论区别,又对二者各自的合理性进行了梳理,体现出对级差地租理论的某种折中主义③。当然,有更多的学者则将级差地租放到具体的民族国家中进行研究,比较典型的是Anan Burger(1998),她利用地租理论对匈牙利的土地价值和地租进行了研究,认为前社会主义国家体制下国有土地和集体土地造成土地价值虚无与荒废,并结合匈牙利政治转型后的数据,分析了土地公有变为土地私有后地租增长的现象④。

而关于城市化(urbanization)与地租关系的研究命题,在国外学术界的研究都普遍较少。尽管多数学者都认识到城市化带来土地

---

① S. Strumilin, "Differential Ground Rent under Socialism", *Problems of Economic Transition*, 1961.

② Jayati Ghosh, "Differential and Absolute Land Rent", *The Journal of Peasant Studies*, 1985.

③ Evans A. W., "On Differential Rent and Landed Property", *International Journal of Urban and Regional Research*, 1992.

④ Anna Burger, "Land Valuation and Land Rents in Hungary", *Land Use Policy*, 1998.

需求的增长、带来城市边缘"生地"的价格猛涨，以及由于农用地向城市土地利用的流转和基础设施的供应而产生大量不劳而获的收益（Nick Devas，1990）①。但仍未从地租的视角中对这一现象进行剖析。在现有的研究成果中，更多学者的研究集中城镇化与土地利用变化（H. Alphan，2003）②、城镇化土地利用与城市空间地貌关系（E. F. Lambin，B. L. Turner，H. J. Geist，S. B. Agbola，2001）③、城镇化进程与城市土地利用结构关系（Akinobu Murakami，Alinda Medrial Zain, Kazuhiko Takeuchi, Atsushi Tsunekawa, Shigehiro, 2005）④、城镇化与局地生态（E. Kalnay，M. Cai，2003）⑤ 等方面。

可以说，这一时期有关城市化与土地的研究，也已经从理论式研究过渡到实践式、本土式研究，并呈现出多元化的、具体化的研究态势。这既反映出国际学术界对土地相关收入问题的实践关切，也代表了未来该领域研究的重要趋势。这也与本书所强调的推动马克思地租理论的中国化、时代化不谋而合。

三 国内外研究现状评价

总体而言，国内学界与国外学界关于本题的研究各有特点。国内研究以级差地租的理论讨论为起点，先后开展了对农业领域的级差地租、社会主义级差地租的广泛性与特殊性、实践领域级差地租

---

① Nick Devas, "Planning and Management of Urban Development in the 1990s: New Directions for Urban Development in Rapidly Urbanising Countries", *Cities*, 1990.

② H. Alphan, "Land-use Change and Urbanization of Adana", *Turkey, Land Degradation & Develpment*, 2003.

③ E. F. Lambin, B. L. Turner, H. J. Geist, S. B. Agbola, "The Causes of Land-use and Land-cover Change: Moving Beyond the Myths", *Global Environmental Change*, 2019.

④ Akinobu Murakami, Alinda Medrial Zain, Kazuhiko Takeuchi, et al., "Trends in Urbanization and Patterns of Land Use in the Asian Mega Cities Jakarta, Bangkok, and Metro Manila", *Landscape and Urban Planning*, 2005, pp. 251–259.

⑤ E. Kalnay, M. Cai, "Impact of Urbanization and Land Use on Climate Change", *Nature*, 2003.

的分配机制与分配关系，以及 21 世纪以来对城镇化与土地关系等问题的讨论，无不反映出国内学界关于该命题的与时俱进特性。国外研究则更多地表现出其理论的传承性与发展性，并不断探索运用多元化分析方法对具体国家和地区的地租问题进行理论和实践的综合把握。

从国内外的研究现状来看，城镇化与地租的关系越来越清晰，越来越成为我们研究这一类课题的核心线索。通过对国内外研究动态的总结，我们不难发现，它们在如下五个方面达成了共识：（1）承认地租是客观存在、长期存在的，承认它遵循着马克思地租理论的一般规律，是土地有偿使用的资本化表达。（2）认识到地租是普遍性与特殊性的统一体，不同社会制度下它既反映地租的一般规律和属性，也反映特定社会制度下的特殊生产关系；科学把握地租属性需要将二者辩证地结合起来。（3）认识到地租与城镇化之间的互生互促关系，明确了地租随着城镇化的发展变化而发展变化的规律。（4）科学处理好地租与城镇化的关系需要综合掌握和利用好城镇化的发展规律、需要对具体国家（或地区）的土地制度进行周密考量、需要对地租的具体形式与城镇化的现实需求进行系统把握。（5）马克思地租理论内含有土地及其产品的价值形成过程和再分配过程，这揭示出在治理城镇化进程中的土地级差收入问题时，应树立全局观，应做好对土地级差收入属性分析、生成机制、量的测度、分配机制等的全环节考量。这些共识，构成了本书研究的理论前提与基础。

但与此同时，我们也发现当前的国内外研究现状仍然存在的不足，具体包括：（1）虽然认识到地租存在的客观性、长期性，但却缺少对社会主义地租的深度分析，特别是缺少研究不同土地收入形式与地租及地租具体形式的关系，易引发我们对其本质定位的误解误用。（2）都意识到土地级差收入对于城镇化的作用，但关于土地级差收入如何发挥作用、如何生成、未来的发展趋势如何等，却未做细致论述。（3）都强调对地租进行合理化分配，主张发挥地租在彰显社会主义制度优越性方面的价值，但却没有提出分配土地级差收入的科学方案，也仍无法明确各利益主体应该以何种理念、对多大规模的地租进行分配。(4) 都意识到政府在当前地租环节的角色作用，体会到地租的复杂性和重要性，但却没能提出一个系统而明确的治理方案。显然，这些不足是我们在推进城镇化进程中需要认真对待和迫切解决的问题，这些也构成了本书的研究重心。

第四节　研究内容、思路和方法

一　研究内容

当前，学界对于中国城镇化进程中"土地出让金是何属性，如何分配，怎样转型"莫衷一是。为了尝试回答这一系列问题，本书以马克思地租理论的科学方法论为指导，以土地出让金为切入点，对中国城镇化进程中的级差收入的本然属性、实然状态和未然走向进行了系统研究。主要内容有：

（一）对马克思地租理论及其科学方法论思想进行系统诠释。本书从分析马克思地租理论的文本出发，对马克思地租理论的基本体系、核心思想进行了系统梳理，对马克思地租理论中的科学方法论思想进行了提炼和总结，并提出辩证运用马克思地租理论的基本立场和方式，为科学指导我国的土地级差收入问题提供理论依据。该部分内容体现在第二章。

（二）对中国城镇化进程中土地级差收入的本质属性进行理论定位。提出"土地级差收入"的理论概念，并在界定土地级差收入内涵和外延、梳理新中国成立以来我国土地级差收入演化轨迹的基础上，从马克思主义视角，对土地级差收入的属性特征进行了具体分析，为认识土地级差收入的本质属性提供理论依据。该部分内容体现在第三章。

（三）对中国城镇化进程中土地级差收入的实然状态进行总结和问题分析。为揭示土地级差收入的理论定位和实际运作中的复杂现象，本书在对土地级差收入进行理论定性之后，反观现实，对当下土地级差收入的生成机制、强化机制、分配机制及其悖论、发展趋势等内容进行了深层次论证。本部分内容集中在第四、第五章。

（四）提出土地级差收入的治理体系和政策建议。为回答"土地级差收入将去向何方"的问题，寻找合理的治理路径，本书尝试从治理理念、治理目标、治理路径、政策建议四个方面提出了涵盖土地级差收入转型、土地产权改革、政府职能转变等诸多内容的治理体系，以推动土地级差收入与城镇化的深度契合。本部分内容集中在第六章。

（五）绪论与结论。其中，绪论交代了研究的背景、意义、目的、国内外研究现状、研究方法，明确了研究的基本逻辑框架；结论则对本书的主要结论、创新之处和进一步努力的方向进行了概括性说明。本部分内容集中在第一、第七章。

二 研究思路

本书依据"命题提出—理论属性定位—实践机制分析—形成治理建议"的逻辑进路布局篇章结构，在理论与现实的分析和对照中，层层递进式地回答了中国城镇化进程中土地级差收入的三个核心问题，即："本质属性是什么？现实操作是怎么样的？下一步该如何发展和治理？"基于这样的逻辑，本书形成了以马克思地租理论科学方法论为指导、以丰富和完善中国特色社会主义政治经济学为导向、以土地财政为切入点、以土地级差收入的理论建构为基础、以土地级差收入的关键机制为研究重心、以推动土地级差收入与城镇化融合发展为着眼的研究脉络。具体研究路线见图1-1。

三 研究方法

（一）文献研究法：在收集整理国内外有关论文、书籍、报章、网络等材料的基础上，对本书涉及的理论知识（特别是西方经济学中地租理论的发展脉络、马克思地租理论、国内外学界的地租研究

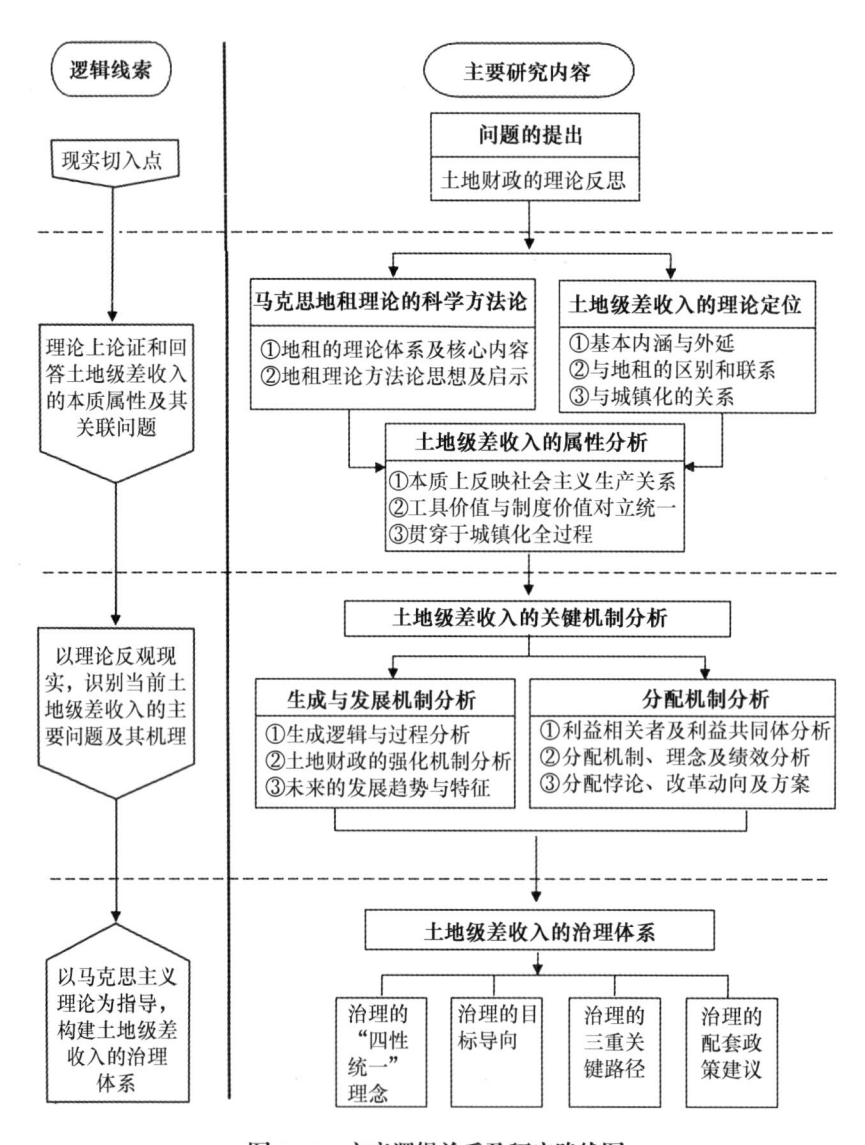

图 1-1 文章逻辑关系及研究路线图

进展等内容），以及相关土地政策、统计数据、历史事件等资料，进行了系统梳理，进一步明确土地级差收入的理论依据和现实基础。

（二）定性研究法：从马克思主义经典作家的理论文本出发，通过总结马克思关于地租一般规律、科学方法论等思想，明确我国土地级差收入的内涵属性、城镇化与土地级差收入关系、未来发展趋势、实践特色等内容，并以中国特色社会主义政治经济学为着眼点，提出土地级差收入的治理体系建议。

（三）比较研究法：通过对比马克思所揭示的资本主义地租与土地级差收入的本质区别和联系，明确土地级差收入的本质属性，为辩证运用马克思地租理论的科学方法论提供方法；通过对比土地级差收入与土地收入、土地税费、土地出让金等范畴的区别和联系，明确土地级差收入的具体内涵，廓清土地级差收入的研究边界和根本特征。

（四）系统研究法：坚持逻辑与历史相统一、理论与实践相结合的思路进行谋篇布局，通过对土地级差收入的本质属性、历史脉络、实践机制、未来走向进行系统讨论，明确土地级差收入的过去式、现在式和未来式，并从治理理念、治理目标、治理路径、治理政策的一体化角度探索土地级差收入的治理体系。

第 二 章

马克思地租理论的核心内容及启示

马克思地租理论是《资本论》的重要内容，是马克思以劳动价值论和剩余价值学说为基础，分析资本主义农业地租的理论成果。级差地租是马克思地租理论的核心，其所涉及的级差地租产生的规律、条件、与其他地租的关系等思想，既揭示了资本主义农业乃至地租之特殊性，其所内隐的一般规律性也由此逐渐显露，并为社会主义条件下科学认识和运用地租理论提供了指导，特别是为中国特色的新型城镇化之路提供了科学依据。

第一节 马克思地租理论的基本体系

地租同工资、利息、利润一样，是剩余价值转化的有机形式，是农业产出超过平均利润之后的余额。马克思地租理论的文本内容皆从此间蕴发而生，分析和掌握马克思地租理论体系要对其产生背景、内容结构、价值定位做以唯物主义评价。这是科学运用马克思地租理论的内在要求。

一 马克思地租理论的产生背景

理论是实践的反映与升华，马克思地租理论也是马克思对资本主义农业地租实践的科学总结。这既反映了马克思地租理论的实践根基,也映射了马克思作为思想家对其之前各种有关地租学说的辩证扬弃。因而,时代背景与理论背景构成了我们认识和分析马克思地租理论的全部背景条件。

(一) 马克思地租理论产生的时代背景

概而言之,地租理论产生的时代背景是资本主义生产方式在资本主义国家的确立与发展,可以从生产力与生产关系两个维度加以确认。

从生产力维度来看,马克思所处的时代是资本主义生产方式在社会化大生产普遍应用的阶段,资本主义国家在科学技术生产力快速发展的同时,社会分工也在加速分化,资本作为重要的驱动因素开始发挥主导作用,特别是在工业、商业等领域,资本所有者凭借其所有权正加剧着对社会劳动创造的价值的剥削程度,资本家阶级、无产阶级的对立愈演愈烈,资本主义生产关系已逐步适应资本主义生产力发展需要,并在上述领域占据了绝对的主流。在此情境下,马克思通过对资本在工商业领域利润、利息的考察,通过社会劳动所创造的价值向不同形式的转化分析,认为在农业领域也存在着像工业、商业一样的资本主义生产方式;尽管就他所处的时代来看,农业领域的资本主义还没有向其他行业一样发达,但所表现出愈演愈烈之趋势已不可避免。随着资本主义生产方式在各行各业主导之势的加速形成,资本主义所主导和推动的社会大生产方式业已加速了农业资本主义生产力的发展,农业成为了受资本所驱动的重要国民经济部门。

从生产关系维度来看,农业领域的私有制形式、农业资本家土地所有者和雇佣工人的阶级对立关系、农业产业的资本分配机制业已形成,资本主义生产关系在农业领域形成了主导之势。其中,生产资料的私有制是资本主义生产关系的典型特征,在农业领域表现为全部的"财富之母"——土地,被私人垄断(即所有权垄断),从而在其对立面衍生出了只拥有劳动的雇佣工人,以及拥有资本的农业资本家，三者围绕土地所有权、使用权、劳动所有与雇佣权，形成了农业领域的依附关系。当然这种依附关系具有剥削性，从其本质来看是土地所有者凭借所有权、农业资本家凭借其以资本换来的土地使用权（二者都具有垄断特性），而对雇佣工人所创造的剩余价值的剥削。正是在这样的时代背景中，资本主义农业地租成为了资本主义生产关系的重要"代言人"，这也客观地构成了马克思观察和分析地租的实践源泉。

（二）马克思地租理论产生的理论背景

马克思农业地租理论是站在前人基础上的理论创新，其中以英国古典经济学理论最为典型。通过对英国古典经济学中有关地租理论的纵向梳理分析，以及与马克思所处资本主义时代的实践结合，才塑造了马克思地租理论的科学体系。对马克思地租理论产生重要影响的英国古典经济学家主要是威廉·配第、亚当·斯密、安德森和大卫·李嘉图。

各自理论的科学成分成为了马克思地租理论的重要组成。其中：1. 威廉·配第：率先提出级差地租概念，并对级差地租第一形式、级差地租第二形式的分类有着积极贡献；同时，配第还认为"土地价格是资本化的地租……是地租本身的转化形式"[①]，他从中看到了地租与土地价格的内在关系，为马克思揭示地租与土地价格的关系，提供了有力参考。2. 亚当·斯密：对马克思地租理论的科学贡献有两个主要方面：一是他不否认绝对地租的存在（但也"不认为资本主义土地私有制使绝对地租普遍存在"[②]），从而为地租中的一般形

[①] 吴易风：《吴易风文集：马克思经济学来源研究——英国古典经济理论》第1卷，中国人民大学出版社2015年版，第266页。

[②] 在斯密看来，绝对地租是否存在取决于土地所有者凭借土地所有权而进行有效抵抗的情况（即对资本投入及再投入的阻碍情况），当干预有效，才有绝对地租；当干预无效则没有绝对地租。这一论点也成为其地租理论的弱项而被批评。参见吴易风《吴易风文集：马克思经济学来源研究——英国古典经济理论》第1卷，中国人民大学出版社2015年版，第266页。

式给予了理论确认；二是对房租和地皮租做了区分，认为"房租中包括地皮租，地皮租归土地所有者"①，这对后来马克思区分土地物质与土地资本的关系提供了重要启示。3. 詹姆斯·安德森：对地租的理论判断，得到了马克思的肯定，甚至被马克思誉为"现代地租理论的真正创始人"②，其主要贡献在于：一方面，其考察资本主义地租的重要前提，"始终存在用于农业的足够资本"，也即对资本主义生产方式在农业生产领域普遍存在的预设，为马克思研究农业地租理论提供了理论前提，以致在地租理论的开篇部分就首要地强调是在"资本主义生产方式已经支配农业这样一个假定"③ 的基础上，讨论资本主义农业地租的有关问题；另一方面，关于地租实体来源的观点，即"不是地租决定土地产品的价格，而是土地产品的价格决定地租"④ 的判断，为后来马克思讨论地租的劳动价值来源提供了朦胧的启发。4. 大卫·李嘉图：作为英国古典经济学的集大成者，李嘉图的地租理论是马克思地租理论的重要思想来源，其对马克思地租理论的积极贡献体现在三个方面：一是其地租理论建构在劳动价值理论的基础之上，从而构成了马克思地租理论（具体而言是地价理论）的价值源头，为马克思解析资本主义农业地租中价值到生产价格的转化、剩余价值到平均利润的转化提供了线索；二是更进一步区分了地租与土地资本的利息与利润，认为"在租地农场主付给土地所有者的货币中，只有一部分是为使用土地原有的和不可摧毁的力而支付的，另一部分则是原先用于改良土壤以及建造为储存和保管产品所必需的建筑物的资本而支付的"⑤，从而为马克思

---

① 吴易风：《吴易风文集：马克思经济学来源研究——英国古典经济理论》第1卷，中国人民大学出版社2015年版，第275页。
② 《马克思恩格斯文集》第7卷，人民出版社2009年版，第700页。
③ 同上书，第693页。
④ 吴易风：《吴易风文集：马克思经济学来源研究——英国古典经济理论》第1卷，中国人民大学出版社2015年版，第276页。
⑤ 同上书，第282页。

区分土地物质与土地资本（即自然属性与社会属性）、地租与租金提供了借鉴；三是对级差地租理论有了更为透彻的认识，也是级差地租理论的科学成就体现，他在对社会平均生产价格的定位上，认为"劣等地的生产条件决定农产品的'比较价值'，即生产价格"①，从而为判别级差地租及其量的大小提供了计算依据。

各自理论的关键错误构成了马克思反思资本主义农业地租的生动素材，并成为廓清马克思地租理论与其他地租理论的显著标志。其中：1. 威廉·配第关于"地租就是全部剩余价值"②的判断，将资本主义地租的实质和它所体现的生产关系与交往关系进行了遮蔽，进而遮盖了资本主义地租对农业工人剩余价值剥削的本质。2. 亚当·斯密关于绝对地租不是普遍存在的论述。犯了事实性错误，并将资本主义土地私有权看作了可有可无的东西，从而抹杀了垄断性的私有制对绝对地租的实现机制，因而也将资本主义的缺陷做了遮掩。3. 詹姆斯·安德森则成了租地农场主的代言人，其地租理论的出发点及其所批判的"合理农业的障碍"③，并非为资本主义地租制度进行科学分析，在更大程度上是基于自身阶级立场而做的自我辩护，阶级局限性在这时显露无遗，并成为其科学认识和建构地租理论的内在障碍。4. 大卫·李嘉图其偏见之处就在于否认绝对地租的存在，其深层意义则在于对资本主义土地私有制的忽视，从而导致其对资本主义地租的阶级性、历史性缺乏唯物主义的分析；更为隐秘的是其也进一步蒙蔽了资产阶级获取剩余价值的制度因素，从而将地租归因于"生产力因素，是一种以偏概全的判断"。不得不说，

---

① 吴易风：《吴易风文集：马克思经济学来源研究——英国古典经济理论》第1卷，中国人民大学出版社2015年版，第288页。

② 同上书，第264页。

③ "合理农业的障碍"，马克思通过对比土地所有者对地租不断上涨的诉求与租地农场主避免进行一切不能期望在自己的租期内完全收回的改良和支出的诉求，发现了二者之间相互对立的诉求，认为这种对立是对农业发展的阻碍。参见《马克思恩格斯文集》第7卷，人民出版社2009年版，第699—700页。

马克思之前的古典经济学家关于地租的思想和理论的错误之处，暴露出了他们关于资本主义地租的认识和运用的局限，并为其所处的历史时代就地租实质的探索设置了阻碍。但这恰恰为马克思从唯物史观的角度进行地租理论的探索准备了空间和素材，为马克思从生产关系维度把握地租的形式、实质与规律提供了历史线索（配第主要考察 17 世纪后半期，斯密考察 18 世纪前半期，安德森考察整个 18 世纪的情况），这些历史性考察既延伸了地租理论的研究脉络，见证了不同的资本主义发展阶段地租理论的认知水平，更为关键的是，为马克思对资本主义地租作超阶级的、唯物的分析提供了时空支撑，从而为马克思地租理论科学性的内在基因创造了条件。

二 马克思地租理论的内容体系

马克思地租理论集中在《资本论》第三卷第六篇中，对此马克思以"超额利润转化为地租"为题，以 11 章内容[①]（当然有些内容零散分布在手稿的不同部分，后经编者进行同类归集而成）对全部地租内容进行了理论阐释。从文本内容和地租理论所关涉的内容来看，可以将其划分为两个主要方面：一是关于地租理论的线索和背景的阐述；二是关于地租的条件、形式与规律等核心内容的揭示。

（一）马克思地租理论的文本线索和研究前提

该部分内容主要是向读者呈现马克思所强调的地租是什么（即研究对象问题）、对与地租相关问题的厘析（即与相关范畴的对比分析）、对地租特征进行辩证把握三个部分。

在地租是什么层面，具体观点有：1. 地租是"那种同工资和利润相对立的作为独立的范畴"[②]，是剩余价值的有机构成，进一步而言是农业领域剩余价值的转化形式。2. 马克思所说的地租，是真正意义的地租，区别于土地资本的利息，是"为了使用土地本身而支

[①]《马克思恩格斯文集》第 7 卷，人民出版社 2009 年版，第 693—919 页。

[②] 同上书，第 915 页。

付的"①，是除了人为投资而在土地上所形成的土地资本部分；这里也引申出了重要的范畴，即土地物质和土地资本的差异，并提醒我们在把握地租问题时要有区分二者结构差异的自觉。3. 更为重要的是，马克思所强调的地租是建立在"资本主义生产方式已经支配农业这样一个假定"②之上的地租，是与资本主义生产方式相适应的农业地租，并明确指出是以"资本主义生产发达的国家的农业地租"③为研究对象的。

在与地租相关范畴的厘析层面，则对地租属性的揭示起到了祛昧的功效，在这里马克思主要是通过地租与剩余产品和利息的比较完成这一工作的。其中在比较分析剩余产品与地租的混同时，马克思指出剩余产品（或者剩余价值）与地租，并非在一个层面上，不能相互解释或混用，因为前者是从社会总体上进行分析的产物（即社会总产品中超过社会必要劳动时间所创造的产品的总称，它不特指某个具体行业，是一个宏观范畴），而后者则是前者的一种表现形式（确切地说，是剩余价值在农业领域的表现形式而已），不能以具体形式代替抽象本质，因而"不能说明地租"④，更不能将二者混同，否则就犯了概念混淆的逻辑错误，即"把作为商品和价值的一切产品具有的性质，说成是农产品特有的性质"⑤。

在比较分析地租和利息的混同时，马克思是从两个层次展开的：一是从构成广义地租的"真正的地租和投入土地的固定资本的利息"⑥层次展开的，这一层次已在上段内容中予以明确，此处不再赘述。二是从认识地租属性的层次展开的，对于科学认识地租及其在资本主义生产方式的合理性方面有借鉴意义；在这个层面上，马克思从"资本化的地租"⑦被"看作是一个想象资本的利息"出发，

---

① 《马克思恩格斯文集》第 7 卷，人民出版社 2009 年版，第 915 页。
② 同上书，第 693 页。
③ 同上书，第 706 页。
④ 同上书，第 717 页。
⑤ 同上书，第 720 页。
⑥ 同上书，第 701 页。
⑦ 即以货币形式收取的土地年收入或土地价格。

进一步指出"把地租本身和地租在土地购买者面前采取的利息形式混同起来……必然会得出一些非常奇怪的错误结论"①，更为关键的是这类将二者混同的人所犯的错误是"用地租的买卖引出地租存在的理由"，将地租被买卖的事实看作地租存在的原因，犯了因果倒置的逻辑错误，而这一错误是无论如何也无法揭示地租存在的根源的，进而更无法对资本主义生产方式下的地租及其与生产关系的内在统一性作出科学评价。

在对地租特征的辩证把握层面，提出要从历史与现实相结合的维度把握地租的特征，避免以共同性掩盖本质区别，以表象掩盖实质的错误。就前者而言，马克思强调，要避免对地租的共同性②的单方面把握，考察地租的属性差异时还要综合分析产生地租的历史阶段，也即要从社会生产方式和生产关系维度来把握地租的具体特征，唯其如此才能真正区分不同地租形式（劳动地租、产品地租、货币地租、产业地租）所表征的制度因素和生产关系差异。就后者而言，马克思指出"资本主义生产方式下的地租（货币形态的地租），并不是以农产品发展的一般规律为根本背景的，而是以农产品（或者土地产品）作为社会劳动的社会性质为前提的"③，此时的农产品（土地产品）通过市场交换成为了与工业商品等其他商品相对立的商品形式，并随着该商品的发展条件（资本主义生产方式的普及程度）和商品价值的实现条件（市场发达程度），土地所有权对地租的索取权利和能力才能变为土地所有者真实的货币收入，土地所有权也才能从"剩余价值中一个不断增大的部分也就转化为地租"④。言外之

---

① 《马克思恩格斯文集》第7卷，人民出版社2009年版，第703—704页。
② 地租的共同性是指"地租是土地所有权在经济上的实现"这一本质。参见《马克思恩格斯文集》第7卷，人民出版社2009年版，第715页。
③ 是指农产品不仅仅是农产品，更为重要的是已成为资本主义制度下有价值的商品，其社会性质通过货币性质，即由价格决定的普遍的可交换性表现出来。参见《马克思恩格斯文集》第7卷，人民出版社2009年版，第720页。
④ 《马克思恩格斯文集》第7卷，人民出版社2009年版，第720页。

意，土地所有权只构成了土地所有者获取地租的充分条件（马克思将其定义为"不同的人借以独占一定部分土地的法律虚构"①），而要实现土地所有权的权能，还需要必要条件的介入，即需要资本主义生产方式和市场经济的介入。这构成了马克思所强调的地租的全面特征。

（二）马克思地租理论的核心内容

马克思地租理论的精髓主要集中在地租产生的前提条件、地租的主要形式及属性、地租的演进规律三个方面，这些内容也是马克思地租理论区别于其他地租理论的关键。

关于地租产生前提条件的核心内容。这里的地租产生条件主要是说明地租的构成要素及彼此作用机制。从根本来看，地租是农业领域资本主义生产关系的产物，是以资本主义生产方式在农业中占据统治地位为根本前提的。具体来看，有如下三个维度：1. 土地所有权获得了"松绑"，并以纯粹经济的形式参与到对剩余价值的分割中。这意味着土地所有权从传统生产关系（封建社会生产关系）下的集政治、经济、社会功能于一体的功能定位被新的生产关系（资本主义社会生产关系）下的经济功能所取代，从而使其成为"私有产品"，并为"自由流动"创造了前提。土地所有权、土地、土地经营权由此分道扬镳。2. 围绕土地形成了三大阶级，也即土地所有者、农业资本家和农业劳动者，这是资本主义生产方式②在农业领域的具体表现，农业劳动者此时"被剥夺土地并从属于一个为利润而经营农业的资本家"③，这在客观上形成了以土地为中心的阶级关系，即拥有土地所有权但不参与生产的大地主阶级、以资本换取特定时期土地使用权并从事经营的农业资本家阶级、靠出卖劳动获取

---

① 《马克思恩格斯文集》第7卷，人民出版社2009年版，第715页。
② 总的来说，资本主义生产方式以劳动者被剥夺劳动条件为前提。参见《马克思恩格斯文集》第7卷，人民出版社2009年版，第694页。
③ 《马克思恩格斯文集》第7卷，人民出版社2009年版，第694页。

报酬但几乎没有土地的农业雇佣工人阶级，这三大阶级间形成了相互依附的分工合作关系，并通过地租的创造和分配环节强化了彼此间的关系。3. 土地经营权租赁市场的存在与发展，这是实现地租实体的市场条件，也只有土地经营权在农业资本家手中的排他性占用，土地的地租属性才得以有实体转化的可能，围绕剩余价值的分割问题才能顺次展开，地租才能是真实的存在。综合来看，地租的产生条件就是资本主义生产方式在农业领域渗透并占有统治地位的具体化，就是由土地权利主体、交换过程和价值创造与分配关系构成的各种关系的总和。

关于地租的形式及属性的核心内容。在马克思看来，地租有一般形式和特殊形式之别，其中级差地租和绝对地租为常态，是地租必然存在的两种形式，因而是一般形式的地租；而垄断地租则由于稀缺的土地特殊位置或自然力而被列入非常态地租，因而是特殊的形式。1. 绝对地租是土地所有权垄断的必然结果，是土地所有者凭借其所有权而实现其地租收益的第一维度。其根本原因是土地所有权对农业资本家形成了投资"门槛"，只有在农业资本家以货币形式交付给土地所有者租金后，农业资本家才能获得具有排他性的土地经营权，才能在资本主义条件下完成从价值到剩余价值（主要指利润）的转化，从这一角度而言就意味着"土地所有权本身已经产生地租"。这是土地所有权与绝对地租的天然关系。作为超额利润的一部分，绝对地租是农产品价值超过社会生产价格的部分。之所以是这样，还在于马克思的两个基本判断，即：一是农业领域而其他领域不具备绝对地租的实体来源；二是农业领域资本有机构成高于其他领域。从根本来看，在马克思所讨论的资本主义社会是农业领域资本主义生产方式日益普及，但并未真正全面实现的一个时代，特别是相较于资本主义生产方式更为发达的工业而言，由于工业产品不断利润平均化，使得社会平均生产价格在多数情况下以高于价值的价格出售，极少数情况下以等于价值的价格出售，从而使得农业领域在不充分的利润平均化过程中总是以低于价值的方式出售，于是便产生了绝对地租的实体来源。归根结底，在马克思看来，农业领域的剩余价值是资本主义生产方式在农业领域不够发达的结果。此外，我们也不难发现，绝对地租不管其量上是否合理，它始终构成了其他形式地租的有机组成部分。这种必然性是以土地经营权的让渡为前提、以地租的完整性为形式（通常情况下绝对地租与土地资本利息、级差地租等杂糅在一起交给土地所有者的，因而把它们看成了一个整体）、以农业资本有机构成进而利润未被充分化为内在机理的。2. 级差地租是马克思地租理论中最核心的内容。无论是在论述的分量上（以《马克思恩格斯文集》为例，共有11章论述地租内容，其中有7章是讨论级差地租），还是在重要性上，级差地租始终是马克思所关注的重心。在马克思的思考中，级差地租的形式、级差地租在不同生产价格条件下的规律性变化、级差地租的存在条件等占有最重分量。第一，在级差地租的形成及形式方面：马克思通过比较蒸汽动力下的工业生产和自然瀑布力下的工业生产之间的利润差额（即超额利润），进而认为构成地租一部分的这种超额利润"不是由于他的资本本身而产生，而是由于支配一种可以和他的（农业资本家的）资本分离，可以垄断并且数量有限的自然力而产生"[①]，认为这部分地租是典型的级差地租。并以此为基础，进一步分析指出，级差地租实际上是较好土地与最差土地（这种土地只提供社会平均利润）的差额，在具体分析构成差额的不同原因时，马克思又创造性地提出了马克思级差地租第一形式（级差地租Ⅰ）和级差地租第二形式（级差地租Ⅱ）。其中，级差地租Ⅰ是以土地肥力或位置差别为基础的，较好土地与最差已耕土地的差额是等面积的不同耕地的同时空比较的结果；级差地租Ⅱ则是以同一块耕地的多次投入所形成的生产率差别为基础的，是较好生产率投资与提供社会平均利润的生产和投资的差额，是同一块耕地纵向比较的结果。第二，在不同生产价格条件下级差地租Ⅱ的变动方面：为了从事实

[①] 《马克思恩格斯文集》第7卷，人民出版社2009年版，第728页。

层面厘清级差地租Ⅱ的变化趋势，马克思在三种社会生产价格下对其进行了详细考察，即分别考察了在生产价值不变、生产价格下降、生产价格上涨三种情况下级差地租Ⅱ的变动情况。其中：(1) 在生产价格不变的情况下，无论追加投资所产生的超额产品数量是否与追加投资前生产率保持一致，只要进行了追加投资，每英亩土地的超额产品和超额利润都会增加，进而地租也会增加。(2) 在生产价格下降的情况下，原来不提供级差地租的最差耕地退出耕种范围，原有比A好的耕地充当A的角色，此时级差地租总额呈现增加或下降两种情况；当追加投资的生产率不变，或者追加投资生产率提高且追加投资全部投在能提供级差地租的较好土地时，级差地租总额增加；但当追加投资的生产率下降，或者追加投资生产率提高且追加投资有部分投在原来的最差土地A上时，级差地租总额是下降的。(3) 在生产价格上涨的情况下，此时原来不提供级差地租的A土地也开始提供级差地租，比A更差的土地开始充当原来的A的角色，此时"只要已耕种的土地仍有竞争能力，土地上使用的资本越多，一国的农业和整个文明越发展，每英亩的地租和地租总额就增加得越多，社会以超额利润形式付给大土地所有者的贡赋也就越多"[①]。第三，级差地租是普遍存在的，但并不是一成不变的：在针对地租的整体分析上，马克思明确提出了"凡是存在地租的地方都有级差地租"[②]，言外之意则指出了存在土地租赁及构成地租的所有情况下，级差地租是普遍存在着的，只要有地租形成就必然产生级差地租。为了说明级差地租存在的普遍性，马克思还鲜明提出"最坏耕地也有级差地租"，并对该条件下级差地租何以产生和存在进行了较为深刻的论述。这是否同马克思之前所讲的将最差耕地描述为只提供平均利润或只提供绝对地租的理论相冲突呢？答案是二者并不冲突，其依据有二：一是其关于地租和级差地租的必然关系的论述，

---

① 《马克思恩格斯文集》第7卷，人民出版社2009年版，第819页。
② 同上书，第874页。

鉴于上文已述，这里不再赘言；二是马克思所提的最坏耕地也有级差地租的情况是有前提条件的，那就是在土地产品社会生产价格不断上涨时，由于较好土地追加投资生产率的下降，产生了一个更高的（相比于原来最差土地而言）社会平均价格，此时原有最差土地的个别生产价格较这个新的社会平均价格而言能提供一个余额，这个余额便构成了级差地租的产生基础，从而照应了马克思所说的"只要级差地租Ⅱ通过连续的投资而产生出来，上涨的生产价格的界限，就能够由较好土地来调节；这时，构成级差地租Ⅰ的基础的最坏土地也能够提供地租（指的是级差地租）"①。3. 垄断地租是马克思地租理论的组成部分。作为地租的特殊形式，马克思认为垄断地租是具有稀缺位置或独特自然力的土地及其产品以垄断价格②获取的超额利润的转化形式。马克思还以葡萄园所产的高品质葡萄酒为例，解释了从高品质葡萄酒垄断价格到葡萄种植者的超额利润，再由超额利润转化为土地所有者垄断地租的过程。③ 此外，在具体论述过程中，马克思还对建筑地段的垄断地租进行了剖析，认为该类地租"在许多情况下垄断价格占有优势"④，即指出建筑地段垄断性的普遍存在事实，并认为这类地段与土地所有权的结合，在资本主义生产关系下具有可恶可憎的剥削本质。

关于地租演进规律的核心内容。马克思对地租演进规律的探索是从对地租史的梳理分析开始的，从内容上看，他先后分析了劳动地租、货币地租和资本主义地租。其落脚点是分析资本主义地租的产生背景，从其对各历史阶段上地租的实质把握，可以将上述地租类型划分为两类：一类是"吞并利润"的前资本主义地租，包括劳

---

① 《马克思恩格斯文集》第7卷，人民出版社2009年版，第836页。
② 垄断价格区别于社会生产价格，是以高于产品社会生产价格出售的价格机制，垄断价格一般是指那种只决定于购买者的购买欲和支付能力的价格。参见《马克思恩格斯文集》第7卷，人民出版社2009年版，第876页。
③ 《马克思恩格斯文集》第7卷，人民出版社2009年版，第877页。
④ 同上书，第874页。

动地租、产品地租和货币地租；另一类则是资本驱动下利润与地租分野的产业地租，也即马克思所重点研究的地租形式。这两类地租之所以以此为划分依据，其最深层的原因还在于生产方式的差别。在第一类地租领域上，前资本主义生产方式主导着农业领域的生产与分配，围绕土地所形成的主体关系也只是农地耕作者与所有者的关系，该类地租要么以无偿劳动，要么以特定量的农产品或者是与其等价的货币形式，由耕作者向生产条件的所有者缴纳贡赋。自然土地产品就分为两个部分：一部分是保证耕作者维持其最基本生活需要（或自身生产）的部分；另一部分则是缴纳给土地所有者的部分，土地所有者吞并了耕作者的利润实体；除此之外，从这一类型地租的社会性来看，围绕土地形成的主体关系和生产关系都是以农业圈为唯一圈层，都是农业内部的交换与分配，其社会性被最小化，当然也只有这样才能确保无地耕作者对有地阶层的依附关系，但这却构成了与第二类地租存在本质差异的重要依据。而在第二类地租上，情况和性质则发生了根本改变，利润与地租在资本（根源是资本主义生产方式）的驱动下实现了分野，尽管表现形式上仍然是货币地租，但其背后的生产关系却发生了质的变化，正是基于此，马克思给出了清晰的资本主义地租图景，"一旦资本主义租地农场主出现在土地所有者和实际从事劳动的农民之间，一切从农村旧的生产方式产生的关系就会解体。租地农场主成了这种农业工人的实际指挥官，成了他们的剩余劳动的实际剥削者，而土地所有者现在只和这种资本主义租地农场主发生直接关系，而且是单纯的货币关系和契约关系"[1]。与此同时，围绕土地的三类阶级在资本的中介作用下，实现了农业社会性的极大扩充，农业进而农产品获得了与工业等商品相独立的商品形式，从而为资本主义农业地租的本质的突显提供了社会根基，当然也构成了资本主义农业地租的显著标志。综合而言，马克思关于地租史和地租演进规律的分析，始终围绕一个

---

[1] 《马克思恩格斯文集》第7卷，人民出版社2009年版，第903页。

线索展开,那就是成功揭示了地租是由社会关系产生的,并告诉我们"任何时候,我们总是要在生产条件的所有者同直接生产者的直接关系(这种关系的任何当时的形式必然总是同劳动方式和劳动社会生产力的一定的发展阶段相适应)当中……发现最隐蔽的秘密,发现隐藏着的基础"[①]。这不仅区分了古典经济学家的思想,更重要的是为我们认识不同情境下地租的特性提供了方法论依据——要从生产方式和生产关系维度去判别地租的当下属性及特质,即要用唯物主义历史观去认识和看待地租的当下属性、形式及其未来走向。

三 马克思地租理论的地位和价值

回答这一问题,既需要从马克思主义的视角对马克思地租理论进行评价,也需要跳出马克思主义视野进行辩证评价。从这一分析视角而言,我们对马克思地租理论的评价至少有两个维度:一是对其在马克思主义理论中的地位和作用评价;二是从地租学说中对其进行地位和作用评价,这构成了我们对马克思地租理论较为全面客观的立场。

(一)马克思地租理论在马克思主义理论中的地位和作用

马克思主义是科学的世界观和方法论,作为其有机构成的地租理论自然也具有如此品质,因此,我们也可以毫不避讳,甚至更为自信地说是关于资本主义地租的科学世界观和方法论,这是我们对其进行的总体定位。

从具体内容来看,马克思地租理论的科学性来自两个主要方面:一是来自于古典经济学思想中科学理论的继承;二是来自于马克思主义理论精髓的内在魅力。首先就第一点而言,马克思地租理论是站在巨人肩膀上的杰作,特别是其中的劳动价值论构成了以地租为重要表现形式的剩余价值学说的核心,并构成了马克思理论识别资本主义剥削本质的关键依据;此外,古典经济学中关于绝对地租、

[①] 《马克思恩格斯文集》第7卷,人民出版社2009年版,第894页。

级差地租的思想也为马克思地租理论的体系化和科学化注入了重要内容载体,也正是诸多巨人的理论贡献使其一开始就具备了鲜明的科学本质;就第二点而言,不得不说马克思的地租理论是马克思两个重大理论贡献——唯物史观和剩余价值学说的有机结合体,可谓是马克思主义理论之精髓。之所以这样说,其依据有:一方面,马克思主张的唯物史观方法论,充分体现在其地租理论中,在揭示资本主义地租实质时并非就资本主义来谈资本主义,而是从地租史进行考证,并对历史上出现的多种形式的地租进行了综合分析;更难能可贵的是,他透过现象对背后的本质问题进行事实和逻辑的考察,即从生产力与生产关系辩证关系视角对各阶段地租特征,及相应时期的地租理论进行历史情境考察和唯物史观评价,从而进一步凸显其理论的真理性;另一方面,马克思创新形成的剩余价值理论则构成了地租理论的核心,他认为不管何种形式的地租都是由劳动工人创造的剩余价值的一部分,特别是对于农业领域而言,由于其资本有机构成高于其他行业,其地租属性中的剩余价值表现得更为突出。这也正是马克思地租理论的科学所在。

更为重要的是,马克思地租理论的科学性并不仅仅在于其对地租及资本主义农业地租的科学认识,更重要的是它提供了认识和分析地租理论的方法论,这也是在根本上标榜其科学性所在。马克思地租理论中关于地租本质、级差地租存在普遍性等方面的内容,以及以生产力与生产关系相协调为根本依据进行地租分析的方法,教会我们用发展的眼光去分析和处理不同生产力和生产关系条件下的地租问题,从而使其理论具有了与时俱进的魅力,并使得马克思地租理论在处理地租相关问题时具有一般方法论价值。

(二)马克思地租理论在地租学界的地位和作用评价

客观而言,马克思既不是研究地租理论的第一人,也不是对地租理论作以终结性定论的人,这提醒我们以历史的、辩证的视角客观分析其恰当性与业界地位(无论怎样评价仍无法改变其理论的科学性)。的确就地租研究而言,威廉·配第开启了地租研究的先河,随后亚当·斯密、詹姆斯·安德森、大卫·李嘉图展开了多角度论述，以及在马克思之后的杜能、萨缪尔森等，都不断结合各自所处的时代进行诸多地租问题的研究。在这一研究脉络中，不可否认马克思地租理论以其科学性赢得了其在地租史学界的重要地位，特别是其关于地租变动情况、土地价格的理论等都成为了土地资源管理领域重要的研究范式，甚至成为了我国土地管理政策的重要依据。

站在研究的长河中，我们既应该看到马克思地租理论的科学内容，同时也需要对其不合时宜的内容加以辩证扬弃，如需要打破资本主义农业地租的背景局限，将其应用到与土地租赁相关的社会制度之中去，并做好对于之前偏见的纠正工作，真正让理论服务于实践，并产生政策效益。因而，马克思地租理论构成了我们认识地租及相关问题的重要理论范式，且这一范式还将在实践发展中不断与其他理论进行融合创新，还在不断增强其科学性和解释力。

第二节　马克思级差地租理论的核心思想

级差地租理论是马克思地租理论中最重要的部分，马克思关于级差地租理论的思想也主要分为三类：一是级差地租Ⅰ、Ⅱ的关系思想；二是级差地租量及其判定；三是级差地租的占有关系。

一　级差地租的形式及内在关系

我们已经知道，级差地租的产生条件是提供社会平均生产价格土地（即无级差地租土地）与较好土地的差额，也即不同资本的不同生产率差额，由于产生差额的资本作用方式差异便产生了级差地租Ⅰ和级差地租Ⅱ的分类。那么二者究竟是什么关系呢？马克思给了我们清晰的答案，二者在本质上是一致的，但却有着各自的界限和区别。理解这一观点，我们还需要进行一分为二的剖析。

（一）联系层面的级差地租Ⅰ与级差地租Ⅱ

从联系角度来看，级差地租Ⅰ是级差地租Ⅱ的基础，级差地租Ⅱ是级差地租Ⅰ的延伸。一方面，级差地租Ⅰ构成了级差地租Ⅱ的历史基础和逻辑基础。1. 就历史基础而言，农业用地的级差地租Ⅰ先于级差地租Ⅱ，因为在农地的应用历史中，首先是增量土地的扩张逻辑，最原始、最简单的农地建设方案就是土地拓荒、原始土地的耕种，当然这是与人类社会的生产力发展水平相一致的土地利用方法。随着人类改造自然能力的提升，以及人类自我生产能力的提高，人们从耕地上获取生存资料的需求日益增加，加之原始耕地有限性矛盾的逐渐显露，对存量土地的生产效率的提升也成为必然，利用耕地的存量提升逻辑才显露出来，此时耕地上的级差地租Ⅱ也才随之显现出来。从这一角度而言，级差地租Ⅰ是历史地先于级差地租Ⅱ而存在，这便是级差地租Ⅰ构成级差地租Ⅱ的历史基础。2. 就逻辑基础而言，级差地租Ⅰ之所以成为级差地租Ⅱ的基础，还主要是指级差地租Ⅰ为级差地租Ⅱ提供计算依据，并作为衡量级差地租Ⅱ的参照指标发挥作用。正如马克思所说的，要把握级差地租Ⅱ"就必须使级差结果先变成可以区别的，实际上必须使它再转化为级差地租Ⅰ"[1]，这恰恰印证了级差地租Ⅰ的逻辑基础地位。另一方面，级差地租Ⅱ是级差地租Ⅰ的延伸。相比于级差地租Ⅰ而言，级差地租Ⅱ明确指出了超额利润中区别于社会平均利润的部分，说明了超越土地自然力的社会因素（如管理提升、追加资本等）对地租增长的贡献，因而构成了与级差地租Ⅰ相区别的一类地租形态（尽管二者在本质上是一致的），并自然而然地成为级差地租Ⅰ的延伸形式。

（二）区别层面的级差地租Ⅰ与级差地租Ⅱ

在一定条件下级差地租Ⅰ与级差地租Ⅱ构成了各自的界限，正如马克思所指出的那样，"它们同时互为界限，这使得资本有时连续

---

[1] 《马克思恩格斯文集》第7卷，人民出版社2009年版，第822页。

投在同一块土地上，有时并行地投在新追加的土地上。在别的情况下，例如有较好土地加入序列时，它们也同样会互为界限"①。这意味着互为界限的两个方向：一是级差地租Ⅰ构成了级差地租Ⅱ的"门槛"，即级差地租Ⅰ大于级差地租Ⅱ，使得投资者理性选择以级差地租Ⅰ（增量投资）形式获得超高利润；二是级差地租Ⅱ构成了级差地租Ⅰ的"门槛"，即只要存在连续追加投资的收入高于级差地租Ⅰ的情况，投资者就会理性地选择以级差地租Ⅱ的形式（存量投资）获取超额利润。通俗来讲，作为理性经济人，只要收入的天平偏重于哪一方，投资者就会优先进行何种形式的投资，从而也间接指出了级差地租两种形式在不同条件下的转换机制。

马克思在论述建筑地段②地租时，也提出了级差地租Ⅰ与级差地租Ⅱ互为界限的情况。他在谈及农业和工业连续投资的差别时提出农业的连续投资在处理得当的前提下会不断被改良、不断会形成新的级差地租（当然涵盖级差地租Ⅰ和级差地租Ⅱ），但是工业领域却"并不是任何数量的资本都可以投入"③，显然这中间存在着一个"很狭窄的界限"，当"生产的扩大超过这种界限，也就要求扩大土地面积"④。这种现象就是级差地租Ⅰ构成了级差地租Ⅱ的界限，从而使得投资者选择以级差地租Ⅰ与级差地租Ⅱ联合共存的形式为投资策略。

除此之外，我们似乎还要对二者互为界限的情况作以延伸。那就是，新的土地投入后或新的追加投资产生一个新的社会生产价格之后，便产生了新的级差地租Ⅰ，原有的以级差地租Ⅰ为基础的级差地租Ⅱ也随之调整变化。这个新的级差地租Ⅰ便构成了原有级差地租（第Ⅰ、Ⅱ形式）的数量界限，进而开始发挥其基础性调节作

---

① 《马克思恩格斯文集》第7卷，人民出版社2009年版，第834页。
② 建筑地段地租相比于农业地租而言，位置具有决定性影响，并且存在垄断地租的情况，但仍以级差地租规律为其地租运动规律。
③ 《马克思恩格斯文集》第7卷，人民出版社2009年版，第882页。
④ 同上书，第883页。

用，此时二者互为界限的标准也会随之变化。

二 级差地租的数量及其计算方式

级差地租量是衡量级差地租的关键依据，不管其内部情况何等复杂，级差地租量也始终是判断地租属性和结构的参照依据，更是我们分析地租及其性质的载体。

(一) 级差地租量的计算方式

关于级差地租量的判断，马克思提出了逻辑方法，即"以级差地租Ⅰ为依据的级差地租Ⅰ、Ⅱ的总和"，具体判别方法如下，"超额利润可以按不同途径形成，一是级差地租Ⅰ，一是级差地租Ⅱ。就级差地租Ⅰ来说，级差结果本身就是可以区别的，因为它们是在不同的、互相分开的，彼此靠近的土地上，在假定每英亩进行标准投资以及与此相应地进行标准耕种的情况下形成的。就级差地租Ⅱ来说，必须使级差结果先变成可以区别的，实际上必须使它再转化为级差地租Ⅰ"①。这句话鲜明且直截了当地提出了级差地租量的判别依据和方法，即以级差地租Ⅰ为基础的数量计算方法，由此判别级差地租量的重中之重就是找出和找准级差地租Ⅰ。

根据马克思关于级差地租Ⅰ的论述，我们可以将级差地租Ⅰ的产生和量的逻辑判断，用数学模型方式呈现出来，具体如图2-1所示。

图2-1反映的是在社会平均生产价格既定条件下，等面积不同地块的个别生产率（反映个别生产价格）、社会生产率（反映社会平均生产价格）、产量之间的关系，是马克思强调的基于不同肥力的级差地租Ⅰ的形成过程，用图中阴影表示即：

1. 地块A是最差土地，不提供级差地租，但其个别生产价格构成了社会平均生产价格；

2. 阴影部分的 $a'a''b''b'$、$b'b'''c''c'$、$c'c'''d''d'$ 分别表示B、C、D三

---

① 《马克思恩格斯文集》第7卷，人民出版社2009年版，第821—822页。

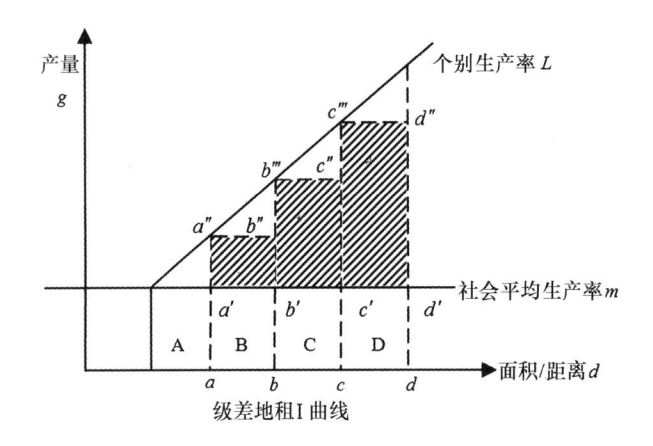

图 2-1 级差地租 I 及其量的表达函数图

地块超过社会平均利润的余额,即分别是地块 B、C、D 的级差地租 I;

3. B、C、D 三块级差地租的计算公式为 $R = Q_c - Q_b$,其中 R 为级差地租额,Q_c 为总产出,Q_b 为社会平均利润(含生产成本)。由此,各地块级差地租 I 的计算公式则可以演化为:

$$R = Q_c - Q_b$$
= 总产出 - 社会平均利润
= (个别生产率 × 面积) × 社会平均价格 -
 (社会平均生产率 × 面积 × 社会平均生产价格)
= (个别生产率 - 社会平均生产率) × 面积 ×
 社会平均生产价格

由此,该式也成为判别土地肥力差异的基础公式模型,构成了计算级差地租 I 的一般逻辑方法。我们知道,马克思在谈及级差地租 I 时还有另外一个情况,那就是位置因素对级差地租的影响。毫无疑问,上述曲线和模型同样适用于不同位置或与市场有远近差异的级差地租 I,只不过此时 A 是距离市场最远的土地,不提供级差地租;B、C、D 则依次为距离市场较近的土地,其中 D 与市场距离最近，从而其级差地租Ⅰ的量的计算方法仍适用。

明晰了级差地租Ⅰ的计算规则，级差地租Ⅱ也不难把握，这里我们可以分两种情况加以分析。参照级差地租Ⅰ的曲线，我们将 A、B、C、D 视为同一土地的四次投资过程，由于级差地租Ⅱ是从提供级差地租Ⅰ的土地开始的，故而 B、C、D 土地才是我们探讨级差地租Ⅱ的有效投资，至于追加投资是 B、C、D 的顺序，还是 B、C、D、D、B、C、D、C、B 的顺序，甚至是 C、D、B、C、B、D 的顺序都不影响级差地租Ⅱ的存在及其变化规律。级差地租Ⅱ仍像级差地租Ⅰ一样客观存在，但此时级差地租Ⅰ也真实构成了级差地租Ⅱ的界限，当追加投资只能形成社会平均利润时，追加投资便不再产生级差地租，因而级差地租Ⅱ也无产生的条件。

（二）级差地租量的性质把握及其现实应用

对级差地租量的判明，并不是简单地提出地租中数量的方法，更重要的是通过对其分析掌握地租的真正结构，进而以其结构来透视级差地租背后的生产关系，这也恰恰是马克思关于级差地租计算办法的真正用意。从现实应用来讲，构成真实租金的所有成分中，必然有绝对地租和级差地租，可能会有固定资本的折旧与利息、垄断地租（是否存在这两部分取决于土地的前期投资情况和垄断程度），因而不管其结构多么复杂，我们看到的也只是一个总数，以至于我们往往将其内在结构忽略掉了，从而也为别有用心的资本家所错误利用，以致将地租纯粹等同于所投资本的利息。这一倾向应该是力避的，也应该正是马克思提醒我们加以重视的内容。

此时，我们仍需将级差地租与绝对地租进行实际应用层面的结合。与上述级差地租在现实应用中的状况一样，马克思所提出的绝对地租也更主要是逻辑价值，现实中将其从地租资金中的其他结构区别开来既无必要也无须如此。之所以这样说，是因为马克思提出绝对地租的真正用意是用来论证土地所有权对土地投资（非土地所有者的投资）限制作用的，而现实中基于土地所有权的绝对地租无论其实体来源，还是其属性归位，终究是与级差地租合二为一的。

于是，有学者确凿地提出了"马克思说的绝对地租并不是独立于级差地租的地租形态，而是级差地租的一部分"①。

到此，我们也不妨大胆地对广义的地租形态——租金作以三大形态的归类（当然是从实际应用层面的划分，在本质逻辑上仍尊重马克思地租的核心本意），即固定资本折旧利息、级差地租和垄断地租（有时存在，有时不存在）。本书关于城市扩张进程中的土地级差收入属性的研究便以此为核心依据。

三　级差地租的占有关系及衍生的问题

从根本上讲，级差地租才是反映以土地为核心的生产关系的关键尺度，才构成了解析其背后隐藏的社会结构的核心法门，这与马克思所强调的"要考察资本投入农业而产生的一定的生产关系和交往关系"②是异曲同工的。这自然便引出了级差地租的占有与分配关系，这是马克思揭示资本主义地租特质的重要工具，也是我们分析不同社会制度条件下地租所反映的生产关系的重要依据。

（一）级差地租的占有关系

马克思指出，"级差地租有这样一个特点：土地所有权在这里仅仅取去超额利润，否则这种超额利润就会被租地农场主据为己有，而在一定情况下，在租约未满期间，实际上也是被租地农场主据为己有"③。这给我们启示，级差地租有时归土地所有者占有，有时归租地农场主占有，至于何时确定其归属则以土地所有者和租地农场主订立的契约为准。这样，我们不妨将级差地租（这里仅说明农业级差地租）放到一个更长的历史周期中来考察，我们便能清晰地了解级差地租的归属变动情况，具体见图2-2。

---

①　这是作者从实际应用层面对绝对地租与级差地租的属性整合，有现实意义和实践价值。参见余瑞祥《级差地租论：对马克思地租理论的新说明》，《经济评论》1999年第3期。

②　《马克思恩格斯文集》第7卷，人民出版社2009年版，第694页。

③　同上书，第854页。

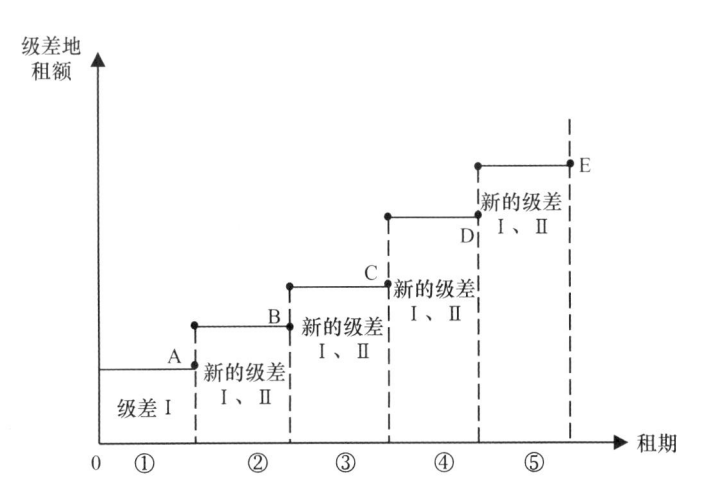

第二章 马克思地租理论的核心内容及启示 55

图 2-2 级差地租在不同租期占有关系的变动情况

根据马克思的观点，构成图 2-2 持续存在和不断增长的条件除其基本条件外，还有两项前置要件，即：一是图中的级差地租可以是某块土地的纵向多次投资，结果也可以是某国土地平均级差地租的时间变化曲线；二是之所以能产生级差地租且量不断增长，主要是因为生产力的进步和人们需求的增长，从而土地才有被多次追加投资的价值。这是我们判别级差地租变动规律的全部情境。

由此，我们可以从图 2-2 中得到这样的结论：1. 级差地租量随着租期的延长而不断增长，从而表明地租的不断增长的趋势；反过来讲，这也是地租不断增长的具体表现形式。2. 级差地租量的增长是以级差地租Ⅰ为起点，并以级差地租Ⅰ、Ⅱ的共同增长为增长逻辑的。3. 在同一租期内，级差地租，无论是级差地租Ⅰ，还是级差地租Ⅱ，以超额利润的形式转移到租地农场主手中，由其占有和支配。4. 在不同租期的过渡时间点上，级差地租以资本化形式，进而以土地价格的形式将租期内的地租让渡给土地所有者，（图中点 A、B、C、D、E 就代表这一时间节点），从而归土地所有者占有和支配；此时以级差地租为核心结构的土地价格更多是以一次性预付的方式完成的，因而在更长租期内形成的新的级差地租Ⅰ、Ⅱ只能为租地农场主占有和支配，只有当分期偿还时，才能获得级差地租的全部或部分。

(二) 级差地租占有关系的衍生问题

如上所述，围绕构成级差地租的超额利润，土地所有者与租地农场主各有利益主张，在资本主义生产方式下，也都期望各自利益的最大化。显然这只是两方的一己之愿，毕竟横亘在利益最大化路上的两个拦路虎——土地所有权垄断与土地经营权独占的事实，及其法律约束（或契约机制）始终存在，并发挥制度约束作用。但即便如此，也未能更改双方为自身谋利的积极努力，进而衍生了诸多博弈现象。

关于租期的博弈即为典型。正如马克思所指出的那样，"地租是在土地出租时确定的，此后，在租约有效期间，由连续投资所产生的超额利润落入租地农场主的腰包。正因为这样，租地农场主总是力争签订长期租约；但另一方面，由于地主占优势，每年都可解除的租约增加了"[1]。这一现象揭示了土地所有者与租地农场主的利益冲突，土地所有者希望经过租地农场主投资的租期约束越短越好，这样他便能够以更高价格（无论是否由原租地农场主提供）获得新的级差地租；而租地农场主则希望租期越长越好，这样才能确保其投资获取更高的超额利润。随着资本主义制度的确立与发展，租期博弈的最终结果会将期望寄托在法律制度上，更为根本的是寄托在了两个阶级在资本主义社会的地位上，进而诉诸了政治和法律手段。但无论如何，始终无法从根本上解决这一利益冲突，这是由资本主义生产方式和生产关系所隐藏的社会性质决定的。

如果说关于租期的博弈是表面的、形式的，那么关于农业生产力的破坏则具有根本性和实质性。由于土地所有者与租地农场主的利益冲突，双方开展的博弈始终无法摆脱"囚徒困境"，双方基于自

---

[1] 《马克思恩格斯文集》第7卷，人民出版社2009年版，第760页。

身的利益诉求也总是按照总体利益最小化方案执行各自的职能，此时租地农场主或者尽可能减少投资，或者以牺牲土地生产力为代价，以尽量缩短已投资本的回收周期；而土地所有者也会尽可能抬高地租和缩短租期，这样一来对土地生产力改造而言易形成不良循环，即陷入"地力下降—租金人为加高—地力掠夺性使用—地力下降……"的错误应用循环，从而恶化了土地自然力（或生产力）基础，而这样的破坏需要更高的代价来补偿，一旦发生不可逆转的情况，维系这种关系的基础也会溃败（即土地因无法提供社会平均生产价格而被荒弃），并随之产生连锁反应。基于这种现象，不得不说"资本主义制度下，级差地租（具体来讲是级差地租Ⅱ）阻碍着农业生产力的发展"①。究其根源，仍在于资本主义土地私有制，它"不仅使土地所有者与劳动人民的利益对立起来，而且使土地所有者与资本家阶级的利益对立起来"②，从而也在根本上决定了其级差地租的制度缺憾。

第三节　马克思地租理论的方法论思想与启示

马克思地租理论是以资本主义生产方式在农业领域占有主导地位为前提的全部农业地租理论。但与此同时，又是超越资本主义农业地租的一般性地租理论，对资本主义社会以外的其他社会形态的土地有偿使用收入具有方法论意义，对研究和把握社会主义初级阶段土地级差收入问题具有核心指导作用。

一　马克思地租理论的方法论思想

马克思地租理论通过揭示资本主义农业地租的生产关系，揭示

---

① 蒋学模：《资本主义的地租》，上海人民出版社1954年版，第24页。
② 同上书，第38页。

了地租的一般规律,因而使得马克思地租理论具有了方法论价值。总的来讲,马克思地租理论的方法论思想有三点:一是以生产关系为根本的唯物主义方法论;二是以地租价值为依托的功能方法论;三是以地租内在结构为线索的结构方法论。这些内容构成了马克思地租理论超越具体社会形态而具有科学指导意义的核心依托,更是本书的理论指导依据。

(一) 以生产关系为根本的唯物主义方法论

生产关系是唯物历史观的核心内容,生产力与生产关系的辩证关系构成了马克思地租理论科学性之根本,这也是马克思地租理论具有科学方法论意义的关键所在。归纳起来,以生产关系为根本的唯物主义方法论在马克思地租理论中体现在三个维度上:其一是规律性维度;其二是本源性维度;其三是超阶级性维度。

在规律性维度上,主张要以特定历史为视角对其现象和本质进行抽象。正如他所说的"土地所有权的正当性,和一定生产方式的一切其他所有权形式的正当性一样,要由生产方式本身的历史的暂时的必然性来说明,因而也要由那些由此产生的生产关系和交换关系的历史的暂时的必然性来说明"[①]。这既体现了马克思剖析地租的生产关系向度,同时也提出要以历史之视角看待地租的形式与本质。遵从历史性、阶段性的生产关系维度,就是要求我们把构成地租的重要因素——资本,"看成一种属于一定历史社会形态的特殊的生产关系,就说明了资本这种生产关系的历史性和暂时性,就像它的产生具有历史必然性一样,它的灭亡也具有历史必然性"[②],从而告诉我们既要对地租(含级差地租)进行关系层面的把握,还要进行历史层面的剖析,也即既要认可和尊重资本主义生产关系下地租的必然性,又要对其最终必然消亡的结果进行规律性把握。当然,这一理论也对我们科学认识和把握社会主义初级阶段的土地级差收入问

[①] 《马克思恩格斯文集》第7卷,人民出版社2009年版,第702页。
[②] 赵家祥:《〈资本论〉及其手稿中的生产关系理论》,《新视野》2013年第4期。

题具有直接指导意义。

在本源性维度上,马克思主张以生产关系为根源进行地租生成机制的考察。他在对构成地租前置条件的土地所有权进行揭示的时候已然明确提出其根源,即"在购买者看来,地租不过表现为他用以购买土地以及地租索取权的那个资本的利息……不过,这个权利(所有权)本身并不是由出售产生,而只是由出售转移。这个权利在它能被出售以前,必须已经存在;……创造这种权利的,是生产关系"①。因而,对地租根源的分析自然也最终会落脚到对生产关系分析层面,这内在地体现了历史唯物主义的精髓,也为我们剖析特定时代的地租属性提供了方法。马克思对实物地租的分析就鲜明地体现了该方法,他在分析资本主义地租起源时,针对资产阶级经济学家关于实物地租的非根源性认识时便指出,"实物地租可以引发一种对地租性质的错误见解:认为地租不是由农产品的价格产生的,而是由它的量(农产品的量)产生的,因而不是由社会关系产生的,而是由土地产生的"②。这给我们正确认识地租的根源提供了反面例证。

在超阶级性维度上,主张透过地租来认识不同生产关系下的资本及其性质。马克思地租理论以资本为核心范畴,主张从历史唯物主义世界观出发对地租的资本属性进行本质定位,这"克服了资产阶级以及资本主义生产方式当事人的自然主义,彰显了被层层物象遮蔽的生产关系在经济中所具有的始源性"③,"击破了资产阶级经济学将资本永恒化的神话"④,并为避免"生产关系陷入越来越深的异化"⑤指明了出路。更为难能可贵的是,用生产关系的方法完成了对劳动人民主体地位的回归与确认,进而明确了社会主义条件下

---

① 《马克思恩格斯文集》第7卷,人民出版社2009年版,第877页。
② 同上书,第890页。
③ 王代月:《〈资本论〉中的生产关系现象学研究》,《教学与研究》2012年第1期。
④ 同上。
⑤ 同上。

处理土地级差收入问题的价值主体地位。

(二) 工具价值与制度价值对立统一的地租功能方法论

在马克思地租理论中,地租是超额利润的转化形式。客观而言,地租的这一价值定位至少涵盖两层含义:一是作为经济标的物,地租是农业领域超额利润的表达形式,对于调节农业领域的土地利用关系具有客观价值;二是地租作为资本主义农业生产关系的载体,反映出了地租赖以生成和发展的社会制度安排。前者是地租的工具价值,后者是地租的制度价值。地租工具价值与制度价值的有机统一构成了地租功能方法论的科学内涵。

在工具价值层面,地租首先提供了一个货币额,这个货币额反映了土地所有者和租地农场主之间的经济关系。从交易和交换角度来讲,地租以货币的形式实现了土地所有权和土地使用权等土地经济权利的转移,因而地租也便成为土地经济权利的标的物。除此之外,地租还揭示了深层土地经营领域的生产效率问题(在不考虑剥削关系的条件下),构成地租来源的超额利润成了生产效率的代名词,并表现出超额利润越多、转化为地租的量越高的关系,于是以地租为追求目标(最终以超额利润为目标导向)的土地利用关系也因之而调整,地租便成为调节土地利用关系的工具杠杆。这便是地租工具价值的表现形式。

在制度价值层面,现实中由于社会制度差异,地租所反映的社会关系也具有显著的制度烙印。在剥削制度下,地租便表现为阶级剥削关系,在社会主义制度下则表现为共同财富的分配与再分配关系。因此,在马克思看来,资本主义地租反映了土地所有者和租地农场主对农业劳动者的剥削[①],这是资本主义地租制度属性的真实表

---

① 这种剥削关系至少有两种方式:一是对扣除平均利润和合理成本后的超额利润的占有,这是一般形式;二是在第一种方式的基础上,对工人合理工资的压榨,马克思将这种形式的剥削理解为"高地租和低工资完全是一回事"。参见《马克思恩格斯文集》第7卷,人民出版社2009年版,第709页。

达。而到了社会主义社会，伴随着剥削阶级的消除以及土地社会主义公有制的实现，劳动者创造的超额利润，将进入国家统筹序列用以社会分配和再分配，这体现了根本利益一致基础上的土地财富的公有共享关系，成为彰显社会主义制度特征的载体。

工具价值与制度价值是联系在一起的，不能人为割裂。但相比较于工具价值，地租的制度价值更具根本性。制度价值在本质上反映了特定条件下的生产关系差异，并对工具价值有着决定性影响。因此，坚持二者功能的有机调和构成了不同社会制度下土地利用的方法论，并最终影响社会制度及其制度属性的彰显。这一功能方法论在处理我国土地级差收入问题时具有科学的指导意义。

(三) 整体性与结构性相结合的地租结构方法论

马克思不仅从整体上对地租的本质及其所反映的社会关系进行了把握，还从细分的结构上对构成地租的具体条件和形式进行了区分。这种整体性与结构性相结合的地租剖析方法，构成了马克思地租结构方法论的核心内容。这给我们两点启示：一是要从构成地租的多元条件中把握地租所反映的全部关系；二是要从地租的具体形式中把握地租的内在结构。

从构成地租的多元条件来看，马克思关于"土地物质"和"土地资本"的细分，分别得出了"真正的地租"和"租金"（或真正的地租与广义地租）的结论。尽管在现实操作中涵盖"真正的地租"的租金是租地农场主交纳给土地所有者的形式，但从中我们不难看出马克思有意要在理论上对资本主义地租的逻辑形态进行区隔，即要对反映土地自然属性的土地资源和反映土地社会属性的土地资本加以区分。这种逻辑上的区分，有助于马克思从地租所反映的社会关系中考察资本主义农业领域的生产关系，也有助于揭示土地自然属性和社会属性在地租中的辩证关系[1]。

---

[1] 马克思对地租的社会条件进行了分析，认为"投入土地的资本的利息，可能形成地租的这样一个外来组成部分，这个组成部分，随着经济发展的进程，必然会在一个国家的地租总额中形成一个不断增大的追加部分"，这意味着地租的社会因素会随着经济的发展而在地租比例中越来越高。参见《马克思恩格斯文集》第7卷，人民出版社2009年版，第705页。

从地租的具体形式来看，马克思对绝对地租、级差地租、垄断地租的区分构成了我们分析地租结构特征的主要依据。特别是，马克思对级差地租具体形式的剖析具有代表性。马克思认为，从级差地租的场域来看，农业领域的级差地租Ⅰ受土地肥力和位置的双重影响，而建筑地段的级差地租Ⅰ则以位置因素影响最为显著，这就要求我们对构成级差地租的客观条件进行分类把握，以获取更为全面、更有针对性的处理方案；级差地租Ⅱ的生成机制在农业、建筑业及其他行业则具有相似性。从级差地租的原因来看，构成级差地租Ⅰ的主要是自然因素（建筑业、商业、工业等主要是社会因素），而构成级差地租Ⅱ的主要是社会因素，这种主要依赖因素的差异，则在促进其发展壮大和进行分配方面表现出更为巨大的差异。这也是我们进行结构性区分的主要原因。

坚持结构方法论，对于探索社会主义条件下的土地级差收入及其分配问题有深刻意义，启示我们在整体上要正视土地的自然属性和社会属性在土地级差收入中的作用与差异，在细分结构上要考虑级差地租作用规律对我国土地级差收入的影响。这样既有助于我们发挥好土地级差收入在土地资源上的调节功能，又可以通过有效区分其内在结构来科学分配土地级差收入，在确保实现效率与公平的基础上为土地及相关收入的可持续利用提供机制保障。

二 对本书的理论启示

在中国特色社会主义制度下，对马克思地租理论的科学内涵进行的辩证运用，成为我们认识和治理土地级差收入的首要工作。这既符合马克思主义政治经济学的当代使命，也在根本上与中国特色社会主义保持着内在一致。

（一）马克思地租理论科学方法论思想对本书的主要启示

1. 辩证运用马克思地租理论的科学内涵，探索符合中国实际的理论范畴和命题。一方面，要明晰马克思关于资本主义农业地租的历史和阶级局限，合理运用马克思关于地租产生的一般条件、地租结构的存在和发展规律、地租功能的二维统一关系等科学内涵,及其对于我国土地级差收入的指导意义;特别是,要科学运用马克思地租理论中关于土地所有权、土地经营权对地租的分配诉求,为当前静态土地级差收入分配的合理性、动态土地级差收入分配的不合理性、批评不合理的分配理念提供理论依据;另一方面,还要立足中国特色社会主义实际,与反映剥削关系的资本主义地租范畴(含绝对地租、级差地租、垄断地租等)进行严格区别,并用土地级差收入、产业级差收益等新范畴对反映社会主义生产关系的土地有偿使用形式进行范畴界定,进而为马克思地租理论科学内涵的中国化、中国特色政治经济学命题的理论化提供恰当条件。

2. 运用唯物主义方法论思想,剖析土地级差收入所反映的生产关系特点。即将我国土地级差收入的生成条件、生成过程、分配机制等进行生产关系透视,论证土地级差收入与中国城镇化相伴相生的客观必然性、发展规律性,并为当下土地级差收入的转型提供理论依据。更为重要的是,需要从土地的社会主义公有制特点出发,解析社会主义公有制条件下的所有制(宪法层面)与所有权(物权法层面)关系、直接利益相关者与全体人民关系,论证我国土地级差收入"公有共享"的制度正当性,以及当前我国土地级差收入分配中的合理成分,并以此为依据建立科学、可持续的土地级差收入分配关系。

3. 运用地租的功能方法论思想,明确土地级差收入在中国城镇化中的作用。即辩证运用工具价值与制度价值对立统一思想,探索制度价值统领工具价值、土地级差收入彰显中国特色社会主义制度特征的方式方法。一方面,从工具价值角度掌握实践领域运用土地级差收入的具体特点,客观分析土地级差收入的财政功能,明确其为中国城镇化的物质和资金支持作用,以及现存的隐患;另一方面,从制度价值统领工具价值的角度剖析"土地财政"背后的动力机制,并从土地资源可持续利用、土地级差收入与城镇化相协调、利益共同体与分配公平等方面提出土地级差收入的优化建议,以增进中国城镇化与土地级差收入的良性互动关系。

4. 运用地租的结构方法论思想,掌握土地级差收入的本质属性和价值兑现机制。即既要对土地级差收入进行整体上的本质把握,又要对其内在结构及其价值兑现机制作详细讨论。这启发着本书,既要从地租的一般规律出发对土地级差收入的生成条件、本质属性进行整体把握,又要对土地级差收入所内含的土地资源价值、土地资产价值进行区分,还要对土地出让金、级差收益等土地级差收入的具体形式进行区分,以此诠释土地级差收入的价值兑现逻辑。同时,还需从城镇化与土地级差收入的互动关系中,论证土地级差收入转型的必要性,并为其主要形式从土地出让金转向"土地出让金+级差收益"提供操作建议。

上述启示构成了本书的研究线索,也成为探索和治理城镇化进程中土地级差收入工作的指导理论,更为凸显马克思地租理论的科学性提供了实践根基和中国方案。

(二)本书运用马克思地租理论科学方法论的基本方式

本书以马克思主义理论为指导,通过辩证运用马克思地租理论的科学方法论思想,扬弃资本主义地租所内含的剥削关系,完成对马克思地租理论的辩证扬弃。因而,本书既不是对马克思地租理论的照搬照抄,也不是简单地将地租替换为土地级差收入,而是结合我国的具体实际,对马克思地租理论中的科学内涵进行的中国化探索,是从制度差异和中国国情角度对我国国有土地有偿使用方式的理论探索。在具体研究过程中,本书主要在如下方面运用了马克思地租理论的科学方法论思想。

1. 基本范畴的运用方式

为了反映不同生产关系下土地收入的本质差异,本书放弃使用反映剥削关系的"地租"范畴,而是运用反映我国社会主义生产关系的"土地级差收入"和"级差收益"范畴。当然,地租与土地级差收入、级差收益之间既有本质区别,也有内在关联,具体区别和联系见第三章第一节。

2. 基本规律的运用方式

马克思地租理论的科学方法论思想对本书具有重要指导意义，马克思地租理论所揭示的地租的一般规律和机制也构成了本书的论证依据。本书结合我国国情，以及中国特色社会主义政治经济学的内在要求，对包括地租生成条件（土地所有权与使用权的分离、土地商品经济关系、契约关系）、地租的本质属性（反映生产关系的土地收入形式）、地租的分配规律（凭借土地所有权获取地租的产权逻辑）、级差地租的确定规律（个别利润超过社会平均利润的差额）在内的反映一般地租规律的内容进行了具体运用，并构成了分析我国土地级差收入生成机制与分配机制、本质属性、级差收益征收机制的重要依据。

第 三 章

中国城镇化进程中土地级差收入的属性分析

土地级差收入与城镇化之间是相伴相生关系，厘清土地级差收入的内涵、外延及其本质属性，对于促进其与城镇化的有效互动具有基础作用。以马克思主义地租理论的科学内涵为指导，通过科学界定二者逻辑关系，以及对新中国成立以来我国土地级差收入理论和实践层面的唯物主义考察等工作，为我国土地级差收入的地租属性的理论论证与确认，以及处理好土地级差收入与城镇化的关系具有重要价值。

第一节 土地级差收入的内涵外延

土地级差收入是土地有偿使用的理论表达，与土地领域的租金、税、费用等差异明显。通过对土地级差收入内涵、外延、不同城镇化阶段下土地级差收入具体形式等内容的考察，有助于推动"产业—土地—人口"三维互动的城镇化进程。

一 土地级差收入的内涵

土地级差收入是我国土地有偿使用的经济形式，是贯穿于土地有偿使用全过程的直接产物。但不管其数量多寡、具体形式是什么，土地级差收入都有其独特性，那就是它以不改变土地所有权为前提，以特定时间土地使用权的有偿让渡和排他性占有为形式所获得的土地收入。具体而言，土地级差收入有如下特征：

1. 租赁性收入：是在不发生所有权变更的基础上而实现的经济收入，也即土地作为生产要素参与经济社会发展而取得的要素性报酬。租赁性收入意味着土地级差收入的取得必须以土地使用权的转移为前提，转移的期限则遵照国家有关法律执行。

2. 产权性收入：是土地所有者凭借土地权利而获得的收入，表明这一收入是相关权利主体凭借其法定收益权而获得的收入。在这里产权不纯粹指所有权，还包括承包权等其他衍生权利，是相关利益主体收获其土地级差收入的法律依据。

3. 经济性收入：是土地所有者对土地使用者的经济索取，并非政治性或服务性收入。言外之意，土地级差收入与土地领域的税收、土地领域征收的行政事业费存在明显的界限和区隔。

综合这些特征，我们不难发现土地级差收入是具有中国特色的土地收入概念，根本上是对中国特色社会主义制度下土地所有制关系的回应。之所以将这一土地收入定义为土地级差收入，主要依据有四：一是反映社会主义生产关系的土地收入形式，并与马克思所揭示的资本主义地租及其背后的剥削关系存在本质区别，这构成了本书界定"土地级差收入"的核心依据。二是旨在从范畴概念角度对土地有偿使用所形成的经济标的物进行理论概括，使其作为土地有偿使用的理论形式并与不同时期的具体土地有偿使用形式区隔开来，从而完成对土地有偿使用产物的理论界定，便于理论上对土地级差收入进行一般与个别的区分。三是从现实中土地级差收入的形成过程来看，在实现土地所有权从集体所有到国家所有、国家让渡使用权给实际土地使用者的过程中先后产生了两个货币额，由于后一个货币额是在现实土地市场上形成的显性货币额，它充当国有土地使用权的让渡收入并真实地涵盖了前一个货币额，为尊重两个货币额的区别与联系，本书将"级差"二字列入名称之中。四是从逻辑结构来看，反映不同产业用地生产率差异的级差收益是土地级差收入的主要形式，为突显这一形式在土地级差收入中的地位而将"级差"二字列入名称之中。

二 土地级差收入的外延

城镇化是以土地为关键要素的城镇化，土地相对于城镇化而言具有基础性作用，绝不存在脱离土地的城镇化现象，只是在不同阶段、不同环节上土地发挥的作用存在差异而已。从土地的资源属性、资产属性出发，对土地的不同形式的利用，也必然会导致不同形式的增值，与土地相关的收入也随之表现出不同的特征，从而表征了土地收入的多元性和复杂性。客观而言，土地级差收入的具体形式与城镇化的具体维度有着内在关联性，并在时空线索上具有一致性。从发生顺序来看，城镇化进程往往表现出土地城镇化第一性、人口城镇化和产业现代化第二性的特征。这预示着实践中城镇化的优先途径是土地的城镇化，毕竟土地城镇化是人口和产业的城镇化的物理空间和现实支撑。这自然也给我们提供了一条很重要的线索——在土地城镇化过程中所形成的不同形式的土地收入，应该与人口城镇化、产业现代化中所形成的土地级差收入有所差别，这种差别构成了我们探讨土地级差收入及其属性的现实出发点。

逻辑上，我们可以将土地级差收入的外延概括为两个层面，即与土地城镇化的空间利用相一致的一次性收入，以及与人口城镇化和产业现代化的效率提升相一致的土地级差收益。其中，一次性收入往往以土地用途的改变为代价，是土地使用者为获得一定期限土地使用权而支付的费用,当前主要以土地出让金①的形式表现出来;而土地级差收益则以城镇土地位置和连续追加投入的生产率为依据而形成的差异化收入,在现实应用中它表现为定期给付的收入。

事实上,当前我国土地级差收入只收取了一次性收入——土地出让金,而反映土地利用方式和效率的级差收益未能成为土地级差收入的有效形式。这一现实是我们讨论和研究我国当前土地级差收入的起点。

三 土地级差收入与地租等的区别和联系

作为中国特色的土地有偿使用收入形式,土地级差收入与马克思所揭示的资本主义地租(含级差地租)有着本质区别,与土地收入、土地纯收益、土地税费之间也存在着显著差异。

(一)土地级差收入与地租的区别和联系

一是从本质上来看,土地级差收入与马克思所揭示的资本主义地租之间存在本质区别,前者是反映社会主义生产关系的土地有偿使用收入,以公有共享为核心特征,是对土地的社会主义公有制这一所有制关系的经济表达;而后者揭示的则是土地私有制下土地所有者和租地农场主对农业雇佣工人的剥削关系。前者是彰显社会主义制度属性的土地收入形式,后者是彰显资本主义制度属性的土地收入形式。二是从逻辑构成来看,土地级差收入不仅包括固定资产

---

① 根据《国有土地使用权出让收支管理办法》(财综〔2006〕68号),国有土地使用权出让收入简称"土地出让金",是指政府以出让等方式配置国有土地使用权取得的全部土地价款。具体包括:以招标、拍卖、挂牌和协议方式出让国有土地使用权所取得的总成交价款(不含代收代缴的税费);转让划拨国有土地使用权或依法利用原划拨土地进行经营性建设应当补缴的土地价款;处置抵押划拨国有土地使用权应当补缴的土地价款;转让房改房、经济适用房按照规定应当补缴的土地价款;改变出让国有土地使用权土地用途、容积率等土地使用条件应当补缴的土地价款,以及其他和国有土地使用权出让或变更有关的收入等。参见财政部、国土资源部、中国人民银行《关于印发〈国有土地使用权出让收支管理办法〉的通知》,《中华人民共和国财政部文告》2007年第5期。

折旧和利息、原土地使用者的利益、土地前期开发成本的补偿，还包括对土地资源价值的兑现，是综合反映社会主义条件下土地自然属性和土地社会属性的收入集合；而资本主义地租则意味着真正的地租、固定资产折旧和利息，甚至还包括对工人工资福利的压榨内容，这也是凸显其剥削性质的重要依据。

（二）土地级差收入与级差地租的区别和联系

一是从区别来看，土地级差收入与资本主义地租的本质区别同样适用于土地级差收入与级差地租的关系上。二是在联系上，级差地租是反映不同行业生产率的重要指标（暂不讨论其剥削性），属于产业地租，是土地所有者凭借土地所有权收取的部分超额利润。这一科学内涵在我国土地级差收入领域也发挥着类似的作用，并且随着不同行业土地用途的转换，不同行业所产生的超额利润也会部分地以级差收益[①]的形式成为土地级差收入中不断增长的部分。从长期来看，土地级差收入中的级差收益将成为土地有偿使用收入的主要形式，并且将成为调节不同行业利润率的重要手段。因而，土地级差收入与级差地租具有本质的生产关系差异，但不可否认的是，级差地租规律和作用机制对土地级差收入中的级差收益具有科学指导价值。从未来发展趋势来看，级差收益对土地级差收入具有长期决定性影响，应该成为未来兑现土地级差收入的主要形式。

（三）土地级差收入与土地收入的区别和联系

一是从外延来看，土地收入是与土地相关的全部收入的总称，在外延上包括土地级差收入、土地税、土地领域的行政事业费等，是一个集合范畴，是将土地的经济性收入、政治性收入和服务性收入，甚至分红性收入、融资性收入全部涵盖的收入集合；而土地级

---

① 级差收益是国家凭借所有权从不同行业的土地使用者手中收取的经济性收入的代称，是调节土地在不同行业利润率的重要手段，贯穿在土地使用的全过程中。"级差收益"概念是对马克思级差地租理论科学内涵的中国化应用，其作用规律与级差地租相似，但与级差地租所反映的剥削关系存在本质上的区别。

差收入只是土地的经济性收入的典型形式；相比于土地收入而言，土地级差收入具有更狭窄的外延。二是从分配来看，实践中土地级差收入归土地直接利益相关者共同分配；而土地收入则具有多样化的归属，其中：经济性收入归土地所有者，政治性收入归国家，服务性收入归提供相应服务的组织机构或地方政府，分红性收入由国家和经营单位共享，融资性收入归土地所有者（由于该部分收入具有债务性质，最终收入情况要在清算完成后才能确定，此种收入工具价值突出）。自然在分配领域也将遵从相应的归属原则。三是从实体来源上看，土地级差收入包含土地资本的折旧与利息、级差收益，不管其是一次性预付形式还是固定期限的偿付，其实体来源是超额利润；而土地收入更为复杂，除来自超额利润外，还包含非利润收入（如特定情况下的土地税费），也有来自正常利润的收入（如投入到国有企业的分红性收入），以及债务性收入（将土地作为融资抵押品的所得）。

（四）土地级差收入与土地纯收益的区别和联系

一是在收入形式上，土地纯收益是土地级差收入扣除成本和应付其他利益相关者费用之后的净余额，属于净收入；而土地级差收入则是一个"毛收入"概念，涵盖了前期投入成本和相应补偿费用，具体来讲，土地级差收入涵盖了征地补偿费（含土地补偿金、安置补偿费、地上附着物和青苗补偿费）、拆迁补偿费、土地开发费、计提用于农业土地开发的资金以及土地出让业务费等[1]，就其数量而言要大于土地纯收益。二是在支配环节，土地级差收入由于其分配主体的多元性，决定其对土地级差收入的支配也具有多元性和差异性特点，因而无论如何是不能由一家或一个部门支配土地级差收入的；但土地纯收益作为净余额则是由一个主体（实质而言是由政府纳入财政体系）支配的，不牵扯任何其他部门或人员，支出管理权责

---

[1] 唐卓：《构建土地出让收入全民共享机制的研究》，《经济研究参考》2013年第59期。

明确。

（五）土地级差收入与土地税、费的区别和联系

一是收益主体存在差异，土地级差收入中的部分土地出让金要移交到被征用前的使用主体，特别是征用前土地上的建筑物、种植物等固定资产投资要以一定的折旧率和利息率从土地出让金中扣除；除此之外的土地级差收入和土地税将按现行规定将其列入财政序列，参加国民收入的分配与再分配。二是收缴的本质存在严格的区别，土地级差收入是凭借土地的经济权（所有权）而收取，土地税则是凭借政治权和法律义务收取，土地费则以享受政府部门相应的公共服务为依据收取，各自本质上是有严格界限的；尽管上述收入所得都可以纳入财政序列予以统筹配置，但仍不能将其简而化之、简单雷同，甚至加以合并。

（六）土地级差收入与土地出让金的区别和联系

一是从形式来看，土地级差收入是我国土地有偿使用收入的理论形式，土地出让金是我国土地有偿使用收入的实践形式，都是反映社会主义生产关系的土地经济性收入，二者之间是一般和个别的关系。二是从构成来看，土地出让金构成了当下土地级差收入的主要形式，但却不是土地级差收入的全部，土地出让金与级差收益才是土地级差收入的全部形式。值得注意的是，在当前级差收益未有效纳入土地级差收入的情况下，土地出让金便成为我们研究土地级差收入的观测点。

第二节　城镇化与土地级差收入的关系

城镇化是产业、土地、人口三重因素有机互动与融合的过程，这种互动融合关系构成了"产业—土地—人口"的城镇化模式。从这一关系出发，我们可以分别从"产业—土地"维度、"人口—土地"维度分析城镇化与土地级差收入的内在关系。

一 "产业—土地—人口"三维互动的城镇化

城镇化是产业、土地、人口的函数,伴随着社会生产力的发展会呈现的不同组合形式。正如新马克思主义者大卫·哈维（David Harvey）所指出的那样,"应该把城市化看作一种过程,是发展变化、包含多种的东西……应当从运动和多维的眼光看待城市化"[①]。各要素的作用程度不同便引发不同程度的城镇化,从而导致城镇化的阶段属性呈现相应的差异,但不管各要素以何种形式、何种程度影响城镇化的速度和质量,我们仍能清晰地描绘出城镇化的三维关系,即基于"产业—土地—人口"三维互动的城镇化关系（见图3-1）。

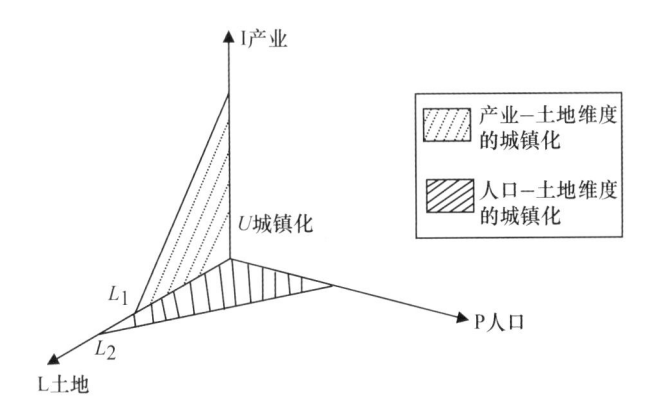

图3-1 "产业—土地—人口"三维互动的城镇化模型

如图3-1所示,在"产业—土地—人口"三维互动的城镇化关系中,"产业—土地"维度、"人口—土地"维度分别构成了城镇化进程中土地要素的两个直接面向,这也表明产业、人口的不同影响机理。

从"产业—土地"维度来看,产业的发展和高级化阶段都是以

---

① David Harvey, *Consicousness and the Urban Experience*, Oxford：Blackwell, 1985, p. 3.

土地要素的需求扩大为前提的,不管是早期传统的工业城市,还是现代化的服务型城市(生产消费型城市),都需要以土地的更广泛和更高密度的使用为前提,都极大程度地释放了土地的生产要素功能,在此种意义上,产业的升级与高级化构成了土地城镇化的需求动力。

从"人口—土地"维度来看,随着生产力的发展,人类在逐渐摆脱自然因素束缚后,以及在不断的产业分工之后,实现了自由流动,逐步向更高生产力区域集中①,并表现出一定程度的空间化特征,即会从相对落后区域向更为先进地区的迁移和集中,从而增加了对土地要素的需求,土地作为生活和生产条件的属性因而得以放大。

"产业—土地"维度和"人口—土地"维度揭示了不同维度城镇化对土地的需求特点,从而也为我们揭示城镇化与土地级差收入关系提供了参照系。

二 "产业—土地"维度的土地级差收入

从哈维的视角来看,"产业—土地"维度更好地体现了"城市化的过程性"。具体来看,就是伴随着城市产业结构的升级,在城市对于土地的生产要素需求将不可避免地增长的同时,城市的土地利用结构也发生了根本性转变,与土地相关的土地级差收入的内部结构也相应地随之转换。在一定意义上,产业结构的升级改造形塑了土地级差收入的内部结构,而有关这一点我们可以从产业结构与城镇化的互动关系中找到解释(见图3-2)。

根据产业结构的发展规律,产业结构的高级化主要表现为从第一产业占主导地位逐步向第二产业占主导地位并最终向第三产业占主导地位转变。伴随着不同主导产业时代,城镇化的水平也各有侧

---

① 配第·克拉克定理表明,随着经济的发展,劳动力向更高的产业部门转移,在三次产业中将呈现从农业向工业并最终向服务业转移的规律。

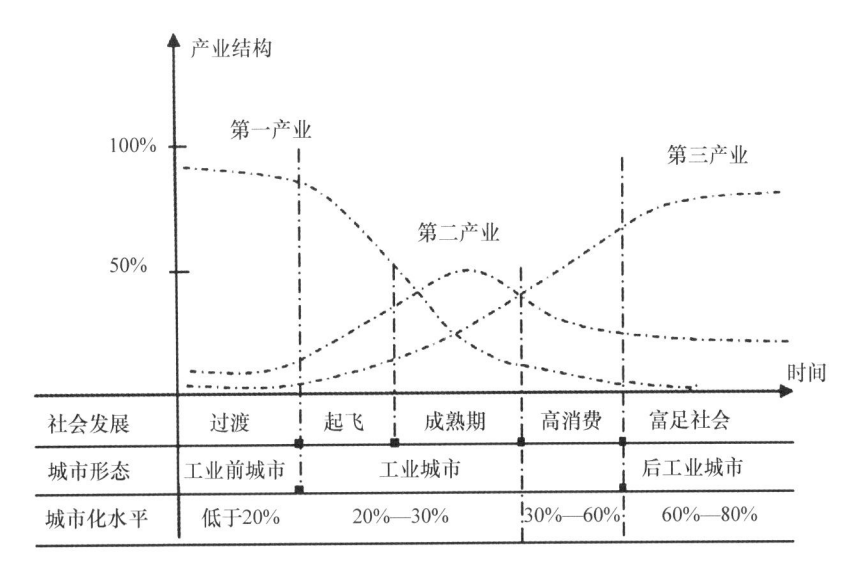

图3-2 产业结构与城镇化水平的互动规律图

资料来源：根据段进《城市空间发展论》，凤凰出版传媒集团江苏科学技术出版社2006年第2版，第71页。

重。当城镇化水平在20%以内时，农业居于主导地位，工业和建筑业的产业占比呈稳步增长态势；当城市化水平在20%—60%阶段时，主导产业经历了从农业到工业和建筑业的转换，并表现出农业占比持续下降、服务业占比稳步上升、工业和建筑业占主导的产业发展态势；当城市化水平在60%以上时，服务业占主导地位，其后依次是工业、建筑业和农业。

静态地看，对于不同产业结构阶段，产业土地维度城镇化下的土地级差收入结构也相应发生变化，即从农业级差收入为主依次向工业和建筑业级差收入为主、服务业级差收入为主转移，并伴随着城镇化水平高级阶段而主要转移到服务业级差收益阶段。这反映了不同主导产业阶段下城市生产性土地利用结构的变化规律，而这一规律也将主导土地级差收入的内部结构形态。

三 "人口—土地"维度的土地级差收入

"人口—土地"维度的土地级差收入主要依赖于作为生活和居住空间的土地,也即生活性土地需求,这是揭示"人口—土地"维度土地级差收入的核心指标。具体来看,"人口—土地"维度的土地级差收入主要产生于两点,一是人类城市生活的聚落性,二是人类城市生活空间需求的变迁性。

(一) 基于人类城市生活聚落性的土地级差收入

"城市是劳动力集中和流动的市场"[1]的观点已充分表达出城市居民的生活本真,即:城市既是实现劳动力价值的有效载体,也是促成自我实现和发展的理想场所,城市扮演着充当人类生产生活聚落的角色,是人类完成自我使命以及实现自我增值的必然空间。这意味着,有城市便有人类集聚、有人类集聚也便会产生城市效应。在"人口—土地"维度的城镇化维度上,人口的增加、流动自然塑造了城市生活区域居住区空间的变动格局,也必然会引发生活性土地级差收入的变动。已完成城市化任务的主要发达国家也充分验证了基于人类生活聚落属性的城市土地级差收入的两个来源,一是源自土地私有化的土地出让收入,二是源自房屋财产的土地税收入。这两种形式历史地构成了当今主要发达国家城市土地级差收入的有效形式。如今则主要保持在以后者为主力的土地级差收入形式上。总体而言,人类城市生活的聚落性具有根本性,是将人作为社会人、作为劳动者的生活需求的最基本反映,从而构成了"人口—土地"维度土地级差收入的现实依据。

(二) 基于人类城市生活空间需求变迁性的土地级差收入

这是对人类城市生活聚落性的高级化表征,也是促进"人口—土地"维度土地级差收入扩张的主要动力。这其中的根本线索是需求引致供给,需求升级促进土地需求进而土地级差收入的扩张与转

---

[1] 高鉴国:《新马克思主义城市理论》,商务印书馆2006年版,第76页。

型。理解这一内涵，还需要从两个主要方面加以把握：一是技术进步引发的生活空间跨度变大；二是不同居民凭借经济和社会资本引发的生活空间分层[①]。1. 在技术进步引发的生活空间跨度变大方面，主要体现在交通、通信和生产技术领域对人类生产生活空间的扩张，其中：交通工具的提速与升级换代，大大扩展了城乡流动性和城市内居民的工作生活半径；生活工作空间大为扩展，甚至呈现了较强的"地球村"趋势；通信技术的革新，使人们进入了"轻办公时代"，不必局限于传统的实体办公空间，从而"地球是平的"，人的工作和生活甚至实现了时空变换，这也激发了更大的生活空间扩张性需求；生产技术的进步逐渐将更多劳动力从较为低级的生产条件（或行业）释放出来，使他们得以在城市的高级产业部门就业，这从而为城市人口基数和城市人口质量的发展创造了契机，自然也在不同程度上刺激了人口在城市的流动和在不同产业间的转换，城市空间跨度空间变大。从土地级差收入的角度来看，城市半径扩大、人口基数和素质的提升，流动因素和城市生活空间跨度的增大，都将直接导致城市生活用地需求量的扩张，进而增加对土地面积和住宅开发密度的需求，并直接为土地级差收入的扩张创造了需求条件。2. 在经济和社会资本引发的生活空间分层方面，主要通过城市居民不断升级的居住需求来实现。由于住房条件的经济门槛机制，城市居民居住需求不断升级的过程实质上也是借助社会资本手段实现社会分层的有效形式，这是新马克思主义城市学者分析城市社会学的主要依据，我们援引美国1945—1970年前后出现的郊区化和住宅领域的升级现象，用以说明居住需求的升级机制。1945年前后美国人口郊区化现象凸显，由于郊区发展良好，"1950—1970年间美国的

[①] 以美国为例，1880年以前城市人口流量较小，城市半径在1—2英里，在1880—1920年的有轨电车时代，城市半径扩大到310英里以上，1920—1950年间的高速公路时代城乡交互渗透，出现了"郊区化"现象，20世纪50年代以来的现代交通发展，使城市半径实现了全球化。参见高强《日本美国城市化模式比较》，《经济纵横》2002年第3期。

住宅单元从 4600 万个增加到 6900 万个，净增加 2300 万个，而同期家庭数量净增加数仅有 204 万"①，这意味着同期增加的住宅单元主要用于家庭的住房改善领域。按照相关统计，"同期低于标准水平的住宅单元总量从 1700 万降低到了 500 万，人均居住空间达标率创历史新高；平均每个房间容纳人数超过 1 人的单元总数也从 16% 占比下降至 8%；中等规模家庭数也由 1950 年的 3.1% 下降到了 2.7%……1971 年建造的房屋比美国历史上任何一个时期都要多"②。在这一总体背景下，城市居民在住宅体系上形成了次高收入家庭紧挨着中高收入家庭居住、社会底层居民则主要居住在市中心沿道路和河流伸展的工业区周围，城市生活空间也由此形成了新的分层机制。从土地级差收入角度来看，相比于技术进步引发的土地级差收入的扩张而言，基于居住需求升级的郊区化则是在量和质两个层面完成对土地级差收入的增值的，在量上则表现为更多的郊区化建筑单元的增加，以及城市中心与郊区间的交通通勤设施的改善引起更大范围的土地级差收入数量的增长；而在质上则表现为"更接近水源、森林、高地，而远离洪水、烟雾和工厂的优越地段的居住"③，以及次高收入家庭向更优越居住地段的靠拢，从而也就意味着对级差收益的更高程度的创造。

综合而言，"产业—土地—人口"三维互动的城镇化模型为揭示城镇化与土地级差收入的互动关系与规律提供了有益的学理思考，并成为我们推动二者有机互动、融合的重要抓手。

第三节　新中国成立以来土地级差收入的演进轨迹

新中国成立以来中国城镇化进程呈现阶段式发展特征，特别是

---

① [美]布赖恩·贝利：《比较城市化》，顾朝林等译，商务印书馆 2010 年版，第 58 页。
② 同上。
③ 同上书，第 57—58 页。

进入21世纪以来,城镇化的快速发展不断将土地级差收入问题摆在更为严肃的位置上,进而引发人们的重视与思考。通过对新中国成立69年来我国土地级差收入的历史梳理,可以给我们更为宏观而理性的视野,这也越发有理由让我们充分坚信马克思主义地租理论的科学方法论在当今时代的科学意义。

一 新中国成立以来土地级差收入的发展阶段

土地问题是影响国家稳定发展的基本问题。新中国成立以来,党和国家不断继承和优化了战时土地管理的政策机制,并借助国家的立法体系不断明确其土地主张。包括1950年《中华人民共和国土地改革法》、1954年《中华人民共和国宪法》,以及1975年、1978年、1982年宪法及修正案,1986年《中华人民共和国土地管理法》和历次修正法案等在内的法律,都对土地权属及相关收入问题做了明确界定,给我们展现了这样的图景——我们关于土地权属的认识和处理具有历史性和阶段性,不同时期的权属主张反映了我们以当时生产关系为判据的唯物主义立场,反映了不同时代条件下土地级差收入的时代特征。总的来看,从历次《宪法》和《土地管理法》及后续修正案中,我们也能清晰地概括出这样的线索——伴随着土地权属上从个体所有到社会主义集体化再到分类强化社会主义公有制的演进路线,土地级差收入的属性及其认识也随之发生了系列改变。

(一) 个体所有阶段(1949—1956):土地级差收入的"失灵"状态

新中国成立以后到社会主义改造完成时期,是我国土地产权的"因循守旧"时期,其产权属性具有典型的私有化特征。这一土地私有特征得到了《中华人民共和国土地改革法(1950)》和《中华人民共和国宪法(1954)》的确认。根据《土地改革法》第一条"废除地主阶级封建剥削的土地所有制,实行农民的土地所有制,借以解放农村生产力"①，并提出"保护富农所有自耕和雇人耕种的土地"，以及"保护中农（包括富裕中农在内）的土地，所没收和征收得来的土地和其他生产资料，除本法规定收归国家所有者外，均由乡农民协会接收，统一地、公平合理地分配给无地少地及缺乏其他生产资料的贫苦农民所有"②。同样，在中华人民共和国的首部《宪法》（1954）中也有清晰表述，在"第八条"中规定"国家依照法律保护农民的土地所有权和其他生产资料所有权""国家对富农经济采取限制和逐步消灭的政策"③。

与土地个体所有阶段相匹配的纯粹性质的土地级差收入较少，几乎不存在。尽管土地所有权被广泛地分散在个体农民手中，但土地所有权与土地使用和经营权都"三合一"式地集中于农民自身，土地间自然属性的级差产量的确存在，但由于"统一地、公平合理地分配给无地少地及缺乏其他生产资料的贫苦农民"的做法，使得基于自然差异的土地级差收入微乎其微，小到可以忽略不计。此时，由连续追加投资等社会因素引起的土地级差收入差异，尽管在较小范围内会存在，但一般也只是局限在富农和富裕中农的土地领域，且由于各土地及连续投资的差异不显著，土地级差收入无从确认。这从而反映出高度平均化个体所有制下土地级差收入的发生规律的"失效"，毕竟不存在引发土地级差收入的基础条件。

（二）社会主义集体化阶段（1957—1979）：土地级差收入的"潜隐"状态

在完成社会主义改造后，全国建立起了生产资料的社会主义公有制体制，土地作为典型的生产资料也不例外。土地所有制的社会主义集体化在不断强化中成为事实，并在1975年和1978年两部

---

① 《中华人民共和国土地改革法（1950）》，中国人大网，http：//www.npc.gou.cn/wxzl/wx2l/2001-12-26/content4264.htm。

② 同上。

③ 《中华人民共和国宪法（1954）》，中国人大网，http：//www.npc.gou.cn/wx2l/wx2l/2000-12-26/content4264.htm。

《宪法》中得到了确认,其中,1975年《宪法》第五条明确指出"中华人民共和国的生产资料所有制主要有两种:社会主义全民所有制和社会主义劳动群众集体所有制","要引导他们逐步走上社会主义集体化道路"①。在处理人民公社发展地位时,也明确了"在保证人民公社集体经济发展占绝对优势条件下,人民公社社员可以经营少量的自留地"②。至此,国家已通过根本大法的形式巩固了土地社会主义集体化的原则与方针,彻底扭转了之前宪法对农民个体土地所有权的立场。随后,在1978年《宪法》中,土地的权属也更为明确,指出"矿藏,水流,国有的森林,荒地和其他海陆资源,都属于全民所有"③,从而也巩固了该阶段土地产权的社会主义特征。

当然,这一历史时期有其特殊性,其中的"文化大革命"给国家政治、经济、文化等方方面面带来了严重破坏,使得土地级差收入也整体蒙蔽而无法发挥应有效应。这一时期,国家也仅靠税收手段完成对土地的管理工作,在较长时期内甚至以土地为媒介的各类税收也"名存实亡"了④。尽管这一阶段产生土地级差收入的社会条件进一步成熟——出现了所有权与经营权分离的现象,但由于特定历史条件下土地收入弊病的制约,租、税整体被"埋没",自然很难引发土地使用的积极效应。毕竟,在当时条件下,土地级差收入的条件仍带有"硬伤"——那就是无法流转、不具备流动性,土地

---

① 《中华人民共和国宪法(1975、1978)》,法律图书馆网,http://www.aw-lib.com/lwa/law_view.asp.id=343216。

② 同上。

③ 同上。

④ 新中国成立以来至1978年,土地收入是与土地相关的税收收入等同的。这一阶段,早期房产税、地产税、契税、印花税和工商税构成了房地产领域的土地收入;但当历史进入到"文革"阶段时,税制混乱了,先后出现了"四税合一"的工商税制改革(这时房产税与地产税在1950年合并为"城市房地产税")和"五税合一"体制(1973—1978年间,受反对"繁琐哲学"理念影响,工商统一税、盐税、城市房地产税、车船使用牌照税、屠宰税合并为工商税)。这一系列做法不仅扼杀了税收的调节功能,更重要的是延误了社会主义集体化土地的有效利用。参见邓宏乾《中国城市主体财源问题研究:房地产税与城市土地租》,商务印书馆2008年版,第126—128页。

级差收入仍蒙蔽在传统的窠臼中，始终无法完成对旧有秩序的打破。因此，这也注定了该阶段土地级差收入属性对前一阶段土地级差收入状态的延续结果，且无实质性改变。

（三）社会主义公有制阶段（1980年至今）：土地级差收入与税、费并存状态

我国土地使用制度的改革是渐近式的，具有明显的过程性和阶段性特征。当改革开放伟大历史进程开启的那一刻，土地所有制、土地收入（含土地级差收入）的属性也随之清晰，并为时至今日的土地级差收入格局奠定了基础。也正是从改革开放之日起，土地级差收入的税、费并存的状态也随之成型。同样，这一格局也得到了法律的确认。

1979年《中华人民共和国中外合资经营企业法》第五条明确规定"中国合营者的投资可包括为合营企业经营期间提供的场地使用权。如果场地使用权未作为中国合营者投资的一部分，合营企业应向中国政府缴纳使用费"[①]。这被认为是我国土地有偿使用的标志性开端，此时的"土地使用费"已具备了土地级差收入的产生条件和真正属性特征。"人们对土地利用的态度已经发生了转变"[②]，土地已然不是单一的行政配置性资源，而是开始具有经济属性和杠杆效应的市场配置性资源。随后，1980年全国城市规划工作会议提出了征收城市土地使用费的政策主张，1984年这一政策主张率先在抚顺市试点实施并短时间内在全国形成了一批试点城市。城市土地有偿使用制度从此愈演愈烈。当然，在《宪法》层面也为城市土地有偿使用制度的蔚然之势提供了根本保障。其中的1982年《宪法》对土地社会主义公有制的定位更为城市土地使用费的出现与发展准备了

---

① 《中华人民共和国合资经营企业法（1979）》，360个人图书馆，http://m.baidu.com/mip/c/www.360dol.cn/mip/131368601.html。

② 田莉：《有偿使用制度下的土地增值与城市发展：土地产权的视角分析》，中国建筑工业出版社2008年版，第42页。

产权基础，其第十条明确规定"城市的土地属于国家所有。农村和城市郊区的土地，除由法律规定属于国家所有的以外，属于集体所有；宅基地和自留地、自留山也属集体所有。……任何组织或者个人不得侵占、买卖、出租或者以其他形式非法转让土地"[1]。至此，无论是国家根本大法，还是其他领域的具体法律，都在社会主义集体化所有制基础上，更进一步确立了社会主义土地公有制的产权基调，并在实践上为土地（城市及农村）的有偿使用提供了法律依据。尽管1988年《宪法》修正案进一步明确了"土地使用权可以依照法律规定有偿转让"，但这都是以社会主义公有制为前提的细化和与时俱进。这一系列法案中的渐进式优化和调整，都清晰地指向了这样一个共识，即土地级差收入的条件成熟了，土地级差收入的作用域在社会主义中国也得到了法理与实践的双重确认。

也正是在这一阶段，真正意义的土地级差收入出现了。但受主观认识的影响，土地级差收入却以不同的形式呈现了出来，并先后经历了"土地使用税"以及"土地使用税、土地出让金及其他土地收入并存"的历程。正如上文所言，土地使用费自合营企业成立之初便作为土地租金而出现，并在1979年至1984年以土地使用费的名义，进入政府收入序列；直到1984年《土地使用税条例（草案）》的出现，"土地使用费"才更名为"土地使用税"，但其实质仍为土地有偿使用的货币等价物，仍为具有地租属性的土地级差收入。这中间，围绕这一更名现象理论界"展开了一场旷日持久的'税、费'之争"，直到1988年9月国务院颁布了《中华人民共和国城镇土地使用税暂行条例》"才结束了长达4年之久的税费之争"[2]。但这并非意味着真正意义的土地级差收入属性讨论的"终结"，而是以服务实践发展需要之名对其进行了暂时性的"搁置"。

---

[1] 《中华人民共和国宪法（1982）》，中国人大网，http：//www.npc.gov.cn/wx2l/wx2l/2000/12/26/content_ 4264.htm。

[2] 邓宏乾：《中国城市主体财源问题研究：房地产税与城市土地地租》，商务印书馆2008年版，第135页。

理论上对实践上的妥协，迎来了土地有偿使用的高潮。蒋炳蔚在总结这一时期我国土地财政收入模式时，将 1979—1990 年间的土地财政收入模式概括为"以土地税为主、土地出让金为辅"[①] 的模式，将 1991 年以来的土地财政收入模式概括为"以土地出让金为主、以土地税为辅"[②] 的模式。这充分说明土地收入的主要构成来源随着时代的发展已发生了结构性转变，已从早期的土地使用税主导结构，变为了"以土地出让金为主、土地税及其他土地收入共存"的结构样式，土地级差收入的数量和占比不断壮大。这自然也从实践层面为我们剖析这一系列范畴的属性提供了历史支撑。

二 新中国成立以来土地级差收入的属性变迁

（一）生产关系视角下土地级差收入的属性变迁

生产关系方法是马克思地租理论的精髓，从而也构成了我们把握新中国成立以来各种土地收入形式（含土地级差收入）及相互关系的方法论。这其中生产关系所蕴含的所有制关系、人与人之间的生产协作关系、产品分配关系则构成了我们的具体分析维度。

在所有制关系上，不同历史时期土地所有制形式直接决定了土地级差收入的历史生成与量的变化趋势。新中国成立以来，我国土地先后经历了平均化的农民个体所有、社会主义集体所有和中国特色社会主义公有制，彰显了土地从分散到集中、从局部分散到整体统筹的跃迁轨迹。相应地土地级差收入也表现出从无到有、从税到税费多元合一的形式，土地级差收入量也呈现了从少到多并不断迈高的发展规律。

在人与人之间的协作关系上，土地利益关联者之间也呈现出了历史阶段性差异。总体而言，新中国成立以来，围绕土地而形成的诸多利益关联者群体之间的根本利益是一致的；同时，伴随着不同

[①] 蒋炳蔚、宋羽：《重构土地财政收入模式分析》，《财税监督》2016 年第 1 期。
[②] 同上。

所有制形式而形成的不同类型的人与人之间的关系，也表现出自恰性。无论是农民个体所有，还是社会主义公有，无论是土地为农业所用，还是为非农产业所用，都会以国家土地级差收入而非某一些人或少数人的收入而进入国家财政统筹序列，利益关联者共同为利益共有者、创建者、维护者、增进者和共享者，不具有根本利益上的相互排斥性。

在分配关系上，不管土地级差收入以何种形式存在，土地级差收入的分配原则也始终彰显马克思地租理论的一般规律。也就是说，在具体分配上，充分兼顾国家和集体所有权、土地使用权、土地可持续发展与利用等诸多方面诉求，而并非简单的产权分配原则，其在分配环节也主要扮演着"彰显社会主义制度优势，促进社会公平、平等、发展等价值理念的践行者与维护者"等角色。

（二）土地市场视角下土地级差收入的属性变迁

土地市场是对土地利用状态的集中反映，土地市场的发育程度决定着以土地为生产要素的土地收入的具体样式。考察土地市场发育情况也便成为我们把握土地级差收入属性的实践依据。新中国成立以来，我国政府的土地管理与利用也表现出时代特性，走出了一条从传统的划拨体制到市场化有偿使用的转变之路，这条道路也是土地市场从无到有再到不断壮大之路，是土地从单纯的公共资源向市场化生产要素的转化之路。

1. "土地市场"缺位时代的土地级差收入。计划经济时代，特别是社会主义改造完成后至改革开放初期，土地在我国仅作为政府调配的公共资源。各级政府按照经济社会发展需要，主要以政治手段将土地划拨给各级各类用地主体。"土地的使用和分配……不过是政府各机构之间的协商及权力在机构之间的分配。"[1] 这一时期的土地无偿使用和划拨制度，使得土地市场本身的缺位，从而既导致土

---

[1] 田莉：《有偿使用制度下的土地增值与城市发展：土地产权的视角分析》，中国建筑工业出版社2008年版，第41页。

地作为生产要素的经济功能的蒙蔽，也导致"地租未计入企业产品成本，级差地租包含在利润之中，相当一部分通过所得税、调节税形式转入国家财政"① 的现象。土地市场在"无偿、无期限、无流转的'三无制度'"② 安排下被扼杀，土地使用与管理政策进入长期的划拨与封闭式使用时代，土地级差收入也潜隐在相关其他税费收入之中，不具备显性价值。

2. 有计划的商品经济时代，土地市场复苏，土地级差收入伴随着社会主义市场经济体制的发展与确立进入了较长的快速发展周期。当改革开放的春风吹响经济发展号角的时候，土地资源的要素属性和经济价值也不断得到释放。特别是，以中外合作、合资企业在改革开放前沿阵地的出现与成长，为我们重新界定和处理土地问题准备了契机。市场经济的开放性要求有明确的产权边界，而这种清晰的产权诉求也倒逼着我们进行土地管理政策的创新。如果说改革开放前的土地使用管理政策是对计划经济体制生产关系的自适应，那么建立市场化导向的土地利用与管理体制便成为市场经济条件下生产关系的内在特性。这从而要求我们不能仅仅将土地视为政府配置的公共资源，而是应对其经济属性进行归位与放大，让其生产要素价值参与到经济发展与收益分配的大循环之中。由此，土地的征用、征收也逐渐走上了经济化轨道，并成为城市经济发展的重要载体。土地使用权有偿转让制度随之诞生并日渐成熟，围绕土地使用权的各级土地市场不断健全，有中国特色的土地市场制度也随之呈现和定格，土地级差收入也便在社会主义市场经济的生产关系中显露出其重要性，甚至成为影响国家经济发展的重要工具。

三 对探索土地级差收入属性的基本启示

土地级差收入问题错综复杂，对其属性的定性评价也受多重因

---

① 张家庆：《地租与地价学》，中国国际广播出版社1991年版，第266页。
② 原玉廷、张改枝：《新中国土地制度建设60年回顾与思考》，中国财政经济出版社2010年版，第4页。

素的叠加影响。科学界定社会主义制度下的土地级差收入属性问题则更具挑战性，但新中国成立以来我国对于该命题的探索也为我们回答这一问题提供了一些规律和指引，成为我们今后深入探索其属性的经验性和科学性的方法与启示。它们包括坚持生产力与生产关系相结合的视野、理论与实践相促进的属性"祛昧"机制、租与税包容共存的融合思维。

（一）要坚持生产力与生产关系相结合的分析方法

从马克思主义历史唯物观视角来看，社会主义条件下的土地级差收入具有必然性，同时又是历史的、具体的和鲜活的。这启示我们在分析土地级差收入属性时要具有历史唯物主义视野和思维，在本质上就是要求坚持生产力与生产关系相适应的方法论。这是确保土地级差收入属性判断科学性的根本前提，也是对生产关系标准的根本遵循。

坚持生产力与生产关系相结合的情境分析视野来源于马克思主义，也是对马克思主义中国化的具体演绎。它要求我们在分析社会主义制度下土地级差收入及其属性问题时须做好两个平衡，即：一是马克思主义基本理论与马克思主义中国化的平衡，既要从马克思地租理论中汲取思想精华与内涵，又要做到本土化发展与创新，毕竟资本主义制度与社会主义制度间、理论层面的社会主义制度与实践层面的社会主义制度间存在差异与特殊性。二是历史经验与时代特征的平衡，历史具有延续性和渗透性，但在某一时间节点上也具有全局性，从历史线索去分析社会主义土地级差收入属性和从具体时代线索上分析社会主义土地级差收入属性，可能会得到不同的结论，这时又需要有辩证唯物主义的自觉，特别是在处理制度层面的土地级差收入的定位与归宿，以及特定时期土地级差收入的政策基点时，这种自觉尤为必要。唯有如此，才能避免一叶障目和历史主义的绝对倾向。

生产力与生产关系相结合的分析方法是兼顾长远与当下、全局与部分、历史与未来的科学方法，也是辩证实现社会主义土地级差收入属性定位与确认的根本原则。在任何时候，它都应该成为分析该类问题的首要方法。

(二) 要坚持理论与实践相促进的属性"祛昧"机制

如果将社会主义制度下土地级差收入属性的科学认知过程看作是一个不断"祛昧"的过程的话，理论与实践相促进的方法则是属性的"祛昧"良方。理论与实践的相促进既是马克思主义认识论的核心范畴，属于科学的理论方法；也是新中国成立以来我们对土地级差收入属性探索的规律性总结，属于科学的实践工具。理论与实践上相促进的科学性，在社会主义土地级差收入属性问题上实现了高度统一。

事实上，我们关于社会主义土地级差收入的认识也是理论与实践不断促进的过程：新中国成立初期，当我们刚开始讨论地租问题时，机械地沿用苏联马克思主义学者关于地租理论的全部内容，但当我们发现社会主义中国仍存在土地地力差异导致的生产效率差异时，我们提出了自然因素与社会因素对地租的分类影响机制，并提出了存在地租的客观基础，还顺势攻克了机械论者所说的社会主义国家无地租的伪命题；在这个过程中理论与实践交锋，在事实层面引起我们关于土地及其收入形式的新思考，并引发了新一轮跟踪思考——社会主义土地级差收入与级差地租的关系问题等。以此为鉴，后续实践发展中，我们还陆续提出了土地级差收入的新表现形式、土地级差收入的分配机制等理论难题的解决方案，并不断用新的事实例证为这些解决方案提供印证，以推动土地级差收入范畴理论的时代化。就是在这样的理论与实践相促进的过程中，逐渐使我们对该类问题的认识不断科学化，不断"祛昧"。

坚持理论与实践相促进的属性"祛昧"机制，需要做好三项工作。一是坚持理论在实践中的"代入"与"代出"，也即要培养用理论指导实践、用实践验证理论的习惯，用辩证方法、用实践成效总结和提炼理论的科学成分。二是坚持广阔而交叉的学科融合精神，善于用多学科交叉的理念与方法去回应现实问题，打破就某一理论去验证另一理论的狭隘"窠臼",以实现更为综合与创新性的理论突破;三是要勇于实践、鼓励创新,特别是鼓励基层土地利益关联者的合法创新,定期对基层实践所形成的先进实践模式进行理论提升与检验,为处理社会主义土地级差收入的相关问题积累实践智慧。

(三) 要坚持租与税包容共存的融合思维

中国城镇化进程中的土地收入问题可逻辑地归为两类主要问题,即围绕土地而形成的政治性收入问题和经济性收入问题。前者是国家履行政治职能的物质前提,表现为土地及其附属建筑产品的各项税收;后者是国家作为城市土地所有者而享受的契约权利,表现为具有地租属性的土地级差收入。这两类收入显然是基于不同的前提而形成的收入类型,但历史上乃至今日也在很多层面上存在相互混淆的现象,并大有"以税代租"的强劲势头。这种势头凸显了土地租与税的一种融合倾向,这固然在特定时期内也有其合理性与操作性,然而其弊端也是显而易见的——遮掩了土地级差收入的真实属性,甚至易在社会中造成政府公共政策不科学的假象,易引发对土地管理权威的质疑,并在长远上不利于土地集约与可持续利用局面的形成。显然,这种"以税代租"、以税乱租的趋势是要不得的。

相比之下,我们所坚持的租与税包容共存的融合思维,绝非谁取代谁的主张,而是二者独立存在又保持适度张力的主张。从长期来看,在土地二元所有制条件下,租与税包容共存不仅有利于解决土地级差收入分配不公平的问题(特别是对于集体所有的土地级差收入主体空虚化问题有实质助益);同时,也为实现当下多目标约束下(耕地资源保护、城镇建设用地需求、土地集约化与可持续利用等)的土地改革创新提供了方向,更难能可贵的是,在收取稳定的、可持续的土地级差收益方面具有重要价值。

坚持租与税包容共存的融合理念,最关键的是要明确租与税的内在差异,最提倡的做法就是在政策层面对二者进行区别与分类对待、坚守和强化土地级差收入中内含的"租的属性";在实践层面积极促进当下的土地批租制度的改革,以扭转土地级差收益获取机制缺位的事实。这是当前条件下认识和处理土地级差收入属性的必然趋势。

总之，对社会主义制度下土地级差收入属性的分析是历史的、辩证的，也是具体的、发展的、创新的。我们对于土地级差收入属性的理论和实践的总结分析，及其规律性启示的阐述，表明了我们的自觉。这种自觉也将内化为我们认识当下及今后土地级差收入属性的科学方法与工具。

第四节 土地级差收入的属性定位

对以土地出让金为主要形式的土地级差收入进行属性定位是解释和回应土地级差收入及其衍生问题的理论前提，属于典型的元理论命题。对于中国特色社会主义国家而言，尤其需要从顶层设计角度和公共政策机制层面，对土地级差收入属性进行科学化确证，并努力将其作为彰显社会主义本质与制度优越性的窗口。这是新时代赋予我们的使命，也是新常态下推动土地级差收入科学化、合理化，以及深度契合新型城镇化战略的价值选择。

一 明晰土地级差收入属性的价值意义

（一）有利于确证土地级差收入的本质属性

总的来讲，我国对土地级差收入属性的认识路径是实践倒逼式路径，是对越来越多的土地利用需求、越来越复杂的土地收益处理关系、越来越严峻的土地破坏现实的理论回应，并在经历了土地从无偿使用到有偿使用的实践转变之后，对土地级差收入本质属性的认知才有了较大的飞跃，但仍不彻底。特别是，在对其租、税属性认识上容易混淆，并一定程度表现出了以税代租的倾向。这种属性混淆尽管有其一定的理论依据，但却容易引发更大的认知危机——易掩盖不同社会制度下土地使用权收入的本质差异，即容易忽略土地级差收入的制度属性，从而无法在分配领域形成更为科学的方案，这正是我们坚持科学分析和运用土地级差收入本质属性的根本原因。

(二) 有利于深刻把握城镇化建设的内在规律

城镇化是以土地城镇化为先导的，土地城镇化的核心机制便是持续获取和利用土地级差收入。通过明晰城镇化进程中土地级差收入的不同表现形式与转型诉求，能为不同阶段城镇化提供发展动力：在城镇化初期，可以借助土地出让金为城镇化快速积累资金；在城镇化中期，可以借助土地出让金与土地级差收益形式提供转型升级的支撑；在城镇化高级阶段，可以通过级差收益与房地产税体系的合用，为城市发展提供稳定且可持续的资金。这同时，也能为我们客观认识和发挥土地级差收入的地位作用、分配机制，以及促进其转型提供科学依据。

二 分析土地级差收入属性的具体情境

土地是财富之母，是城镇化的物质载体与调节工具。在推进中国特色新型城镇化的伟大进程中，土地及其关联属性的认知与应用的水平，成为影响中国城镇化质量与未来走向的关键一环。其中最为深刻、最具根本性的便是土地级差收入的问题。作为土地所有者与土地使用者权利让渡的中介产品，土地级差收入在推动初级城镇化方面发挥了积极作用，但由于对其属性认识的不充分，新型城镇化相继出现一些新问题，迫切需要我们对其进行科学性反思与回应。

(一) 实践层面对土地级差收入属性的忽视引发了诸多问题

伴随着改革开放历史进程而兴发的土地有偿使用实践，土地出让金自出现以来就引发了社会各界的持续关注与思考。其中，对以土地出让金为主要形式的土地级差收入及其属性的讨论大致经历了从合地租性到合正义性再到法制性的三次跃迁，话语范式也先后从"土地出让金本质上是否是社会主义地租，及其租的属性解读"（即以何种身份存在的问题），转换到"土地出让金量的合理性，及其分配的公平正义性"（即以何种方法收支的问题），再转换到"土地出让金的法制性，及其实现路径"（即如何保证永续利用的问题）。相应地，实践层面的土地出让金也在这样的范式转换中实现了飞跃。从这一变迁轨迹中，我们发现了这样的线索——应然层面的属性分析在逐步减少、实然层面的应用策略在持续增多，这事实上为土地出让金（土地级差收入）的现实应用释放了"红利"（一定意义上也积累了滋生土地财政负效应的土壤）。在新型城镇化快速推进的战略背景下，如果任由这种情形继续发展，而不对相应政策理念和工具效用加以更新调整的话，将最终会影响新型城镇化的质量与战略实践。

客观而言，我们对土地出让金（土地级差收入）的积极意义无可厚非，作为一个历史性范畴，它在更新土地属性理念、调节土地资源配置、筹措城镇化资金、推动初级城镇化等诸多方面产生了重要成绩；但同样不可忽视的是，土地出让金（土地级差收入）在全面推进新型城镇化的宏观情境中正遭遇着越来越突出的负面挑战——土地财政主导国家宏观财税体制[1]、土地利益相关者的非均衡性分配[2]、公共部门代际间土地资产的不公平性[3]、土地政治关系的非对称性博弈[4]、中国特殊体制下的"城市病"愈益严重[5]等问题，

---

[1] 即通过出让土地获取土地出让金来满足地方财政需求，被认为是第二财政。统计数据显示，2000年以来土地财政收入占地方财政收入比重加速攀升，高峰时期甚至高达66.7%（2010年），加剧了地方财政和金融体系风险。参见许安拓、修竣强《破解地方依赖土地财政的畸形发展模式》，《人民论坛》2012年第3期。

[2] 以土地开发为例，省级及城市层面的土地收益分配比例是3.70∶22.32∶73.98，集体（农民）、政府和开发商所得增值比例为4.21∶26.01∶69.78，三者差异悬殊。该分配的结果是，农民的利益被剥夺，不利于人口城镇化；开发商分配太多，加大了商业腐败和贫富差距。参见李海海《级差地租分配、公共服务供给与人口城镇化研究》，《马克思主义研究》2015年第1期。

[3] 由于土地是资源性资产，在代际分配中具有单向流动、不可逆、非互惠性等特点；当前政府部门对土地出让金的过度运用，将带给未来政府部门"无地可用"之境地，引发代际之间福利和资源的分配伦理问题。参见程瑶《制度经济视角下的土地财政》，《经济体制改革》2009年第1期。

[4] 围绕土地出让工作形成了国家（中央政府）、地方政府、农村集体和失地农民的多主体关系，以及不对称的隐形产权交易形成了非对称性博弈关系。

[5] 一方面是城郊农地被加速出让，另一方面城市内部却上演"空城计"，城市空间出现"摊大饼"式扩张局面，激发了包括经济、社会、交通、民生、生态等多重问题。

为社会所诟病。存留于实践层面的不合理现象，越发需要引起我们的高度重视，也愈加需要科学的理论予以正本清源的阐释与事实层面的回归。

(二) 理论层面对土地级差收入属性的剖析多元而分散

当前理论界对于土地级差收入属性的认识是多学科、多视角的，但同时也表现出一定程度的碎片化特征，尚未形成较为一致的认识，引发了理论界对于土地级差收入属性的认识迷思。总结起来，这些认识迷思主要集中在土地级差收入的内涵运用、学科视角、本质定位、政策实践四个层面。其中：

在内涵运用上，普遍存在将土地级差收入简单化地等同为地价、地租的现象，以致忽略了对地租真实结构的认识与挖掘；引发这一现象的关键依据是都注意到和普遍应用了马克思关于地租本质内涵的界定，即"土地所有权在经济上借以实现即增殖价值的形式"[①]，但却忽视了马克思关于地租内涵属性的另一判断，即要把"土地物质（泛指土地自然属性）与土地资本"[②] 区别开来，"土地物质即土地面积"是获取真正地租的条件，而"土地资本……属于固定资本的范畴，为土地资本……而支付的利息，可能形成租地农场主支付给土地所有者的地租的一部分，但这种地租不构成真正的地租"[③]。这提示我们要区分土地资本的利息与真正地租，从而提醒我们要注意土地级差收入的微观结构，并在分析和处理土地级差收入时将土地资产与土地物质进行区分。但在事实层面，却是普遍重视对土地级差收入的宏观确认，忽视了对其微观结构的确认，从而伴生出对土地级差收入属性认知的不足，以及后续分配理念与事实的谬差。

在学科视角上，学科视域倾向于微观具体的单学科解读，忽略了对土地级差收入的全面剖析，从而导致分析层面重视土地级差收

[①] 《马克思恩格斯文集》第 7 卷，人民出版社 2009 年版，第 698 页。
[②] 同上。
[③] 同上书，第 698—699 页。

入工具属性而忽视制度属性的悬殊差异。多年来，理论界关于土地出让金的分析主要集中于某一学科范围内，其分析视角多注重从该学科理论对土地出让金某一属性进行具体分析（如合理性、产权关系、配置属性、分配机制等），这种分析的优势在于凸显了单一学科分析视角下的理论与逻辑的完整性和自恰性，但也存在明显的不足——分析层次具体化、分析框架模式化，从而引发"只见树木不见森林"的分析局限，直接诱发并强化了当前关于土地出让金认识的一边倒倾向，即重视其工具属性，并导致对其制度属性的忽视。

在本质定位上，一直存在两种矫枉过正的倾向，要么刻板地将其全部作为地租来对待，要么走向另一极端而将其归属于土地税费的形式，并出现了"税费代租、以费代税、租税混乱的局面"[1]。这在表面上表现为对土地级差收入的误解误用，而实质上却是对与土地相关联的租、税、费体系的模糊处理，其根源还在于对土地租、税、费属性认知的偏差与混淆。但在严格意义上，按照马克思关于地租的科学内涵，土地级差收入应该内在地包含地租因素，同时也涵盖了一定量的土地资本折旧与利息及其他经济成分，是一种土地所有权的经济表现形式，与土地税费的政治权力属性存在本质差异，因而"二者的转化是存在深层次的理论依据障碍的"[2]，不应该出现属性等同和实践混用的局面；特别是，在当下土地财政影响国家财政体制的时代背景下，更有必要对其作以正本清源的梳理与确认，以防止更大程度的误解误用。

在政策实践上，表现出土地级差收入政策理念的经验性、滞后性与非平衡性，这在当前土地出让金政策中表现得尤为突出。土地出让金是改革开放以来我国土地有偿使用的直接产物，被认为是释放土地经济权益的重要工具，自产生之日起就发挥了积极的政策调

---

[1] 宫香玲：《我国土地租税费体系存在问题与对策研究》，博士学位论文，天津师范大学，2006年。

[2] 胡洪曙、杨君茹：《财产税替代土地出让金的必要性及可行性研究》，《财贸经济》2008年第9期。

节功效。但是冷静思考土地出让金的政策演进轨迹，仍不可回避以下事实——产生于传统计划经济时代的土地出让金政策理念仍作用于市场经济体制的土地管理政策、土地出让金的农业补偿性价值应用仍调节着非农使用后的"超额利润"、土地出让金效应催化了城郊增量土地供给与城市存量土地供给的结构性失衡，等等。当然，我们无法不将其政策实践及其绩效表现"归功于"土地出让金政策，但当问题出现时，真正应该引起我们重视的是对土地出让金属性作以马克思主义与社会主义的属性确认与现实应用。

三 我国土地级差收入属性的理论定位

我们在分析土地级差收入属性的过程中，需要以当下土地出让金的运作逻辑为立足点，需要因循马克思地租理论的科学内涵，需要遵循中国特色社会主义国情。总的来讲，中国城镇化进程中的土地级差收入应该是反映社会主义生产关系的租金，是彰显社会主义制度自信和制度优势的土地收入形式，这构成了我们对城镇化进程中土地级差收入属性的理论定位。

（一）土地级差收入的公有共享性是对我国社会主义生产关系的本质反映

作为我国国有土地有偿使用的经济形式，土地级差收入本质上是反映社会主义生产关系的土地租金。它是凭借土地所有权而取得的租赁性收入，核心特征是公有共享性。理解这一特征，至少需要明确两点：一是明确土地级差收入与土地的社会主义公有制的关系；二是明确土地级差收入与土地分配机制的关系。

1. 土地级差收入反映了土地的社会主义公有制特性。土地的社会主义公有制是我国土地制度的核心，也是彰显我国社会主义经济特征的主要维度。土地的社会主义公有制要求我们在兑现土地相应经济价值时遵循基本的产权逻辑——公有共享，这一逻辑便是土地级差收入对土地的社会主义公有制的基本反映。在现实操作中，通过国有土地使用权的让渡，土地使用者向地方政府缴纳土地出让金，土地出让金这一当下土地级差收入的主流形式便成为了国家让渡国有土地使用权的等价物，成为了地方财政的重要来源，并成为了反映土地社会主义公有制的经济表达形式。

2. 土地级差收入反映了社会主义土地分配关系。这与土地的社会主义公有制特征一一对应，正是由于土地的社会主义公有制才决定了土地级差收入的准财政收入属性，也从而决定了土地级差收入分配的社会性特征。相比于土地的私有制而言，这是土地的社会主义公有制最根本特征和最核心优势所在。在现实操作中这一特征得到了有效彰显，土地级差收入除了支付给原土地所有者和使用者相应费用外，其余则用于弥补前期土地开发成本和土地及其他领域的公共支出，反映出了土地级差收入由全社会共享的特征（当然由全社会共享是有条件、有重点、有次序的共享）。这一特征便是对社会主义土地分配关系的最集中概括。

土地的社会主义公有制决定了土地级差收入的公有共享特性，并在根本上决定了土地级差收入的社会主义本质，也从而与反映私有制剥削关系的地租在根本上区别开来。因此，也正是基于这一核心逻辑，我们才毫不犹豫地说，土地级差收入是反映社会主义生产关系的土地有偿使用形式。

（二）土地级差收入是彰显社会主义制度自信和制度优势的土地收入

马克思地租理论的科学内涵为我们科学定位土地级差收入的工具属性和制度属性（特别是对于界定土地级差收入的制度属性）提供了理论依据。工具价值是土地级差收入的常规价值，制度价值是土地级差收入的核心价值，制度价值具有统领工具价值和彰显制度特征的优势。本书认为，我国土地级差收入具有彰显社会主义制度自信和制度优势的价值，主要有两个依据，一是土地级差收入可借助分配机制来促进社会效益最大化，二是土地级差收入能促进土地的可持续利用与发展。这两个依据都是土地级差收入制度属性和制度价值的集中呈现。

1. 在促进社会效益最大化层面，土地级差收入发挥了积极作用。我国土地级差收入的公有共享特征，决定了土地级差收入在社会建设中的鼎力支撑作用，表现在两个维度，一是为快速城镇化积累了资本，二是为促进社会公平提供了物质保障，这两个维度当然都是借助其分配机制完成的。在积累城镇化资本方面，自21世纪以来我国土地级差收入的主要形式——土地出让金就一路高涨，它不仅构成了地方财政收入的重要来源，更为关键的是为快速城镇化提供了原始的土地，以及开发原始土地的大量资金，助推城市面积、城市基础设施等城镇化指标均实现了大幅增长，这其中的主要功绩应当归功于土地级差收入。在促进社会公平方面，土地级差收入既注重对土地原所有者和使用者的直接补偿，也注重他们的长远发展，不断探索土地级差收入的股权形式、社会保障机制等，促进他们更高质量的城镇化；同时，又注重土地级差收入对于社会公共事业的支持，不断提高对三农、水利、教育等领域的计提比例，用以丰盈社会主义公益事业，不断促进社会公共服务的进步。可以说，土地级差收入的公有共享属性成为其彰显社会价值的最大制度优势。

2. 在促进土地可持续利用与发展层面，土地级差收入将扮演越来越重要的角色。这一角色功能主要是借助收取产业级差收益的方式来实现。在土地的社会主义公有制条件下，土地所有权的一贯稳定性和宪法秩序性，使得土地使用权以及基于土地使用权而获取产业级差收益的权利成为常态，这也就意味着土地级差收入具备了常态发展机制，并成为土地有偿使用收入可持续存在的源泉。从这个角度来看，土地级差收入由此便具备了为中国城镇化积累源源不断资本的能力，并成为影响中国城镇化发展的、具有可持续价值的土地收入。除此之外，还意味着土地级差收入中用于土地资源整理与保护的费用也有了常态化保障，只要产业级差收益能稳定成为土地级差收入的主要形式，促进土地可持续利用与发展也便成为理所当然的事，基于土地资源而衍生的代际公平问题也将会迎刃而解。土地的可持续利用与发展显然也成为土地级差收入彰显社会主义制度价值的重要凭证。

总的来看，当前我国土地级差收入整体彰显了社会主义生产关系属性，成为了彰显我国社会主义制度自信和制度优势的重要载体。在推进中国特色新型城镇化的伟大进程中，需要我们不断挖掘土地级差收入本质属性的彰显路径，需要我们不失时机地推动土地级差收入与新型城镇化的实质契合。这是马克思地租理论科学内涵中国化的本质要求，也是中国特色社会主义新型城镇化的必然之路。

（三）土地级差收入贯穿于城镇化全过程

土地级差收入是反映城镇化土地利用方式与效率的收入形式，长期来看与城镇化具有互动互促关系，这也就意味着土地级差收入将伴随城镇化的全过程而存在和发展。基于马克思地租理论的科学判断，土地级差收入的属性特征有三：一是具有客观性，并随着土地的市场化利用而不断增长；二是将持续存在并发挥作用；三是具有当下性与转型性特征。它们构成了动态分析中国城镇化进程中土地级差收入属性的三重情境。

1. 土地级差收入具有客观性和增长性。作为租金的土地级差收入，其属性特征与马克思所强调的地租的一般属性是一致的。土地级差收入与城镇化进程中的土地需求呈正相关关系，无论是土地的城镇化，还是"产业—土地—人口"交互和谐的城镇化，都需要土地要素的介入，都客观存在土地级差收入（当前主要指土地出让金）的产生条件，并具有土地级差收入的资本化形式（土地批租、土地年租，或是土地产权收益等），这与马克思所强调的"最坏土地也提供地租"的思想根本一致，从而印证了土地级差收入进而土地出让金的存在。在土地级差收入的增长性方面，根据马克思的判断，伴随着新型城镇化的推进，与地租息息相关的利息率在市场机制作用下呈现出逐步下降的趋势[①]，相反地，租率和地租量将保持增长态

[①] 在社会发展的进程中利润率有下降的趋势，所以，从利息由利润率决定来说，利息率也有下降的趋势。参见《马克思恩格斯文集》第7卷，人民出版社2009年版，第703页。

势,这恰恰契合了马克思关于地租增长的理论预判——"土地价格,即使撇开地租的变动以及土地产品价格(地租构成它的一个部分)的变动来看,也有上涨的趋势"①。这一理论在其他学科视野和国际数据中也得到了确认,这意味着"在城市化过程中,土地价值不断增加。一方面,随着城市区域范围的扩大以及基础设施的完善,土地价值不断增加;另一方面,随着土地用途改变和重新开发,也会导致土地价值增加"②,从而印证了土地级差收入的未来增加规律。

2. 土地级差收入的衍生性与长期性。这实际上是对城镇化进程中土地级差收入调节机制的理论确认与强化,也是对土地级差收入客观性和增长性的延伸。当下以土地出让金为主要表现形式的土地级差收入,实质上是土地作为特定商品的价格形式,是马克思所说的"土地的买卖即土地作为商品的流通"③ 的具体化,这其中隐含了将土地资源商品化的逻辑线索:从商品化的一般规定出发,我们便不难把握土地这一特殊商品的价值与使用价值在供与需之间的转换规律,因而也不难从实践中总结出以土地及其衍生权益为交易媒介的商品经济关系,进而可以抽象出其在国民收入分配中的调节机制。从这个角度来看,土地级差收入是土地商品属性在市场化条件下的交易衍生产品,只要土地商品化交易关系持续存在,土地级差收入就具备存续的条件。可以预见的是,伴随着这种市场化关系的深刻演变,土地商品属性将呈现愈加强化之势,因而其调节与配置功效也将长期持续,这构成了我们分析与解决新型城镇化与土地级差收入关系的市场条件。

3. 土地级差收入的当下性与转型性。这表明土地级差收入是一

---

① 《马克思恩格斯文集》第 7 卷,人民出版社 2009 年版,第 703 页。

② Bourassa, S. C., Neutze, M. and Strong, A. L., "Assessing Betterment Under a Public Premium Leasehold System: Principles and Practice in Canberra", *Journal of Property Research*, Vol. 14, No. 1, 1997. 转引自张娟锋、贾生华《新加坡、中国香港城市土地价值获取机制分析与经验借鉴》,《现代城市研究》2007 年第 11 期。

③ 《马克思恩格斯文集》第 7 卷,人民出版社 2009 年版,第 917 页。

个发展的范畴，它既会适应当前的生产关系而表现出阶段性形式，也会在租金的内部规律影响下实现适当转型。从当前情况来看，这意味着以土地出让金为主要形式的土地级差收入会在较长时间内存在，又将会伴随着漫长的城镇化进程而出现实践性转向，这与其他国家公有土地租赁体制转型具有匹配性。可以预见的是，土地批租与土地年租（以及其他形式的土地收益）将出现结构性变化，长远来看，当下以土地出让金为主流的土地批租制具有式微倾向，而土地年租、土地产权收益与分红等新形式将呈现增强态势；土地出让收入的实体来源也将出现质的转变，会从当下的资本利息的预付转变为实际超额利润的让渡，从而实现对土地级差收益的属性确认与实际占有。土地出让金的当下性、土地级差收益的转型性构成了我们全面认识土地级差收入的两个方面，二者缺一不可。

第 四 章

中国城镇化进程中土地级差收入的生成与发展

城镇化进程中的土地级差收入具有生成性和发展性。生成性强调土地级差收入与城镇化的共生关系，发展性则进一步凸显了土地与城镇化多维度的动态互动关系。对城镇化进程中土地级差收入进行考察，须对其理论性逻辑和实践性规律加以综合，也即需要有理论和现实层面的双维关照。这是剖析城镇化进程与土地级差收入关系的内在要求，也是本书考察其生成发展机制的基本方法。

第一节 土地级差收入的生成机制

当前阶段，城镇化进程中土地级差收入的主要形式是土地出让金，对土地出让金生成机制进行分析是我们获取当前及今后较长时期内土地级差收入属性特征的做法。本书坚持从生成逻辑、生成条件和生成过程三个层面，对其生成机制进行剖析。

一 土地级差收入的生成逻辑

生成逻辑反映了土地级差收入诞生的理论线索。马克思地租理论为我们所探讨的土地级差收入问题提供了科学而精准的线索——地租的一般性产生逻辑构成了土地级差收入的生成逻辑。

马克思主义地租理论的科学成分为我们分析土地级差收入的生成逻辑提供了科学方法。根据马克思地租理论的科学方法论，产生地租的前提条件有三：一是资本主义的发达，即"资本主义生产方式已经支配农业……资本的自由竞争、资本由一个生产部门向另一个生产部门转移的可能性、同等水平的平均利润等等，都已经完全成熟"[1]；二是有"三个并存的而又互相对立的阶级——雇佣工人、产业资本家、土地所有者"[2]；三是"土地所有权从统治和从属关系下完全解脱出来……作为劳动条件的土地同土地所有权和土地所有者完全分离"[3]。以上马克思关于资本主义农业地租产生条件的分析，反映了马克思关于地租产生条件的总体概括。按照马克思地租理论中的生产关系标准，以及当下中国特色社会主义条件下的具体生产关系差异。我们可以对社会主义条件下土地级差收入的生成条件作以具体演绎，其产生的理论逻辑可概括为：1. 市场经济占据主导地位，土地这一特殊资源的商品属性得以认可，并能够按市场机制进行相应土地权利的置换；2. 土地所有权、使用权相对独立，土地产权与土地实现了互补与分离；3. 存在保障利益相关者之间围绕土地权利的让渡或转移的法制条件，存在保障平等权利的契约机制。

按照上述土地级差收入产生的理论逻辑，我们可以从以下三个方面来理解：1. 社会主义市场经济条件越发成熟，土地生产要素的商品属性及其资源资产属性地位得到市场的认可和不同程度的发展，土地资源的市场化配置机制不断得到强化，土地在经济社会中的基础价值和增值价值得以兑现；2. 土地权利外延得以扩展，脱离了纯粹的资源性权利的限制，也摆脱了土地物资的物理束缚，实现了土

---

[1]《马克思恩格斯文集》第7卷，人民出版社2009年版，第693页。
[2] 同上书，第698页。
[3] 同上书，第697页。

地虚拟权与土地物理权的有机结合,土地权利显然已成为权利束,土地所有权、经营权、使用权、收益权、处置权等成为土地权利的有机内涵,基于各权利内涵的土地级差收入也表现出各自的特性;3. 正当的土地出让行为得到了法律法规的许可与保护,以《宪法》为根本,以《土地管理法》为核心,以及相关部门规章和地方法规为支撑的土地权利转移保障体系也不断成熟,土地的流转及土地权利的兑现工作有法可依、有法保障的局面已整体形成。

理论逻辑开辟了应然线索,发展实践强化了理论逻辑。也正是在这样的理论逻辑与发展实践的作用下,我们对城镇化进程中土地级差收入生成维度的把握才更精准,并为深入分析其产生的现实条件提供理论支撑。

二　土地级差收入的生成条件

生成逻辑是关于土地级差收入一般规律的理论揭示,而情境条件才是获取土地级差收入生动特征的真实源泉,更进一步说,对土地级差收入的中国国情的梳理,构成了中国城镇化进程中土地级差收入的全部情境条件。概括起来,这一情境条件有三个主要方面:一是事实层面上土地资源的资本化转向;二是土地的社会主义二元公有制;三是独特的土地市场体系。这三个方面本质上反映了我国土地的市场化程度,这同时也是产生土地级差收入的核心条件。

(一) 土地资源的资本化转向

土地资源的资本化转向是开辟土地市场空间、释放土地资产流动性的前提,是土地市场从无到有再到逐步发展壮大的核心动力。我国推动土地资源的资本化转向是适应改革开放发展形势的重要机制。我们所讲的"土地资源的资本化转向"有两重基本意蕴:其一是结束了土地资源无偿划拨的历史,并将土地资源作为特殊的有价商品,进行资产化经营(将国有企业划拨用地改为作价出资即是其中的一种典型形式);其二是开启了土地有偿流转与供给的新时代①，土地使用者要对使用土地本身而买单，即实现了以土地价格或土地价格为中介的土地使用权让渡，这种土地价格被认为是广义"地租资本化"的形式，也正是从这一角度上说实现了土地资源的资本化转向。从根本上讲，土地资源的资本化是适应不断发展的生产力的结果。具体来看，是改革开放发展需要倒逼土地制度的产物。以社会主义市场经济为核心特征的改革开放，是推动土地资源资本化转向的直接动力，是为迎接外资进入我国而展开的配套性制度创新。

这一创举开创了我国土地管理的新阶段，以土地出让金为典型形式的土地级差收入进入了政策视野和社会视野，并逐渐成为了快速城镇化的"加速器"，地方政府可以借助这一创举以及"招拍挂"政策"获得土地资本化的最大收益"②，不仅有效满足了当期城市建设资金需求，甚至还通过土地融资方法获得了大量的城市融资资金。从这样的发展线索来看，土地资源的资本化转向，具有重要的里程碑式创新价值，其最大的贡献便在于开启了土地市场机制，为城镇化带来了土地和资金方面的雄厚支持，从而为土地级差收入的生成机制提供了外部空间和物质支撑。

（二）土地的社会主义二元公有制

社会主义公有制的二元性决定了土地所有制的可转化性，并决定了当下土地市场化机制中的差异性。按照现行《宪法》，城市土地国家所有，农村土地集体所有，这种二元土地公有制形式具有中国社会主义特色，也符合我国的生产关系要求，反映着社会主义制度的优越性，是生产资料社会主义公有制的核心载体。从整体性上看，这种所有制形式，有效地将与土地相关联的全体大众及其生产生活

---

① 以1988年《土地管理法》为标志，允许国有土地和集体所有土地的使用权依法转让。参见罗马襄《城市化进程中的土地管理》，湘潭大学出版社2014年版，第75页。

② 刘守英、周飞舟、邵挺：《土地制度改革与转变发展方式》，中国发展出版社2012年版，第9页。

进行了利益关联，因而具有共同的、民族国家的公共价值属性。

但从具体操作来看，特别是在土地要素的可流动性上，二者却出现了差异。国有土地按照正常法定程序，可在土地市场比较低成本地相对自由流动；而集体所有土地要实现这一状态，还必须经历制度转换，即将集体土地变性为国有土地。尽管集体土地转为国有土地具有合法通道，即存在可转化的机制，但在这一转化背后却隐藏着丧失部分土地权利的代价——集体土地失去了变为国有土地后增值收益的索取权，不管变性后土地实现了多大程度的溢价增值都与原集体土地所有者无关（这是理论层面上基于不平等交易而形成的制度损失，或曰是不平等产权制度的产物）。

这种二元土地公有制在现实中产生了显著的制度差异——国有土地显然已成为集体土地在城镇化进程中，获取巨额土地收入的所有制保障，而集体土地却显然不具备这一优势。集体土地要么比较低收益变性，要么减少土地变性，要么摸索非法化路径（如小产权房）。这种所有制差异，使得土地供给市场呈现畸形化发展，土地供给市场的公平性、流动性受到挑战，在一定程度上推高了土地流转和利用成本，客观上导致土地批租市场向狭隘性、封闭性转化。

（三）独特的土地市场体系

土地市场是以市场方式调节土地供需关系的场所，土地市场发育程度或土地市场体系健全程度直接影响土地权利的让渡效率。健全的土地市场体系具有供需相对均衡的特点，反之则会激化供需矛盾，并滋生一系列问题。

我国的土地市场体系具有独特性，这种独特性是对二元公有制的延伸，并表现为一级市场的垄断性、二级市场的竞争性、一二级市场并存的特点。所谓一级市场，是"在符合城市规划、土地管理相关制度的前提下，政府以土地所有权人的身份，通过协议、招标、拍卖、挂牌等方式，将土地使用权投入市场运行所形成的市场"[1]，

---

[1] 罗马襄：《城市化进程中的土地管理》，湘潭大学出版社2014年版，第71页。

而"二级市场是指土地使用权再配置过程中所形成的市场"①。

之所以是两级市场体系,其中最重要的原因是二元土地所有制,集体所有土地只有转变为国有土地后,才具有进入土地市场的资质,这是典型的制度门槛,是当下我国土地所有制中独特的制度安排。当然,这背后有其深刻的战略考量,那便是扎紧"集体所有土地随意变耕地为建设用地的制度口子",以免滋生风险更大的耕地安全隐患,这是该项制度的战略性设计初衷。也正是基于这一战略考量土地一级市场的垄断性愈来愈突出,历史表明无论是乡镇企业改制,还是国有企业改革,也都未能动摇国家坚持城市土地产权国有制度的决心。因而,土地一级市场的垄断性也会越来越强化。但不得不承认的是,这项制度也带来了新的问题——将市场化的土地使用权配置工作后移到了二级市场,交易环节增多,同时更增加了土地流转、利用的成本,变相提高了房地产市场价格,并推动了房地产经济主导时代的"土地高价流转——房地产价格上扬"的动态循环与水涨船高。加之,其他利诱因素的叠加影响,这种二级市场体系易被诟病为推高经济成本的"幕后元凶"。

相比于土地一级市场的政府垄断性,土地二级市场的竞争性则为主导,政府的干预也主要停留在宏观规划管理与监管。如果说垄断土地一级市场是一种土地公有制的自我保护机制的话,竞争性二级市场则是一种"闸内放水"机制,以实现土地的有效增值。从理论上和更积极的意义上看,土地一、二级市场的并存格局,具有了制度上互补的效果。但在真实效果上,却也呈现出与理论意义上不一致的现象——这种制度组合存在背离初衷的现象,特别是在一级市场的建设,一级市场向二级市场的过渡环节受到信息和能力等不对称的制约,导致这种二元土地市场体系会滋生更多的自利行为,从而影响了两级土地市场之间的协作与配合,并成为被社会诟病的焦点。

---

① 罗马襄:《城市化进程中的土地管理》,湘潭大学出版社2014年版,第71页。

三 土地级差收入的生成过程

理论逻辑为土地级差收入提供了属性基石,生成条件构成土地级差收入的具体情境。在此基础上,城镇化进程中的土地级差收入便遵从我国的制度安排,并经由特定程序而生成。

(一) 土地级差收入生成的逻辑过程

如上所述,土地级差收入的生成过程可以抽象为土地权利束的分离过程,其核心是土地所有权及其转化、土地使用权配置、土地收益权处置三个环节,这三个环节恰恰构成了我们所强调的以土地出让金为主要形式的土地级差收入的逻辑生成环节,具体可以概括为如图4-1所示的样式。

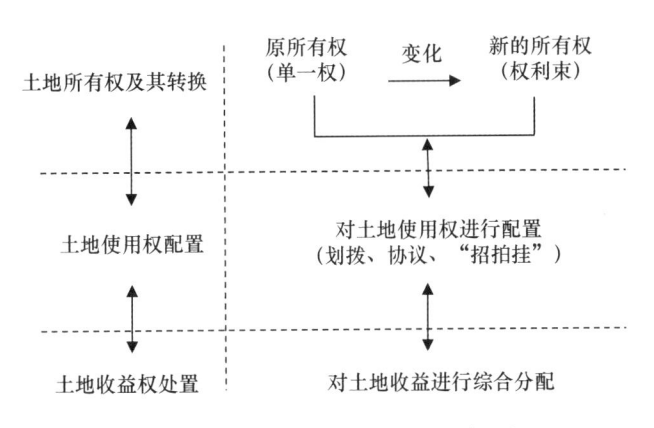

图4-1 土地级差收入的生成逻辑图

通过图4-1,我们能够清晰地呈现出以土地出让金为主要形式的土地级差收入在逻辑生成环节的主要任务:一是完成土地权利的制度性转化。即:一方面要将原集体所有土地转换为国有土地,将原耕地变为建设用地,以此保证土地具备流转的合法资质;另一方面又要发展土地权利,变传统的单一所有权为多元权利束,确保土地所有权、使用权、收益权、占有权、处置权等诸项权利的完整性,以此来保证土地入市后相关各方的合法利益。这两个方面缺一不可,也不能相互替代，需要联合发挥应有作用。二是实现土地权利的市场化配置。这项工作主要借助土地市场完成，目前已经形成了较为系统的市场机制，这不是本部分讨论的重点，暂不论述。我们在这里着重要强调的是基于市场机制而产生的土地增值该如何科学配置的问题，进一步讲，也即如何根据各自所拥有的土地权利来获取土地相关收益的问题。根本的依据便是土地权利方所持有的权能，也即按照明确的产权关系来收获土地收益。这项工作是考察土地级差收入分配的关键一环，也是促成土地级差收入最终真实有效生成的重要判据。

（二）土地级差收入生成的实践过程

在掌握土地级差收入的生成环节与重点任务后，我们结合农村集体土地的入市流程，从实践层面来审视一下土地级差收入的生成机制，图4-2为集体土地征用和补偿过程，图4-3为旧城改造项目用地的征用和补偿过程。

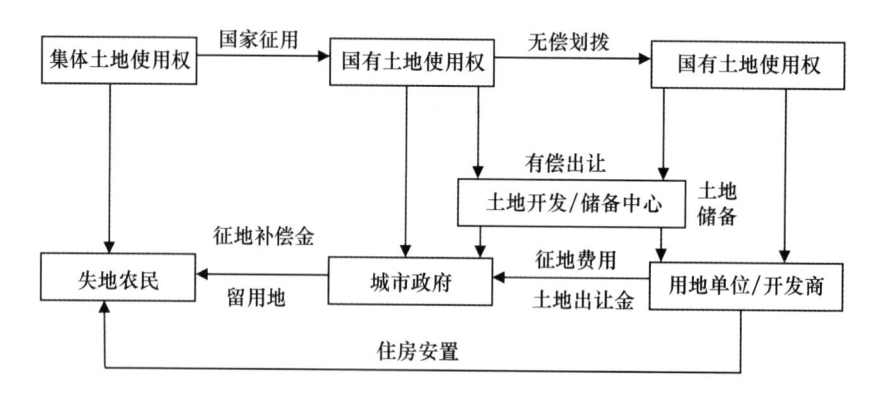

图4-2 集体土地征用和补偿过程

图片来源：马学广：《城市边缘区空间生产与土地利用冲突研究》，北京大学出版社2014年版，第237页。

图4-2是对农村土地"农改非"和城中村集体土地征用工作的概括。农村集体土地征用和补偿过程清晰地呈现了土地所有制转化、

土地权利配置的过程机制,以及城市政府围绕土地权利而形成相关收入的全部环节。在这个过程中,土地出让金构成了用地单位或开发商与城市政府的纽带,反映了城市政府促进国有土地使用权入市的机制与开发成本,并进一步明确了土地出让金的复杂内涵,以及土地出让金在土地征用中的地位和作用。

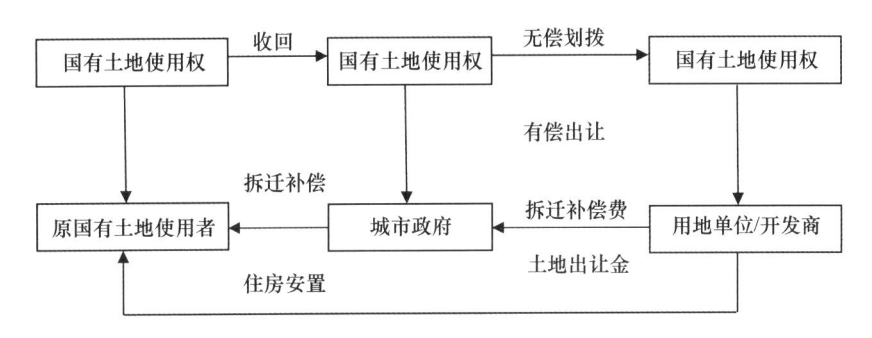

图 4-3 旧城改造项目用地征用和补偿过程

图片来源:马学广:《城市边缘区空间生产与土地利用冲突研究》,北京大学出版社 2014 年版,第 237 页。

为了更清晰地呈现土地出让金生成的各种情境,我们也引入了旧城改造项目用地的征用和补偿过程,并以此分析存量土地利用过程中的土地级差收入及其有机构成。相比于集体土地而言,图 4-3 呈现的旧城改造项目减少了土地所有权转化环节,在土地管理部门依法和依规划完成国有土地使用权的收回工作后,所面临的主要问题是对原国有土地使用者的拆迁补偿和住房安置(这部分将被计入土地开发成本之中),以及按市价支付城市政府土地出让金。这是完成该类项目的核心工作。

综合图 4-2 和图 4-3 来看,城市政府在其中扮演了至关重要的角色。这个过程是典型的城市政府以土地所有者代理人角色进行土地经营的过程,经营目标主要是实现和谐与发展,即社会稳定进步与土地收入增值。这也生动地构成了当前中国城镇化进程中土地级差收入的主流生成范式,并产生了相应的绩效。

第二节 土地级差收入的强化机制

土地级差收入是典型的经济收入,作为多元利益主体一致追求最大化的收入方式,土地级差收入自诞生之初就注定被重视和强调,并不断地基于各自利益诉求而追求其增长,这凸显了各利益主体的"经济人"理性。从土地级差收入出现以来的历史轨迹中,我们不难看出,土地级差收入的规模在不断增长,甚至还存在极化现象(如各地频繁涌现的地王)。这种对大规模土地级差收入的追求即是本书所指的强化现象。总体来看,强化城镇化进程中土地级差收入现象的背后,有着深刻的利益逻辑和动力机制。

一 强化土地级差收入的利益逻辑

土地级差收入的过程也是利益相关主体的讨价还价过程,特别是在市场机制的有效参与下,各方围绕相关土地权利形成各自的价值主张和行为选择,并呈现出某种倾向。这种倾向构成了土地级差收入生成过程中的选择偏好,也构成了我们以理性"经济人"视角剖析各方诉求的佐证依据。

(一)不同主体的利益偏好

在土地级差收入的生成过程中,原土地所有者(或使用者)、城市政府、新的土地使用者存在基于自身立场的利益偏好,无论如何他们都尽可能地希望将其利益偏好转化为真实的利益诉求。

1. 原土地所有者(或使用者)的偏好。不管是集体土地变为国有土地,还是原国有土地转换用途的,它们都被希望于在流转过程中实现增值,且增值程度越高越好。在当下土地储备开发制度下,原土地所有者(或实际使用者)主观上都期望被征收而非被征用。毕竟征用的土地仅用作公共基础设施或其他公益目的,而征收则会根据后续新用地者的用途来实现更大程度的补偿。同时,在补偿方式上也更倾向于务实的补偿方法（如一次性贴现或物质性资产）。不得不承认的是，在这种偏好或期望下，土地所有权或使用权转移的成本会出现"水涨船高"的趋势，在一定程度上也激发了更多的土地所有权或使用权转移领域的社会矛盾。

2. 城市政府①的偏好。在土地经营理念的影响下，城市政府依托其自身管理者和所有者代理人角色，以及所拥有的信息优势，也表现出了一定程度的自利倾向。这种自利倾向会产生两个最为清晰的行为选择后果，即：一是优先征用或征收增量用地；二是预算外收入的追求偏好。从本质上来讲是一回事，都是城市政府利用自身之便而尽可能降低成本和提高土地出让收入的土地经营偏好。具体来看：（1）在土地经营的成本（收储及开发成本等）方面，集体所有土地（特别是耕地）由于是"生地"，又处于城市郊区，在所有制转换方面的直接成本（征收价格、土地开发成本），以及间接成本（因土地所有者讨价还价等增加的成本等）等总体较低；而一旦征收完成，并经历开发和基础设施建设后的"熟地"则能以更高的价格和收入水平获得土地出让的一次性收益，土地征收与转让的"剪刀差"则更为显著，土地经营的收益水平也更高，自然对增量土地的需求也越来越高。相比之下，对存量土地的收储、开发与转让所形成的"剪刀差"则较小，且政府信息优势也因地处城市而不显著，自然对"以地生财"的模式缺乏动力和意愿。（2）在土地级差收入的收支管理方面，由于预算内收入的法定性、严肃性、透明性导致城市政府在收支方面缺乏自由度；而作为预算外收入主力的土地出让金则具有不透明性和较强的自主支配机会，从而有利于城市政府对土地级差收入的相对自由配置，更容易应用于地方政府所导向的工作领域。一方面是显著的经济收入上的"剪刀差"，另一方面是具

---

① 城市政府主要指各市、县进行具体土地管理和规划利用等职能政府部门的总称。之所以没有将中央政府列入其中主要取决于中央政府的一贯价值主张即"追求土地集约与可持续利用"。参见骆祖春《中国土地财政问题研究》，经济科学出版社2012年版，第87页。

有一定自由裁量权的收入分配机制,从双向维度上客观刺激了城市政府的选择偏好,也容易成为滋生土地腐败的温床。

3. 新的土地使用者的偏好。新的土地使用者要成功获得特定时期内土地的合法使用权,需为此付出相应的经济代价,经济代价的数额也主要由市场状况决定。这是一般性的合法获取土地使用权的渠道。但当有机会以更少成本或代价获取同一地块的使用权时,他们便会追求和极力抓住这样的机会,甚至会铤而走险。特别是在当前土地制度仍有待完善的背景下,利用制度漏洞而减少支出成本的行为显然也构成了新的土地使用者的偏好。

可以说,土地级差收入生成过程中的主体偏好,现实地构成了分析当下土地出让环节行为动机的有效载体。对这些偏好的综合考察,也为揭示土地级差收入的生成结果提供了独特视角。

(二) 各方偏好强化了土地级差收入

土地级差收入本身是土地有偿转让的直接结果。从逻辑上剖析土地级差收入的生成机制,有助于我们揭示真正的土地级差收入与虚假土地级差收入[1]之间的差别。这里我们所谓的真正的土地级差收入并不是指土地的级差收益,而是以现行的土地制度为前提对均衡条件下土地供给市场与需求之间的平衡值,是客观反映当下真实的土地供需关系的理性数字;而虚假的土地级差收入则是指以现行土地制度为前提的非正常市场供需条件下的数值,其中的非正常性往往加入了利益各方的偏好和诉求,其所形成的土地供给市场也自然具有虚假性和畸形性。

土地级差收入的虚假性是在土地使用权流转过程中发生的,我们可以用图 4-4 这样的曲线展现出土地级差收入的虚假性。

在图 4-4 中,曲线 S 表示增量土地的供给曲线,一般将土地供

---

[1] 马克思在《资本论》中以"虚假的社会价值"范畴,用以概括农业领域高产田农产品市场价值与实际生产价格之间的差额。本书受此启发,结合虚假的土地供给市场而提出虚假的土地级差收入范畴。

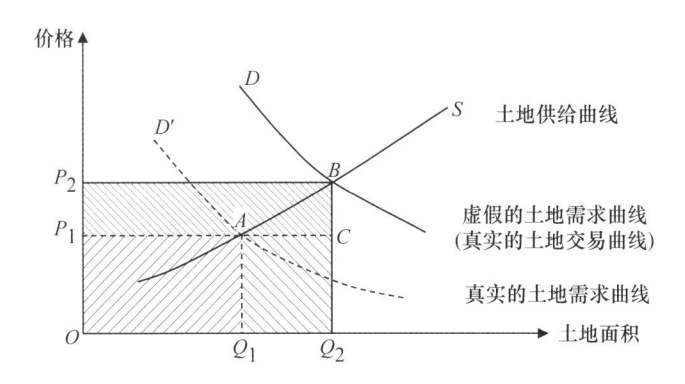

图 4-4　虚假的土地级差收入曲线图

给曲线描述为一条没有斜率的直线，本书为了强调现实中土地增量的偏好，而使用带有一定斜率的供给线表示；曲线 D 表示土地交易市场上的真实交易曲线，但却是加载了相关利益主体诉求与偏好的虚假的土地需求曲线；曲线 D' 表示当前条件下土地交易市场上的真实需求曲线。按照市场均衡原则，虚假的土地需求曲线、真实的土地需求曲线分别与土地供给曲线形成相应的均衡值，并产生各自条件下的土地级差收入。其中，真正土地级差收入为长方形 OQ_1AP_1，虚假土地级差收入为长方形 OQ_2BP_2，二者之间的差额（长方形 P_2BP_1C 与长方形 Q_1ACQ_2 之和），则逻辑地构成了虚假的土地级差收入的实体。

在暂不讨论真正土地级差收入合理性的前提下，仅这一差额问题就足以说明土地级差收入的虚假性。造成这种虚假性有诸多可能，这些影响因素在不同程度上会对虚假的土地级差收入规模产生强化作用，这也构成了我们揭示土地级差收入强化机制的内在逻辑——利益主体偏好引发了超过真实需求水平的土地需求，在现实土地供给中的增量供给条件下，这种非真实的土地需求被不断满足，从而引发了比真实需求更大规模的土地级差收入。强化土地级差收入的实践也由此发端。

二 强化土地级差收入的动力机制

不同主体的利益偏好构成了强化土地级差收入的主观动机。也正是在这一主观动机的影响下，强化土地级差收入的客观动力机制也配合着发挥了作用。概括起来，客观动力机制涵盖经济层面的动力机制、行政层面的动力机制和法治层面的动力机制三类。

（一）经济层面的动力机制

所谓经济层面的动力机制主要是指城市政府的不当土地经营诉求和行为，引发的对更大数量土地级差收入的追求和占有的机制的统称。在经济层面上，本书是从城市政府的"经济人"假设而进行的分析，从中我们可以发现由于城市政府经营土地的自利动机和自利行为，以土地出让金为主要形式的土地级差收入实现了大幅增长。从整体来看，经济层面动力机制有两大维度，一是纾解财政压力，二是产业发展与竞争。

1. 为纾解财政压力而强化土地差收入的机制。学界已有研究充分说明了这样的共识——中央与地方财政之间存在纵向竞争关系[1]。彼此之间通过财政收支方式及比例的制度安排来调整。由于1994年的分税制改革，"我国地方政府的财权上收，中央政府财政收入比重越来越大，但其支出比重却逐年下降"[2]。加之，随后引发的税制调整与改革不断增大了地方政府的财政压力，推动地方财政形成了"预算内靠城市扩张带来的产业税收效应、预算外靠土地出让收入"[3]的财政收入格局，"土地财政"在这样的背景下被不断推向极致。在这个过程中既有纵向竞争"挤出"效应的推动，也有地方政

---

[1] 张清勇：《纵向财政竞争、讨价还价与中央—地方的土地收入分成》，《制度经济学研究》2008年第4期。

[2] 叶林、吴木銮、高颖玲：《土地财政与城市扩张》，《经济社会体制比较》2016年第2期。

[3] 刘守英、蒋省三：《土地融资、城市扩张与金额风险》，《不动产开发与投资和不动产金融——2005年海峡两岸土地学术研讨会论文集》，乌鲁木齐，2005年8月，第414页。

府自利动机的介入。

纵向竞争的"挤压"效应方面是主要因素,中央与地方之间的财政分权机制使得中央政府不断将财政支出压力传导给地方政府。地方政府基于自身发展偏好与诉求,便逐步选择了靠土地出让收入为主的"土地财政"之路。整体上,我们可以将这种"挤压"效应归纳为两点,即"两紧一弱机制"。其中:

所谓"两紧"机制,是强调中央对地方财政的集权加强,地方财力出现了紧张状况,即:一方面中央先后三次大规模收紧地方财政收入,从而"将一般预算内的主体税种划归中央,而将非主体税种划归地方收入"[1];另一方面又不断加快预算制度改革,收紧地方财政的预算外收支口子。(1) 在收紧地方财政收入方面,根据刘守英等的研究,1994年分税制改革以来,中央财政和地方财政间的纵向竞争至少经历了两次大规模的收紧机制,其中第一次是分税制改革,通过设置国税、地税和共享税的方式,收紧了地方财政收入的口子。第二次便是2002年将企业所得税和个人所得税由地方税改为中央地方共享税。这样一来,在1994年至2002年间分税制改革后的第一个10年间,地方财政中的企业所得税和个人所得税的迅速增长机制不复存在,国家通过将所得税的收入权集中于中央地方共享税机制后,客观地给地方财政收入行为带来了一种"挤压"效应。可以说这两次较大的财税改革,越发加重了中央财政与地方财政的不平衡格局,这种"挤压"效应为地方政府开辟土地财政出路提供了外在推力。值得注意的是,当前伴随着新时期新常态下地方财政收入(主要指预算内收入)新机制的成型——"营业税[2]成为带动地方财政收入增长的最主要力量"[3],而新一轮以"营业税改增值

---

[1] 刘守英、周飞舟、邵挺:《土地制度改革与转变发展方式》,中国发展出版社2012年版,第76页。

[2] 营业税中特别是建筑业、房地产业中营业税的贡献最大,这也被视为2002年税改革后"挤压"效应的直接结果。

[3] 刘守英、周飞舟、邵挺:《土地制度改革与转变发展方式》,中国发展出版社2012年版,第76页。

税"（简称"营改增"）为主题的税制改革，无疑成为了新一轮中央财政与地方财政纵向竞争的开始，这也势必会造成对地方财政的又一次"挤压"。这项工作当前正在全国推进，并将引发较为深刻的财税体制机制改革。但无论如何，对地方财政收入的"收紧"机制已然形成，势必会给地方财政形成新的压力，并最终会影响到"土地财政"的改革与发展。（2）在收紧预算外收支口子方面，则通过持续的预算制度改革来实现。预算外资金和预算内资金都是政府财政性收入，整体反映出政府财政的结构特征，但二者在收支管理方面却表现出较大差异，其中预算外资金表现出较大的自由性，收支不需要经过人大审批和监督，可由有关地区、部门和单位结合国家有关规定来自行支出，表现出更为灵活的收支管理权限[①]；而预算内资金的收支管理工作则更为严肃，其在收支各环节所呈现的法定性、精细性、完整性、时效性和公开性特征，决定了预算内资金收支工作的严肃制度诉求。正是由于预算外资金的管理更具自由性和灵活性，便引发了地方政府对以土地出让金为主要形式的土地级差收入的追捧。然而，在中央与地方的纵向财政竞争过程中，中央财政的集权化特征也决定了这种游离在政府预算体制之外的收入的最终命运——逐步被纳入预算管理体系之中。在这方面，我国以《国有土地使用权出让收支管理办法》为核心的规章中明确提出"建立健全年度土地出让、收支预算管理制度""财政部门、国土资源管理部门要与地方国库建立土地出让收入定期对账制度""土地出让收支金额纳入地方政府基金预算管理收入，全部缴入地方国库，支出一律通过地方政府基金预算，从土地出让收入中予以安排，实行彻底的'收支两条线'管理"等政策。由此，可以看出我国对于土地出让金的管理也不断收紧，逐步开展了从预算外收入到准预算内收入的

---

① 对于地方政府来说，土地出让金是不受上级严格监管，处于"封闭运行"状态的活钱，在一些地方甚至成了任意支配的"自留地""小金库"。参见顾乃华、陈秀英《财政约束、城市扩张与经济集聚度、劳动生产率变动》，《经济学家》2015年第6期。

管理转型，地方政府对土地出让金的收支自由度越来越受限，从而架起了限制土地级差收入随意被支配使用的"隔离"制度；与此同时，对土地出让收入支出方向的法定化机制，也形成了对土地级差收入的支出约束，从当前来看，根据《国有土地使用权出让收支管理办法》，土地出让金作为总的土地租金收入概念，除必须承担征地和拆迁补偿、土地开发、支农及其他支出等成本之外，所剩余的土地出让净收益的45%已被"中央锁定"，这些包括"提取10%用于保障房建设、10%用于教育投入、10%用于水利建设、15%用于农业土地开发"[1]，地方财政显然失去了近半的自主支配权。这种限制不得不说也是一种典型的"挤压"效应。

所谓"一弱"机制，是指在税制与预算管理制度的集权化改革的同时，中央财政弱化了相应的事权及其财政支出水平，表现出了"财权上移、事权下沉"的央地财政支出格局，这对于地方财政而言也无疑更具压力。根据王宏新和勇越的研究，"分税制改革后，我国中央和地方政府财政收入比例基本维持在11∶9左右，而财政支出却长期维持在3∶7的水平……中央财政支出的收缩直接表现为地方财源紧张、县域公共物品供给不足、政府怯于履行职能"[2]。这从而导致中央财政收入规模的大幅增长，"中央财政收入占全国财政收入的比例从1993年的22%迅速增加到1994年的55.7%"[3]，随后便一直保持在这个比例上。

2. 为促进产业发展与竞争而强化土地级差收入的机制。土地是财富之母。在我国改革开放和建设中国特色社会主义市场经济过程中，土地作为生产要素的功能不断得到释放。特别是在要素驱动型

---

[1] 席斯：《土地收益近半被控分配新规酝酿中》，经济观察网，http://www.eco.com.cn/2011/1107/215/42.shtml，2011年11月7日。

[2] 王宏新、勇越：《城市土地储备制度的异化与重构》，《城市问题》2011年第5期。

[3] 张良悦：《城市化进程中的土地利用与农地保护》，经济科学出版社2009年版，第132页。

经济发展阶段，土地的生产要素价值成为最稀缺的要素被投入到地方经济发展之中，最为典型的形式便是根据产业发展需要进行区域土地资源的再配置。在以城市扩张为主要特征的城镇化阶段，地方政府和企业在土地利用方面达成了合作共识。

从地方政府的视角来看，进行土地资源的产业化配置能够获得预算内财政收入，即税收。由于税收的特征使其成为可持续财政必须赖以依存的核心形式，凭借土地要素转化税收的机制自然会成为政府的一贯财政偏好。因而，无论在何时，以"经济人"假设为前提的理性政府，无论如何都不会也不应该放弃税收这一财政手段。正如上文所说，在面对财政压力时，地方政府围绕现行财政体制和土地资源进行了财政收支方面的组合设计——既有以土地级差收入为主要形式的土地租金的预算外收入，又有以土地换产业并涵养税源的预算内收入。我们这里所说的为促进产业发展与竞争而强化土地级差收入的机制，即为后者。在这一逻辑背景下，核心的问题就在于地方政府借助何种方式来实现从土地到产业再到税收的转化（从产业到税收的转化总是自然而然地发生的，我们在这里不做探讨），最关键的问题就在于如何实现从土地要素到土地与产业之间的嫁接。于是，城市政府围绕土地在不同产业上的定位而形成了土地增值组合策略——以较低成本甚至"零地价"将土地用于发展工业，以越来越高的土地出让金将土地用于服务业，这种组合策略是基于"土地出让后的制造业和服务业发展对地方财政收入的影响是不同的"[①] 理念而进行的理性组合。导致这一组合策略的根本动因仍是财政问题——既然是财政问题，为何地方政府又愿意以低成本地价甚至是"零地价"方式而"割爱"给工业呢？这看似是自相矛盾的，实际上如果我们将这一组合策略进行更全局视角的观察，就会更为清晰，那就是"以高地价次性出让服务业用地并换取短期内的

[①] 汪晖、陶然：《中国土地制度改革：难点、突破与政策组合》，商务印书馆2013年版，第23页。

巨额财政收益,来补贴因低地价或零地价而出让工业土地所产生的损失",在公共选择理论上,只要总收益不为零(或负数),地方政府以此种方式进行土地经营的动机和可能就会增加;更何况,以低地价或"零地价"出让的工业土地在落地发展后,会给地方政府带来各种直接或间接的收益①,这就使得地方政府更加倾向此种土地利用的组合策略。

当然,土地市场的形成并不仅仅是供方的一厢情愿,之所以会形成真实的地方政府经营土地的实践,还在于需方产业层面的"配合"。这种供需双方的互动,为经济层面强化土地级差收入提供了市场动力。正如汪晖、陶然的观点,我国"具有比较优势的中、低端制造业部门⋯⋯缺乏区位特质性(Location Non-specificity)⋯⋯在国内各地区乃至全球争夺制造业生产投资的激烈竞争下,这些企业对生产成本非常敏感,而且也比较容易进行生产区位的调整"②。面对制造业企业因生产成本波动(暂不考虑国际范围内的产业转移)而带来的风险性,地方政府选择了更为优惠的政策甚至政策包,低地价甚至"零地价"现象也便成为因应这一发展实情而做出的政策让步。在东部发达省份,甚至还出现了地方政府间为促进产业招商落地而进行地区间竞争和压低土地价格的现象③,引发一定意义上的"公地悲剧"④。来自工业领域的成本倒逼,不得不让地方政府进行

---

① 直接的经济收益有增加税收、带动社会投资,间接的经济收益则表现为会在长期促进服务业用地的增值等;此外,还会带来更多的社会效益,如拉动社会就业、提升区域创新水平、开放水平及影响力等。
② 汪晖、陶然:《中国土地制度改革:难点、突破与政策组合》,商务印书馆2013年版,第23页。
③ 根据汪晖、陶然的调研,21世纪初苏州每亩征地和建设成本高达20万元人民币,工业用地平均出让价格只有每亩15万元人民币。苏南的其他地区为与苏州竞争,甚至为投资者提供出让金低至每亩5万—10万元的工业用地。参见汪晖、陶然《中国土地制度改革:难点、突破与政策组合》,商务印书馆2013年版,第19页。
④ 按照李永乐、吴群的解释,我国城市扩张中的"农转非"现象与"公地悲剧理论"有相似之处——从全国整体来看,农村集体土地具有"公地"属性,地方政府对利益的诉求构成了农村土地"悲剧"的动因。从这一角度来看,该理论仍适用于地方政府间土地产业配置中的竞争机制。参见李永乐、吴群《中国式分权与城市扩张:基于公地悲剧的解释》,《南京农业大学学报》(社会科学版)2013年第1期。

土地经营方面的让步，而让步的直接代价便是减少高价转让土地的净收益，这也变相助长了地方政府对预算外财政收入的需求，以及对土地出让净收益的自主支配权的诉求，从而在中央与地方的纵向财政竞争中为地方谋求更积极的收获。

值得我们重视的还有，这一土地利用组合策略，引发和加剧了地区间产业竞争的不均衡性。由于东部省份的补贴力度比较大，在一定程度上延缓了这些"缺乏区位特质性"工业企业的流动步伐，在东、中、西部存在明显的经济技术梯度的前提下，中、西部地区对工业企业的吸引力显得不足，甚至还出现了中、西部地区工业用地出让价格高于东部地区的现象[①]。在地方政府的"组合拳"机制下，东、中、西部地区的产业竞争格局越来越呈现"固化"特征和马太效应，单纯考虑这一因素的情况下地区间的竞争格局甚至越来越向东部集中，中、西部的产业发展环境与综合水平也会长期保持相对落后的状态，而这在全国层面上不利于地区间的公平发展。

综合来看，城镇化进程中土地级差收入的经济强化机制是根本，这暴露出了"经济人"理念下地方政府土地经营的动机及其行为偏好，并构成了我们分析土地级差收入及相关问题的核心线索。当然，作为国家行政体系重要组成部分的地方政府，其对土地级差收入的偏好，也能在政治层面得到一定程度的解释。

（二）行政层面的动力机制

所谓行政层面的动力机制，是从行政体系角度对地方政府土地级差收入偏好与行为进行解释，以区分行政体制中合理的央地关系与不合理的央地关系。对土地利用的差异，并揭示实践环节构成二

---

① 根据蒋省三等的调研，东部各地政府为了招商引资，不惜通过财政补贴以低于土地成本甚至"零地价"供地，使得东部发达地区的土地价格低于中、西部地区。该团队调研结果显示，陕西一些开发区的工业用地协议出让价为25万元/亩左右，咸阳市为18万元/亩左右，均高于浙江省一些地方工业的供地价格。参见蒋省三、刘守英、李青《中国土地政策改革：政策演进与地方实施》，上海三联书店2010年版，第281页。

者差异的具体因素和机理。概括起来，行政层面的动力机制主要有三：一是国家行政体系内央地博弈关系对土地级差收入的强化；二是唯 GDP 政绩考核制度的反向激励机制对土地级差收入的强化；三是地方政府多角色合一的职能紊乱构成的政治强化。

1. 央、地博弈关系对土地级差收入的强化。"现代化、城市化的最终成功，在很大程度上取决于政府角色和职能的有效转变，以及随之形成的富有效率，又崇尚公平的行政体系。"[1] 这无疑将我们对土地级差收入问题的研究，引入到了行政治理体系之中。的确，作为土地级差收入生成发展机制的核心力量——各级公共部门扮演着至关重要的作用。它们对于土地级差收入的价值取向和行为偏好既构成了我们考察其角色与立场的重要判据，又为我们变革公共部门的土地治理机制提供了素材和基础。

这里我们有必要区分的一点是，政治层面对央、地博弈关系的剖析，与经济层面的剖析不同，前者更多从应然和职能定位角度进行宏观解释，而后者则偏向于从单一财政视角进行论述；前者更为综合，而后者则相对专一。在弄清楚彼此间的差异后，我们就要对央、地间围绕土地级差收入而展开的博弈关系进行解构，这也主要分为两个领域：一是缘何央、地之间出现了博弈关系？二是二者的博弈过程与类型又是怎样的？

在为何会出现央、地之间的博弈关系方面，应该说是政府角色定位与角色实践偏差的产物。从理论上来讲，我国的行政体系应该是价值共通的，职能统一的，只是在具体的行政分工上存在差别而已。这意味着，在应然的角色与职能履行中，不管行政体系的垂直层次有多少，它们都应该是公共利益的维护者，都应该是为了共同行政目标而努力的协同型公共部门。对于履行相应的土地治理职能的各级政府部门而言，它们都应该成为土地这一公共资源的保护者、

---

[1] 李丹：《城市扩张中地方政府征地行为的角色定位研究》，《中山大学研究生学刊》（社会科学版）2013 年第 1 期。

合理利用与开发土地的倡导者、正常土地市场秩序的规范者。然而，在事实层面却与理论层面出现了不一致，中央政府、地方政府间存在价值取向差异、存在土地治理的权能不匹配现象。这一问题，我们将在后文中做详细分析，特别是在土地的价值取向上，"中央政府重视土地的资源价值，注重土地的可持续发展与粮食安全；但地方则看重土地的资产价值……主张土地非农化、大量圈占土地"[1]。中央政府注重土地的长远战略价值，而地方政府则强调土地的当下兑现价值，由此便形成了针对土地级差收入的观念差异和立场差异，而这种差异的背后则真实地反映和暴露出了地方政府的"经济人"取向，并导致了以土地级差收入最大化为导向的政策与行为选择。显然，这种"将自身的合法性建立在经济性而非公共性上"的行为，已然"丧失了公共行政的本真"[2]。公共利益代表者的权威性也会因此打折扣，无法最大限度地实现其应有职能。在如此导向下，必然会影响地方政府进行土地级差收入治理的积极性，并容易在主观上引发相应的自利行为，甚至形成路径依赖。正是价值选择及其立场差异，构成了中央与地方在土地问题上的非一致性，并将这种非一致性渗透到了地方政府能够产生作用的所有场域。显然，本不该具有博弈关系的央、地土地管理部门，却因自身的价值实然取向差异，而释放了二者博弈的空间，并伴随着土地市场的发展，而呈现更为清晰的博弈事实。这种博弈在我国治理以土地出让金为主要形式的土地级差收入的政策层面表现得更为充分。

在央、地围绕土地级差收入的博弈过程方面，充分印证了彼此的博弈层面。张清勇对20世纪80年代以来土地收入在中央与地方分配比例的调整，以及1998年《土地管理法》修订过程中中央与地方讨价还价行为的梳理，为我们清晰地呈现了中央政府与地方政府在

---

[1] 骆祖春：《中国土地财政问题研究》，经济科学出版社2012年版，第87页。
[2] 李丹：《城市扩张中地方政府征地行为的角色定位研究》，《中山大学研究生学刊》（社会科学版）2013年第1期。

土地出让金上的主张差异和博弈结果。根据张清勇的文章，1989—1998年10年间，国有土地有偿出让收入中央和地方的分成比例"共调整37次，持续时间最短不到2个月，最长也不超过4年"①。中央与地方在土地出让收入的分成比例先后经历了4∶6（1989年国务院文件规定，纯粹的4∶6分成，财政部文件则规定地市扣除20%作为城市土地开发建设费用后的余额按4∶6分成）、分类别按不同比例分成（1990—1993年）、全部划给地方（1994—1997年）、"农转非"土地收益全部上缴中央（1997年）、新增建设用地土地有偿使用费按3∶7分成等变迁。此外，1998年《土地管理法》的修改过程也经历了中央与地方的博弈过程（具体请见张清勇的文章），中央与地方之间围绕着新增建设用地的分配方案展开了多轮讨价还价，使得原本的《土地管理法》修法目标大打折扣，中央政府希望借法律手段加强土地管理和耕地保护的初衷未能较好实现。

上述现象和事实，让我们充分认清——中央与地方在土地级差收入方面的博弈关系与博弈格局。这种博弈局面导致了明显的逆向选择问题②，土地级差收入反倒随着土地市场化的发展越来越不理性，甚至影响了国家的财政体制的可持续发展。

2. 唯GDP政绩考核制度的反向强化。"政治治理结构，尤其是中央集权体制下的以GDP为核心的政绩考核体系，在土地财政的生成过程中发挥了关键作用。"③ 长期以来，尽管中央政府与地方政府间存在着财政层面的博弈关系，尽管在持续动态的博弈过程中地方政府具有典型的信息优势，但来自中央集权体制下的政治"指挥棒"却仍然发挥着不可或缺的作用。这个政治"指挥棒"就是跟地方官

---

① 张清勇：《纵向财政竞争、讨价还价与中央—地方的土地收入分成》，《制度经济学研究》2008年第4期。

② 逆向选择为经济学概念，强调信息不对称条件下，买卖双方所做决策或行动，获得与预期目标背道而驰的结果的现象。在此将这一理论泛化应用到中央对地方政府的土地级差收入的治理领域，亦有此类现象。

③ 骆祖春：《中国土地财政问题研究》，经济科学出版社2012年版，第96页。

员的政治职业生涯息息相关的绩效考核制度。而构成绩效考核制度的核心指标便是经济发展的速度，便是以 GDP 为主要目标导向的经济性指标。谁的地方经济发展得好，谁的政治前途就光明。个人的政治生涯与地方的经济发展发生了内在关联，并为唯 GDP 导向的绩效考核工作带来了更多的"市场"。

我们知道，GDP 导向的地方政绩考核机制，是为了适应和深化改革开放而进行的政府效能改革的重要手段。在特定时期，特别是市场经济未充分建立或未发达时期，有着积极意义，被认为是适应生产力发展而进行的必要改革。而当经济社会发展到新阶段时，以 GDP 为导向的主体目标考核机制则逐渐暴露了它的局限，此时追求效率与公平等多目标应该成为地方政府的追求。而事实却走向了另一面，地方政府单纯地对 GDP 的追求甚至成为了一种发展惯性，地方政府的行动偏好变成了"在提供最低水平社会性公共服务的前提下，追求本地区经济产出最大化"[①]。在此基础之上也逐步将 GDP 目标极化到更高的程度，地方政府甚至为了追求短期 GDP 的快速增长而不顾长远利益，此时"经济人""政治人"的假设在地方政府的土地经营与自身发展之中实现了高度契合，追求短、平、快的以出让更多土地为代价的"以地生财"模式也层出不穷。这个 GDP 考核机制便借助行政体系以较短的时间获取了土地的当期收益，由此也便形成了"追求个人升迁—追求较高 GDP—批租更大量土地—追求新的个人升迁……"的循环。唯 GDP 导向的绩效考核机制也由此获得了持续的生命力。

3. 地方政府多角色合一的职能紊乱构成了行政强化。在城镇化进程中，城市政府扮演着多重角色。从土地的城镇化流程来看，地方政府先后扮演了城市土地利用规划者、土地征迁者、土地管理与维护者、土地一级市场的供给方、土地储备的收储者、土地开发的

[①] 刘承韪：《产权与政治：中国农村土地制度变迁研究》，法律出版社 2012 年版，第 82 页。

利税收集者等多重角色。地方政府既是运动员，又是裁判员，这种多角色交融的现状，难免会引发地方政府自相矛盾的行为。具体表现在：(1) 当地方政府作为城市土地利用规划者而进行土地利用规划布局时，它会以城市长远发展为着眼点进行战略设计，而这种战略层面的诉求却与其当下的短期利益诉求之间呈现了某种程度的不一致——当地方政府进行土地征迁时，却总是希望以更低的价格成本获得更高的收获，也即有着追求短期收入最大化的动机；当它作为土地管理和维护者时，却要表现出更高的公共利益诉求，以适应上级的考核要求。(2) 当地方政府作为土地一级市场供给方的时候，其"经济人"的面孔则呈现出来，尽可能希望通过行政性垄断市场机制而获取超额利润。(3) 当地方政府作为土地储备的收储者时，其"经济人"理性也随之增强，并在实际层面上企图追求更多的土地供给源。(4) 当地方政府作为土地开发利税的收集者时，却想尽方法将其收入或收益隐藏。如此多的地方政府角色，使得地方政府在定位土地治理角色时容易混淆，并易导致不同程度的越位、缺位和错位现象。在这种现象下，地方政府出于自身利益考量，倾向选择对自身有利的短、平、快式的土地收入获取机制，而这种短、平、快的土地收入获取机制同时又进一步强化了地方政府的自利意愿与习惯。

(三) 法治层面的动力机制

法治是规范和调整土地级差收入的关键手段，是推动土地资源和土地资产实现与维护其价值的有力武器。法治健全与否、有效与否，对土地级差收入产生着至关重要的影响，健全的、科学的法治体系，有助于明确界定土地权利，并为维护正当的土地权利提供保障；反之，则会起到一定的负面影响。在影响土地级差收入的法治层面，既有积极规范土地级差收入的内容，体现出了制度的可信度[1]，当然这

---

[1] 制度的可信度，是迪耶梅格（Daniel Diermeyer）等的创新，主要借用此概念说明制度与社会行为者之间相互支持的关系。参见［荷］何·皮特《谁是中国土地的拥有者：制度变迁、产权和社会冲突》，林韵然译，社会科学文献出版社2014年版，第27页。

是主流，但也有客观促进土地级差向不理性方向发展的因素存在，其中最主要的有三个方面：一是关键法治范畴的模糊性；二是法制设置的不科学性；三是法制执行的自由性。

1. 关键法治范畴的模糊性

土地权利构成了城镇化进程中土地级差收入的核心范畴，与土地权利相关联的权利主体、出让目的等范畴也构成了土地级差收入的关键内容。法制层面对这些范畴的界定构成了我们由此分析土地级差收入的制度源头。然而，事实却是"法律的不确定性是当前中国地权结构的主要特点"[①]，也正是因为这种不确定性才引发了与土地级差收入相扭结的空间，具体表现为土地权利的模糊性、土地权利主体的模糊性、土地征收目的的模糊性。

在土地权利的模糊性层面，集中表现为所有权与承包经营权（或使用权）的模糊应用上。我们已知，在城镇化进程中，土地以让渡使用权为代价形成了土地级差收入，构成了土地资源和资产的货币租金。土地权利的模糊性，则通过土地所有权与承包经营权（或使用权）对这部分货币租金（即土地级差收入实体）的分割体现出来——土地所有者、土地承包经营权持有者会围绕这部分货币租金提出分割诉求。由于土地资源的特殊性，以及土地对实际使用人（农民）的社会保障功能[②]，如何对这部分土地级差收入实体进行分割已不是纯粹的产权工具可以解决的，要更好地处理这类问题更为关键的是制度和价值的介入，这也是由我国的社会主义制度所决定的。正是由于上述原因，我们就不得不面对这样的困境——土地所有权既然不能作为唯一的分割工具，土地所有权、使用权（或承包经营权）又该如何进行科学分割？如何在充分尊重土地社会主义公

[①] ［荷］何·皮特：《谁是中国土地的拥有者：制度变迁、产权和社会冲突》，林韵然译，社会科学文献出版社2014年版，第43页。

[②] 事实上，在我国广大农村，土地保障成了填补社会保障空缺的选项，承担了为农民提供生存和发展的物质经济基础和精神心理支撑的责任。参见刘承韪《产权与政治：中国农村土地制度变迁研究》，法律出版社2012年版，第117—118页。

有制前提下让使用权在更科学的意义上发挥起对原土地使用人的综合价值（产权的价值、社会保障的价值等）。这始终成为了围绕土地级差收入分配的重要问题，也是困扰理论界的重大研究问题[1]。于是，在具体操作层面便出现了不同的分配方案，产生了自由裁量空间有的偏重土地所有权人，有的偏重土地承包经营权人，分配比例也各有千秋。于是，理论上在缺乏明确的法律规制前提下，拥有信息优势、权力优势和政策优势的地方政府，存在利用土地权利的自由裁量空间的风险，并有可能导致土地级差收入的分配不公。而事实上，也的确存在着这样的现象；如果任由这种自由裁量机制持续存在而不加以规范，"客观上自然会强化地方政府对经营土地"的诱惑。

在土地权利主体的模糊性上，实际上是土地权利模糊性的延伸。土地权利的模糊性易引发地方政府在土地所有权与实际使用权人的自由裁量空间。而土地权利的模糊则加重了地方政府自由裁量的分量。总的来看，在土地城镇化扩张进程中，土地权利主体的模糊性有两个表现，一个是土地权利主体的多元化，另一个是土地权利所有者的虚置化，两个表现形式有一定的重叠，但差异也较为明显。首先，在前者土地权利主体的多元化上，按照骆祖春的观点，国有土地上"国务院拥有土地产权和部分收益权与处置权，地方政府享有使用权、经营权，实际上省、市、县各级政府都在代表国有土地所有权"[2]，而集体所有土地上"集体土地产权的多元主体是农村集体组织（村民委员会）拥有所有权，村民享有承包土地使用权，但实际上县、乡镇、村民委员在不同场合下都可以代表土地所有权，而与真正的所有者村民毫无关联"[3]。这描述了法律规定上和事实上土地权利主体的不一致，并为土地经营提供了主体动机。其次，在

---

[1] 理论界对于农村土地承包经营权的权利定性始终未达成共识，有人认为是债权，有人认为是物权，也有二者的折中观点。
[2] 骆祖春：《中国土地财政问题研究》，经济科学出版社2012年版，第86页。
[3] 同上。

后者土地权利所有者的虚置化上亦是如此，国有土地所有者被地方各级政府及相关职能部门所代表，它们成为事实层面的所有者，并形成了纵向政府间的土地政治关系。在农村集体所有土地上，这种主体虚置现象则更为普遍、更为突出。按照《土地管理法》第二章第十条之规定"农民集体所有的土地依法属于村农民集体所有的，由村集体经济组或者村民委员会经营、管理；已经分别属于村内两个以上农村集体经济组织的农民集体所有的，由村内各该农村集体经济组织或者村民小组经营、管理……"，从中我们能够明晰"农民集体所有的土地所有权定性，能够找到拥有经营权和管理权的集体经济组织、村民委员会和村民小组，但我们却始终无法找到谁是农民集体的直接代表机构，尚没有给出农民集体或者集体经济组织的定义"①，我们自然也没有法律依据来说明行使经营权和管理权的组织机构当然地成为农民集体的代表人。由此，我们更无法从法律层面明确农村集体土地所有权的处置主体，造成了法律层面的"漏洞"，并被产权学派所攻击。土地权利主体（特别是农民集体土地权利主体）的模糊性，导致实然层面多个主体并存的格局，暂且不论各"代表性主体"的博弈问题，仅就多主体并存这一事实而言，就足以让土地级差收入及其治理问题变得更为复杂。

在土地征收目的的模糊性上，同样有来自法律层面的依据。包括《宪法》《土地管理法》《物权法》在内的土地相关法律条文，都已明确了这样的规定，"国家为了公共利益需要，可以依法对土地实行征收或者征用"。但也正是因为"公共利益"并不明确，导致在实际运用中"公共利益"存在被人为放大和自主化解释的风险。一旦这样的条件成立，持"经济人"假设观念的地方政府便获得了促使其不断扩大土地"农转非"规模的"法律依据"。相比之下，美国对"公益目的"做了较为明晰的限定，美国的联邦宪法规定"政

---

① [荷] 何·皮特：《谁是中国土地的拥有者：制度变迁、产权和社会冲突》，林韵然译，社会科学文献出版社 2014 年版，第 42 页。

府拥有的土地只能用于政府办公用房、公立大学、公园、道路、车站、军事设施等"①，将土地的公益目的限定在特定公共用途上，并由法官以判决的方式对土地征收目的是否符合公共目的进行严格把关。而当前我国对"公共利益"法律界定的模糊性，自然也释放了事实层面的自利机会，直接结果是为地方政府不理性追求"土地财政"提供"遮护伞"。

法制层面的模糊性构成了当下城镇化进程中土地差收入的复杂性。当然，辩证地看，这种"制度的不确定性是体制运行的润滑剂"②，既能为我国改革开放以来经济的高速发展和经济实力的全面提高带来积极效应③，也为我们进行新型城镇化和经济转型带来一定的风险性。

2. 法制设置的不科学性

在与土地相关的法制建设中，法制的科学程度也会对土地级差收入的不理性发展带来客观的刺激作用。在我国与土地相关的法律规范体系中，尤以两个问题表现得最为突出，其一是农地市场化（特别是农村集体建设用地市场化）渠道的封闭性设置，其二是土地财政收支中的结构性减弱，这两种情况均会引发不同程度的土地级差收入的发展。通过对农地市场化渠道的封闭性设置，地方政府经营土地的"双垄断"机能就得到了保障。我们当然能理解，在快速城镇化背景下，不加限制地允许土地权利及主体仍模糊的农村集体土地入市后有诸多风险，因而也能在总体上理解借助法律方式来封闭"农转非"的市场渠道的正当性与合理性。但我们也无法否认的事实是，封闭农村集体建设用地市场化渠道的方式在客观上对地方

---

① 刘承韪：《产权与政治：中国农村土地制度变迁研究》，法律出版社 2012 年版，第 91、92 页。

② ［荷］何·皮特：《谁是中国土地的拥有者：制度变迁、产权和社会冲突》，林韵然译，社会科学文献出版社 2014 年版，第 31 页。

③ 贺雪峰：《地权的逻辑Ⅱ：地权变革的真相与谬误》，东方出版社 2013 年版，第 288 页。

政府的经营土地行为产生了刺激和强化作用——"买方和卖方市场的双边垄断地位"①得以确立,并成为我国一级土地市场的主角。根据张良悦、蒋省三、刘守英等的研究,导致"农村集体建设用地进入灰色领域"②的标志性事件是1998年《土地管理法》,其中关于"'协议征地'原则上变成了'公告征地',由国土部门代表政府直接征地,用地单位和农民不再见面,政府征地之后与用地单位签订供地协议"③,农地转用建议用地过程中的市场化讨价还价机制由代行征地职能的国土部门履行,从而强化了地方政府的征地权限和垄断能力。除此之外,由于"1997年以后实行用地指标审批管理"④,省级政府根据需要将主要建设用地指标集中在城市,县域及以下基层的建设用地指标少且在有偿使用制度的影响下,农村集体建设用地的合法入市之路⑤越来越窄,以市场化方式调节农村集体建设用地市场的通道遭遇了法制化阻碍,并造成了越来越倚重"农转非"途径的事实和滋生更多农村集体建设领域非法用地的事实。这些现实客观上加重了地方政府土地入市过程中的"双边垄断"程度。

土地财政收支的结构性弱化,为土地级差收入的膨胀提供了制度激励。我们在分析土地级差收入的经济强化机制时已明确,"经济人"理念、分税制改革及后续关联改革,使得地方政府将财政兴趣集中在了以土地出让金为主体的预算外收入领域。而我们所强调的

---

① 即农地征收买方垄断和一级土地市场卖方垄断。参见曹飞《土地储备制度中买方与卖方联动市场模型研究:兼对耕地保护和征地补偿问题的思考》,《中国人口、资源与环境》2013年第6期。

② 蒋省三、刘守英、李青:《中国土地政策改革:政策演进与地方实施》,上海三联书店2010年版,第52页。

③ 张良悦:《城市化进程中的土地利用与农地保护》,经济科学出版社2009年版,第84页。

④ 蒋省三、刘守英、李青:《中国土地政策改革:政策演进与地方实施》,上海三联书店2010年版,第52页。

⑤ 在合法入市之路不畅通的背景下,非法用地进入更疯狂的时期,集体越级和违规用地比例大为增加,这客观上也是法制层面模糊性的"挤出"效应。

土地财政收支领域的结构性弱化，则是对财政领域的税收和转移支付机制进行的论述。税收具有法定性，财政支出中的转移支付也具有较强的规范性。从当前来看，构成土地财政收支有效内涵的纵向转移支付机制及其现存的不合理性和房地产税，构成了我们分析土地财政收支结构性弱化的两大维度。

首先，财政转移支付可以说是分税制改革的产物，转移支付的增加会减少财政分权对城市扩张的影响。但分税制后，随着财权上移事权下移，使得中央财政收入占全国财政收入的比例大幅提高，从历史最低点的11%（1994年）已提高至当下近50%，中央政府的宏观调控能力加强。伴随着财政收入快速向中央集中，以及地方政府事权支出责任的不断增加，地方政府的财政支出压力不断增长，需要中央财政领域的新机制，为地方财政的窘境提供缓解之策。财政转移支付作为此次分税改革的产物，起到调节央、地财政关系的补充作用，并通过税收返还、体制补助和上解等一般性转移支付，以及专项转移支付的方式发挥其制度赋予的功能。然而，由于"转移支付制度不规范、随意性较大"[1]等缺点，使得财政转移支付机制难以发挥其应有的调节和保障作用，这从而为地方政府寻求更广阔的财政收入来源提供了客观的前提。不得不说转移支付自身的缺憾无益于从根本上解决地方财政的压力和负担，并在一定程度上对地方政府的"经营土地"行为产生了推波助澜的作用。无可厚非的是，转移支付的缺憾是由其自身的局限性所决定的，但在分税制改革时由于转移支付构成其重要内容，我们仍有理由将其归结为法制设置领域的问题。

其次，房地产税收的弱化也是激发地方政府土地出让热情的重要催化剂。正如之前所述，税收具有法定性、强制性和稳定性，但在税收总量上来看，税收的稳定性导致地方政府无法像收取土地出

---

[1] 踪家峰、杨琦：《中国城市扩张的财政激励：基于1998—2009年我国省级面板数据的实证分析》，《城市发展研究》2012年第8期。

让金一样形成短期内的巨额规模，相比之下它更像是"细水长流式"的土地财政，具有可持续性潜质。然而在当前的政府绩效考评导向下，这种"细水长流式"房地产税制的"解渴"功能不足，无法满足地方政府的发展需要，也无法以税收手段调节房地产市场。这种税收层面的弱化表现为房地产税制体系的缺位。当前我国房地产领域的税种按环节分包括了"建设环节的营业税（建筑业）、耕地占用税，销售环节的营业税（不动产）、契税、印花税、个人所得税、企业所得税、土地增值税，持有环节的城镇土地使用税、房产税（持有环节税对个人免征）"[1]。这些房地产税对城市扩张具有不同作用。根据贾雁岭等的实证研究，"持有环节的房地产税有利于抑制城市扩张"[2]，其作用机理是通过发挥"居住面积效应"[3]，来提高城市居住密度，进而抑制城市扩张。然而从我国当前房地产税制的设定上来看，流转环节（销售环节）的占比要普遍高于持有环节的房地产税，"重转移轻保有"[4]的特点较为突出。特别是，对"住房产权类型为完全自有比例高达 85.05%"[5]的居民个人自有住房而言，房产税的免征政策机制在很大程度上减弱了居住面积效应，从而形成了对抑制城市扩张效应的反抑制作用。同时，面向企业征收的房产税也未能充分体现，有的按照房产原值的一定比例进行缴纳，有的按照房产租金收取，无法对房产的现值进行收取；城镇土地使用税也是按照大、中、小城市，以及县城建制镇、工矿区的类别按实际

---

[1] 贾雁岭、童锦治、黄克珑：《房地产税、土地出让金对城市扩张的影响：以中国 35 个大中型城市为例》，《城市问题》2016 年第 2 期。

[2] 同上。

[3] 居住面积效应是指部分房地产税会转嫁给消费者，使房价上升，消费者会选择较小房屋，进而使住房面积降低，这意味着人口密度将提高，可以较容易地容纳既定的人口，进而抑制城市的扩张。转引自贾雁岭、童锦治、黄克珑《房地产税、土地出让金对城市扩张的影响：以中国 35 个大中型城市为例》，《城市问题》2016 年第 2 期。

[4] 田莉：《有偿使用制度下的土地增值与城市发展：土地产权的视角分析》，中国建筑工业出版社 2008 年版，第 59 页。

[5] 孙玉环、张金芳：《中国家庭住房产权类型分化研究》，《数量经济技术经济研究》2014 年第 3 期。

占用的土地面积定额收取，土地增值收益无法按期兑现。除此之外，我国现行的房地产领域也存在着"以税代租""以费代税""以费挤税"的现象①。这些问题导致我国当前房地产税制体系的整体缺位，为以土地为经营标的的利益主体提供了更大的投机空间，并形成了对土地级差收入的法制强化机制。

3. 法制执行的自由性

土地法制体系功能的实现，需要以其良好的遵守与执行为前提。在土地级差收入的法治体系中，客观存在着经济层面的纵向竞争关系、法制层面的不确定性、行政层面的本位主义偏好，以及彼此之间的交叉叠加。真实地生成了法制执行的自由空间，引发了更大程度的不确定性，并影响土地法治体系预期功能的实现。其中影响最为突出的便是土地储备制度②。历史地看，我国的土地储备制度有其生成的客观必要性，诞生之初被认为是重塑土地利用关系的创新型机制，然而随着土地市场机制的发展，它却成为了土地级差收入不理性发展的助推器，被学界批评为"异化了的土地储备制度"③。梳理来看，这种"异化了的土地储备制度"表现为两个方面：一是土地储备价值的异化；二是土地储备机构及其功能的异化。也正是这种异化的走向，客观地形成了土地级差收入的强化机制。

在土地储备价值异化方面，当前的土地储备价值显然已背离了制度的初衷。众所周知，土地储备制度的直接目的是对城市存量土地而进行集中管理的机制，早期是为了收回破产或效益不高的国有企业划拨土地以推动企业的改制工作，是属于顺应国家土地制度改革而进行的跟进式制度创新。由此，不难看出，土地储备的公共价值更为明确，对象更为清晰，其核心宗旨仍是为更高效、集约利用

---

① 张良悦：《城市化进程中的土地利用与农地保护》，经济科学出版社2009年版，第161页。
② 土地储备制度是指市、县人民政府国土资源管理部门为实现调控土地市场、促进土地资源合理利用目标，依法取得土地，进行前期开发、储备以备供应土地的行为。
③ 王宏新、勇越：《城市土地储备制度的异化与重构》，《城市问题》2011年第5期。

好城市的闲散、低效的存量土地而进行的制度设计。随着土地有偿使用制度的推进，土地储备制度的价值观照发生了一定程度的转向，针对存量土地的导向变得更为中立，增量土地被纳入土地储备的重要范畴并有不断扩张的趋势。按照2007年公布的《土地储备管理办法》，"依法收回的国有土地，收购的土地，行使优先购买权取得的土地，已办理农用地转用、土地征收批准手续的土地，以及其他依法取得的土地"，都成为了土地储备的对象。其中尤其值得重视的一条是，"已办理农用地转用，土地征收批准手续的土地"，当然我们不能排除正常合理地推动"农转非"土地的内容，也无法将不纯粹的、不合理的"农转非"投机行为规避掉，从而在制度层面也存在一定的自由空间，客观上为土地储备制度向增量土地转向提供了制度许可。而这样的制度空间恰恰推动了土地储备价值从公共价值向公共价值与经济价值并存的方向改变，甚至出现了经济价值凌驾于公共价值之上的现象。这也印证了土地储备制度的价值异化事实。

在土地储备机构及其功能异化的方面，与土地储备价值异化是相互参照和印证的。按照《土地储备管理办法》规定，"土地储备机构应为市、县人民政府批准成立、具有独立的法人资格、隶属于国土资源管理部门、统一承担本行政辖区内土地储备工作的事业单位"，不应具有经营属性。在2016年财政部、国土资源部、中国人民银行、让监会联合下发的《关于规范土地储备和资金管理》等相关问题的通知中，再次明确"将土地储备机构统一划为公益一类事业单位"，并明确土地储备机构的工作主要是为政府部门行使职能提供支持保障，不能或不宜由市场配置资源。然而，现实却是，当前的土地储备机构除承担依法取得土地、前期开发工地、储存以备供应土地的职能外，还以市场手段和经营方式承担政府融资、土建、基础设施建设、土地二级开发业务部门，俨然成为了自土地收储、整理、开发、融资、建设、经营的纵向垂直一体化产业体系，并以客观事实印证了地方政府经营土地的双边垄断机制。这样纵向垂直一体化的过程也便是土地储备功能借助自身优势无限扩张的过程，而这个过程又是极其危险的，以土地储备贷款、土地债券为表现形式的土地金融风险和债务风险长期居高不下。除此之外，在土地储备机构的异化上，在法定的事业身份之外，也会利用土地级差收入"成立政府下属的开发和建设公司……如城市投资开发公司、城市交通投资公司、城市水务公司、城中村改造有限公司等"[①]。这些"政府性公司"在一定程度上也构成了土地储备机构的合作联盟，它们共同衔接与合作为地方政府的土地经营行为提供体制机制和运行便利，从而也逐步将土地储备机构带入了异化的歧途。

三 强化土地级差收入的宏观结果

自土地有偿使用制度建立以来，以土地出让金为主要形式的土地级差收入就获得了持续的增长空间，特别是进入21世纪以来[②]土地级差收入的强化结果——土地财政问题渐成焦点。有鉴于此，我们将考察土地级差收入的时间线索定位在2001—2016年间。

（一）2001—2016年土地级差收入总规模增长了近28倍

进入21世纪以来，我国经济进入发展快车道，城镇化水平一路高歌，与城镇化并存的土地及其出让问题也成为经济建设领域的热点问题。这一时期以土地出让金为主要形式的土地级差收入大幅增加。从表4-1和图4-5中我们可以清晰地看到，16年间我国土地级差收入总体呈持续增长态势，除个别年份（2006年、2012年、2015年）外，土地级差收入均保持高位增长态势，已从2001年的1296.00亿元增长至2016年的37456.63亿元，高峰年份甚至达42930.78亿元。

[①] 刘守英、周飞舟、邵挺：《土地制度改革与转变发展方式》，中国发展出版社2012年版，第79页。

[②] 从总的发展趋势来看，2000年为我国土地级差收入量的分水岭——在2000年以前尽管土地级差收入也实现了巨大幅度的增长，但这一阶段土地出让金仍未达到各界所诟病的"土地财政"的程度。

表 4-1　　　　　2001—2016 年我国土地级差收入量数据表

年份	国有土地有偿使用权出让收入（亿元）	年份	国有土地有偿使用权出让收入（亿元）
2001	1296.00	2009	14257.02
2002	2417.00	2010	29397.98
2003	5421.00	2011	33478.91
2004	5894.00	2012	28892.30
2005	5505.00	2013	41249.52
2006	1650.00	2014	42930.78
2007	7272.18	2015	32543.01
2008	9737.00	2016	37456.63

数据来源：根据历年财政年鉴和 CEIC 数据库数据整理得来。

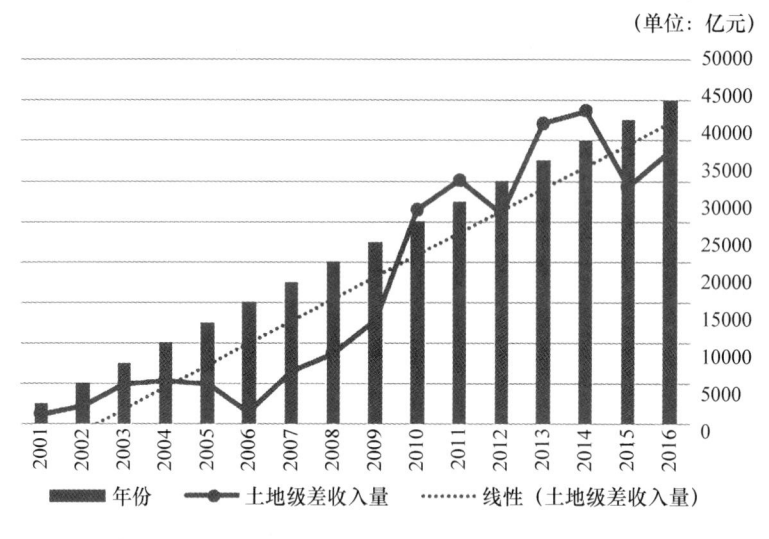

图 4-5　2001—2016 年土地级差收入量曲线图及趋势图

（二）土地级差收入成为土地财政中占比最大的收入形式

1. 土地级差收入构成了地方本级财政收入的半壁江山（见表 4-2 和图 4-6）。2001—2016 年间土地级差收入在地方本级财政收入的平均占比是 46.52%，最高年份的 2010 年甚至高达 71.68%；尽管近年来仍呈现一定的波动，但近 5 年的平均占比已经达到 51.45%，

表4-2　2001—2016年地方财政本级财政收入与土地级差收入情况表

年份	地方财政本级收入（亿元）	地方政府土地级差收入（亿元）	土地级差收入与财政本级收入之比（%）
2001	7803.30	1296.00	16.61
2002	8515.00	2417.00	28.39
2003	9849.98	5421.00	55.04
2004	11893.37	5894.00	49.56
2005	15100.76	5505.00	36.46
2006	18303.58	7676.00	41.94
2007	23565.04	11948.00	50.92
2008	28644.91	10375.00	36.22
2009	32580.74	15910.00	48.83
2010	40609.80	29110.00	71.68
2011	52433.86	33166.24	63.25
2012	61077.33	28892.30	47.30
2013	68969.13	41249.52	59.81
2014	75859.73	42605.90	56.16
2015	82982.66	32543.01	39.22
2016	87194.77	37456.63	42.96

数据来源：根据历年统计年鉴、国土资源年鉴和财政部历年中央和地方预算执行情况与下年度中央和地方预算草案的报告整理得来。

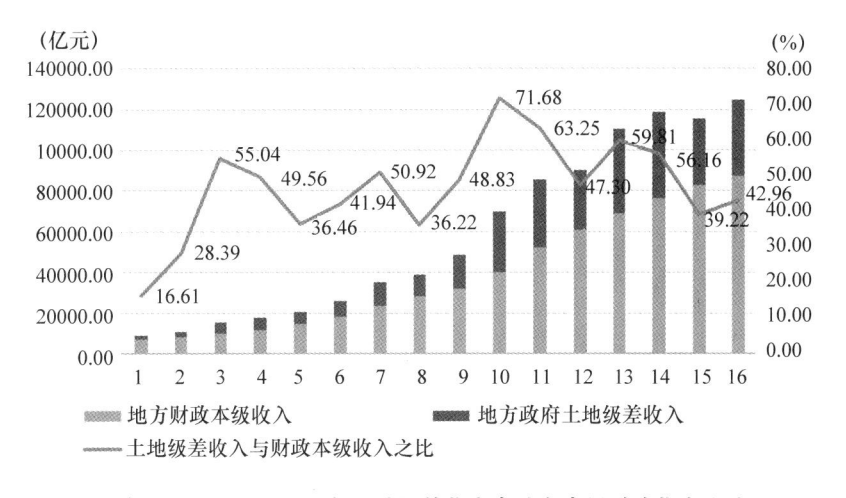

图4-6　2001—2016年土地级差收入占地方本级财政收入比重

成为了地方本级财政收入中比例最大的收入形式。如果从单个省份的地方财政数字来看，这一比例甚至更高。高比例的土地级差收入客观地构成了"土地财政"的数据支撑，也成为社会诟病土地出让行为的一大"利器"。

2. 土地级差收入占地方政府性基金本级收入的八成（见表 4-3 和图 4-7）。2010—2016 年，土地级差收入占据了地方政府性基金

表 4-3　　　　土地级差收入量与地方政府性基金本级收入对比情况

年份	土地级差收入（国有土地使用权出让金收入）（亿元）	广义土地收入总额（亿元）	地方政府性基金本级收入总额（亿元）	土地级差收入占广义土地收入比重（%）	土地级差收入占地方政府性基金本级收入比重（%）
2010	28497.70	30402.64	33609.27	93.73	84.79
2011	31140.42	33173.64	38232.31	93.87	81.45
2012	26691.52	28559.72	34216.74	93.46	78.01
2013	39142.03	41337.65	48030.31	94.69	81.49
2014	40479.69	42707.89	50005.57	94.78	80.95
2015	30783.80	32553.50	38219.95	94.56	80.54
2016	35639.69	37483.01	42465.19	95.08	83.93

数据来源：根据财政部 2010—2016 年度全国政府性收入决算表和地方政府性收入决算表整理得来。

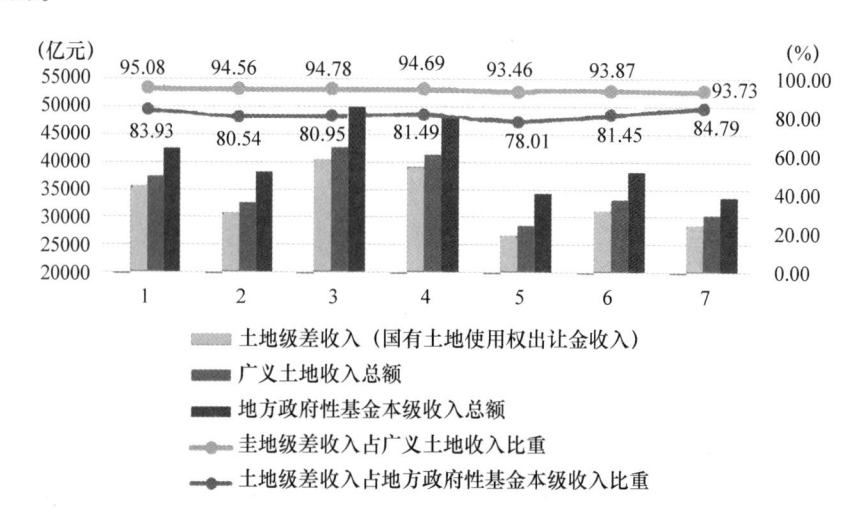

图 4-7　土地级差收入在不同地方政府收入中的占比关系图

本级收入的80%以上份额,并于2016年度达到近84%的历史新高。这意味着地方政府的非税收入中80%以上的贡献来自于土地级差收入,这一比例也透射出近年不断增长的趋势。

3. 土地级差收入构成了全部土地收入之和的70%左右,是年均土地相关税收的3.56倍(见表4-4)。土地级差收入量在2010—2016年间稳定占据全部土地收入之和的70%左右,年均土地级差收入量是土地税收收入总额的3.56倍,高峰时期甚至达到5.06倍。

表4-4 土地级差收入量与土地收入之和的对比情况

年份	土地级差收入(国有土地使用权出让金收入)(亿元)	城镇土地使用税(亿元)	土地增值税(亿元)	耕地占用税(亿元)	契税(亿元)	广义土地收入(亿元)	土地收入之和(亿元)	土地级差收入在土地收入之和的占比(%)
2010	28497.7	1004.01	1278.29	888.64	2462.85	30402.64	36036.43	79.08
2011	31140.42	1222.26	2062.61	1075.46	2765.73	33173.64	40299.7	77.27
2012	26691.52	1541.72	2719.06	1620.71	2874.01	28559.72	37315.22	71.53
2013	39142.03	1718.77	3293.91	1808.23	3844.02	41337.65	52002.58	75.27
2014	40479.69	1992.62	3914.68	2059.05	4000.7	42707.89	54674.94	74.04
2015	30783.8	2142.04	3832.18	2097.21	3898.55	32553.5	44523.48	69.14
2016	35639.69	2255.74	4212.19	2028.89	4300	37483.01	50279.83	70.88

数据来源:根据2010—2013年全国公共财政收入决算表、2013—2016年全国一般公共预算收入决算表,以及作者计算得来。

(三) 土地城镇化与人口城镇化发展失衡

城镇化是一个复杂的过程,"从人口学角度来看,表现为越来越多的农村剩余人口进入城市、导致城市人口比例上升;从地理学角度来看,表现为城市数目增加和城市建成区的扩大"[①]。在中国城镇化进程中,土地级差收入的高速发展彰显了土地城镇化水平显著高

[①] 姚震宇:《空间城市化机制和人口城市化目标:对中国当代城市化发展的一项研究》,《人口研究》2011年第5期。

于人口城镇化的特点,片面追求土地城镇化甚至成为各界诟病的焦点。统计数据显示,2001—2015 年间我国土地城镇化增速显著高于人口城镇化增速,市辖区建成区面积增速、市辖区土地面积增速均超过城镇人口增速,特别是市辖区建成区面积的年均增速已经达到城镇人口年均增速的 2.28 倍(见表 4-5 和图 4-8)。王家庭等(2010)的研究也支持这一结论,他们通过对 1999—2008 年间我国 35 个大中城市面板数据的实证研究,发现"我国大多数城市表现出蔓延现象,平均蔓延指数为 3.9047,其中城市建成区面积增长率为 122.67%,市区人口增长率为 47%,城市空间结构具有明显的低密度扩张趋势"[①]。谭术魁等(2013)的研究也揭示了此类现象,他们在对 2000—2011 年全国 31 个省(市、自治区)样本进行实证分析的过程中发现,"我国大部分省份普遍处于人口城市化滞后于土地城市化阶段"[②]。

表 4-5　　　　　　　　土地城镇化与人口城镇化增速对比

年份	市辖区建成区面积增速(%)	城镇人口增速(%)	市辖区土地面积增速(%)
2002	12.72	4.47	11.32
2003	10.49	4.31	3.72
2004	9.20	3.64	3.52
2005	2.45	3.55	1.58
2006	6.73	3.69	2.98
2007	5.37	4.02	1.59
2008	6.58	2.92	0.75
2009	2.50	3.38	0.27
2010	5.40	3.82	0.09
2011	16.99	3.14	2.35
2012	-4.11	0.46	0.74

---

① 王家庭、张俊韬:《我国城市蔓延测度:基于 35 个大中城市面板数据的实证研究》,《经济学家》2010 年第 10 期。
② 谭术魁、宋海朋:《我国土地城市化与人口城市化的匹配状况》,《城市研究》2013 年第 11 期。

续表

年份	市辖区建成区面积增速（%）	城镇人口增速（%）	市辖区土地面积增速（%）
2013	2.29	0.48	3.86
2014	8.31	0.50	2.96
2015	3.71	0.48	5.84
年均增速	6.33	2.78	2.97

数据来源：根据2002—2016年《中国统计年鉴》《中国城市统计年鉴》数据计算得来。

图4-8 土地城镇化与人口城镇化增幅比较（2001—2015年）

综合来看，地方政府对土地级差收入的追捧与强化，并不是某一个或某一类因素的"贡献"，其背后是错综复杂的理念、动机、制度的问题，这恰恰既印证了我国进行土地级差收入的治理现状，也为下一步如何形成综合协同的治理体系提供了依据。

第三节 土地级差收入的发展趋势

城镇化离不开空间的支撑，空间城镇化的基础性作用决定了土地要素在城镇化进程中的基础地位。基于城镇化与土地级差收入的"产业—土地—人口"三维互动关系模型,对其与城镇化的关系作以逻辑和历史的考察,更能帮助我们从宏观视野中把握土地级差收入的演进特征。

一 土地级差收入的演进规律

在市场化更为充分的经济社会环境中,即使不考虑其他相关因素的影响,以地租为主要表现形式的土地级差收入也会伴随城镇化进程的加深而呈现一定的演进图式,这种演进总体可以概括为三类:一类是基于产业差异的地租竞价曲线图式;二类是基于资本循环关系的地租转移图式;三类是基于城市空间网络的地租泛化图式。这三类演进图式也现实地构成了城镇化进程中土地级差收入的演进规律,并始终与城镇化水平保持相对一致。

(一) 地租竞价曲线视角下土地级差收入的产业配置规律

阿朗索的地租竞价曲线理论为我们揭示了土地供求均衡条件下土地价格(或租金)与土地利用的变动关系。也正是从阿朗索的相关理论中,我们看到了不同行业对城市土地位置及功能的诉求差异,从而为我们深刻理解"产业—土地"维度的土地级差收入提供了动态演进轨迹。

阿朗索的地租竞价模型给我们分析"产业—土地"维度的土地级差地租提供了三个前提:一是土地的固定性与有限性,"土地在某一位置的供给曲线是一条处于极端状态的垂直线"[①],这就意味着土地"被何种经济活动所占据取决于经济主体所出的租价"[②]。二是城市土地位置以距离城市中心的远近为依据,有土地需求的经济主体根据自身的需求来追求不同位置的城市土地;三是城市土地占有使

---

① [美]威廉·阿朗索:《区位和土地利用:地租的一般理论》,梁进社等译,商务印书馆2007年版,第2页。

② 同上。

用权的市场化让渡准则,使城市土地的权利所有主体总是愿意把土地转让给出价最高的经济主体,这构成了城市土地与不同产业的空间配置机制。以上述三点内容为前提,阿朗索通过分析住户、厂商、农业三个领域对于城市土地及城市周边土地的利用关系,形成了土地供求均衡模型(见图 4-9)。

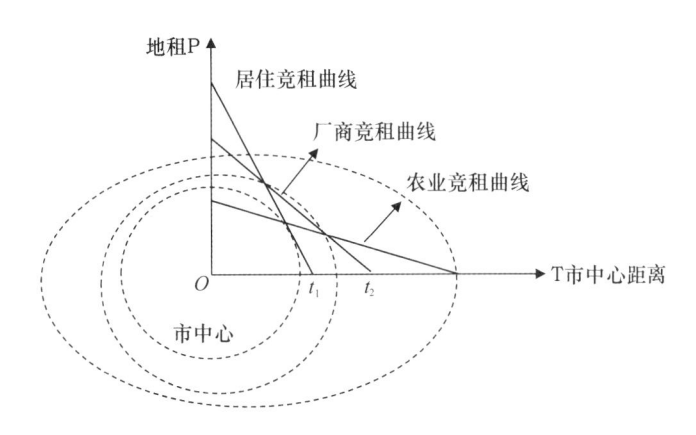

图 4-9 土地供求均衡和地价与地用的决定

图片来源:[美]威廉·阿朗索:《区位和土地利用:地租的一般理论》,梁进社等译,商务印书馆 2007 年版,第 8 页。

根据图 4-9 所示,各土地需求行业结合自身的诉求(住户是效用需求,厂商是利润诉求),以及不同位置的城市土地,形成了以城市中心为核心的圈层结构,这种圈层结构实质上表征了以地租(或地价)为调节机制的城市土地利用结构。当然,这种圈层结构并不是天然形成的,是与城市经济增长机制和产业结构的变动相适应的动态调整过程,其基本规律反映的是城市中心从生产功能中心到生活功能中心以及最终到消费功能中心转移的纵向历史脉络,即:1. 在传统工业化城市中,市中心往往聚集着城市的工厂企业,城市因工厂而生成和扩大,城市功能也以满足工厂企业的发展为核心,此时的城市中心是典型的生产功能中心,城市土地利用格局表现为"工业—土地"利用格局;2. 在传统工业化城市日益发展壮大的过程中，伴随着城市人口的增加，以及城市人口对新的城市功能（如生态环境、公共交通、文化生活等）的需求增加，从而引发了工业城市的生活功能的增强，与生产功能、生活功能相互支撑的城市中心功能定位逐渐凸显；3. 到了后工业社会，城市中心的生产和生活功能基于土地竞价机制而退化，特别是伴随着第三产业占据经济发展主导地位后，城市中心的消费功能占据主导地位，生活功能则表现出细分化、多元化的分布特征，生产功能则基于城市周边地价机制而远离城市中心（见图 4-10）。

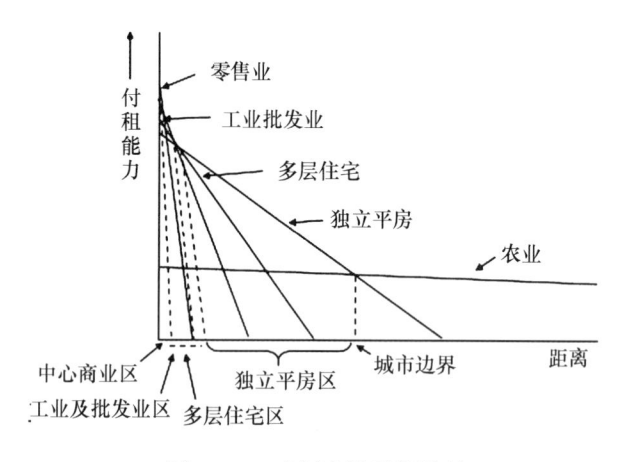

图 4-10 竞标土地利用模型

图片来源：许学强、周一星、宁越敏：《城市地理学》，高等教育出版社 1997 年版。转引自段进《城市空间发展论》，凤凰出版传媒集团江苏科学技术出版社 2006 年版，第 111 页。

从土地级差收入角度看，城市中心从生产功能中心先后向生活功能中心和消费功能中心的转型，是地租竞价的结果，是不同形态地租发挥主导作用的结果。其中：在城市中心作为生产功能中心阶段，工业领域的地租竞价能力最强，工业地租成为该时期土地级差收入的主要来源；在城市中心作为生活功能中心的阶段，工业和房地产领域的地租竞价能力最强，工业地租和建筑业地租成为该时期土地级差收入的主要来源；在城市中心作为消费中心阶段，商业领域的地租竞价能力最强，商业地租成为该时期土地级差收入的主要来源。值得注意的是，伴随着每一次土地级差收入主要来源的更替，并不意味着城市土地级差收入形式的单一化，反而是越来越复杂化，因为构成地租体系的圈层结构越来越多，城市土地级差收入的形式也会随之越来越冗杂（见图4-11）。

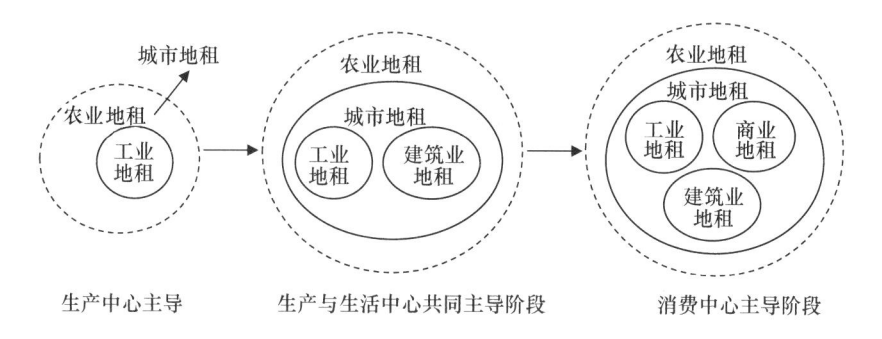

图4-11 不同阶段城市土地级差收入形式的变迁

（二）资本循环视角下土地级差收入的重心转移规律

资本循环理论是西方马克思主义城市学者分析资本主义与城市化关系的重要范式，代表性人物是亨利·列斐伏尔（Henri Lefebvre）和大卫·哈维（David Harvey），其中尤以大卫·哈维的三次资本循环理论最具代表性。但需要明确的是，上述学者是在资本积累的视角上谈论资本主义的城市化，他们认为"城市化是资本积累的重要形式，构成了资本主义再生产的基本条件"[1]，并认为资本循环作为不断转移资本过度积累危机的手段，始终无法在根本上改变或扭转资本积累的危机根源。从这一角度来看，资本循环的根本目的在于资本主义的自我维护，因此也是西方马克思主义学者批判当代资本主义城市发展的核心所在。但本书所讲的资本循环视角并不是对上述资本循环理论内涵的全部应用，本书的应用重点是三次资本循环作用下城市化与城市土地级差收入的关系考察，这也是我们摒除社会制度因素影响来动态分析城市土地级差收入变化规律的重要方法。

---

[1] 高鉴国：《新马克思主义城市理论》，商务印书馆2006年版，第130页。

在资本循环理论中,列斐伏尔首次提出资本两次循环范式,即第一次循环是资本在生产领域的循环,第二次循环是资本在土地、道路和建筑等固定资产领域的循环。在此基础上,哈维拓展了第三次资本循环的内容,认为资本在"科学技术领域"[①] 和"用于劳动力再生产过程的各项社会开支"(如教育、卫生、意识形态、警察、军队、福利)等领域的循环为第三次资本循环。这三次资本循环分别体现了城市化过程中资本与不同城市业态的结合,落实到"产业—土地"维度来看,则反映了资本在不同产业领域投资对城市土地级差收入的影响关系,这正是我们借助资本循环理论把握城市土地级差收入的依据所在(见表4-6)。

表4-6 城市土地利用模式、资本循环与城市土地级差收入形式关系表

城市土地利用模式	资本循环周期	资本循环内容	城市土地级差收入实体
增量土地利用为主存量土地利用为辅	第一次资本循环(资本在生产领域的循环)	普通商品的生产	工业领域的土地级差收入
	第二次资本循环(资本在固定资产领域的循环)	固定资产和消费基金项目	建筑业领域的土地级差收入
存量土地利用为主增量土地利用为辅	第三次资本循环(资本在科技和社会支出领域的循环)	科学技术与社会建设项目	服务业领域的土地级差收入

资料来源:作者根据 David Harvey, *The Urban Experience*, Oxford UK & Cambridge USA: Blackwell Publishers, 1989, p. 67. David Harvey, *The Urbanization of Capital*, Oxford UK: Basil Blackwell Ltd, 1985, p. 9. 以及作者自身的理解整理而成。

从表4-6中,我们可以对城市化进程中城市土地利用模式,城市土地级差收入形式在不同资本循环阶段下的具体表现进行关联性分析。首先,在资本的第一次、第二次循环中,城市经济以工业和建筑为主,城市土地利用模式则表现出"以增量土地利用为主、存量土地利用为辅"的特征,此时城市土地级差收入以工业地租和建筑业地租为主,城市土地级差收入以土地所有权让渡收入、城市土

[①] 高鉴国:《新马克思主义城市理论》,商务印书馆2006年版,第135页。

地的级差地租第Ⅰ形式为主。其次，在资本的第三次循环阶段，城市经济结构呈现高级化表征，第三产业居于主导地位，此阶段城市土地利用模式表现出"存量土地利用为主、增量土地利用为辅"的特征，城市土地级差收入呈现工业地租、建筑业地租、商业地租齐增的局面，城市土地级差收入以城市土地级差地租第Ⅱ形式为主，同时与城市土地利用相关联的土地税费等收入也随之增高，甚至在特定中心地段还存在垄断地租。

我们通过资本的三次循环机制可以从宏观层面分析出不同城市化阶段城市土地级差收入的重点与形式，这也为我们确认和推进城镇化进程中土地级差收入的地租属性提供了线索和规律。同时，也在理论上为推进城镇化的升级转型提供了方法依据——为从资本循环的角度铺垫城市经济发展之路提供参照。

（三）城市空间网络视角下的地租泛化规律

如果说地租竞价曲线主要探讨单个城市不同产业的土地利用关系（尽管阿朗索也讨论了双中心、三中心条件下的地租竞争关系，但其所有思想基础仍是以单中心为基础和前提）的话，那么城市空间网络则是认识对待不同城市间和多中心条件下土地利用关系的重要方法；在当前及今后条件下从更广范围对城市空间网络的认知显得越来越重要，广域经济地理范畴对城市土地级差收入的影响也越来越深刻，这也是我们判断城市土地级差收入发展规律的重要维度。

受惠于发达的现代交通和通信技术，传统的城市经济关系正在发生转变，"地球村"的概念和机制日趋成熟，城市空间网络的属性越发明显，伴随着城市空间网络的结构性变化也随之形成了更为广义的城市土地级差收入范畴。城市空间网络主要强调多元经济主体的地理经济联系，反映了城市化进程中多个城市经济关系日趋紧密并形成了城市群效应，在这个层次，城市土地级差收入范畴也实现了前所未有的扩张，有的还被冠以级差地租第Ⅲ形式、流域级差地租等名称，如何看待和认识这些新名词则成为我们弄清城市空间网络背景下城市土地级差收入本质及其演进趋势的重要工作。

总的来看，城市空间网络关系是城镇化演化发展的高级阶段，不同类型的城市空间网络关系体现了不同城镇化维度上的土地级差收入差异。根据世界范围内城市空间网络演进经验，我们可以大致将其分为两种主要形态，即城市扩张维度单个城市的内部空间网络关系和城市体系维度多个城市间的外部空间网络关系。这两种形态分别彰显了不同的城镇化土地级差收入关系。

首先，城市扩张维度单个城市的内部空间网络关系，主要表现为城市—乡村边界的模糊化过程，是典型的"由农村用地演替为城市用地"[1]的城市空间演替机制。在这个过程中，无论是同心圆式扩张、星状扩张、带状生长，还是跳跃式生长，即无论何种空间演变形态，都是以城市土地的数量增长为表征，都是农村土地不断被改造为城市用地的过程。在这样的内部空间网络关系中，往往表现出两个方向的城市土地级差收入：一是围绕新增城市建设用地而产生的土地级差收入，主要表现为土地资本投资收益、土地使用权占有收益、土地税费收益及农地作物补偿收益，以及农地转为城市用地后获取的不同形式的产业地租收益。二是围绕所扩张后的城市空间及其内部分化而形成的土地级差收入。这主要通过多个城市中心机制实现，在这个过程中原有的城市单中心空间格局逐步被多中心空间格局替代，此过程中以产业级差地租为表现形式的土地级差收入的空间分布特征也将随之出现转变，即围绕单中心由内向外的单位土地级差收入递减规律转变为多中心土地级差收入交叉渗透影响的规律（见图4-12）。由此一来，便形成了与城市外围扩张和内部分化相协调的土地级差收入变化规律。

其次，城市体系维度多个城市间的外部空间网络关系，主要表现为城镇体系或城镇集群的形成，成为了"一是区域内、相互之间密切联系的、具有一定结构和功能的综合体"[2]。对于我国而言，城

---

[1] 段进：《城市空间发展论》（第2版），科学技术出版社2006年版，第144页。
[2] 同上书，第140页。

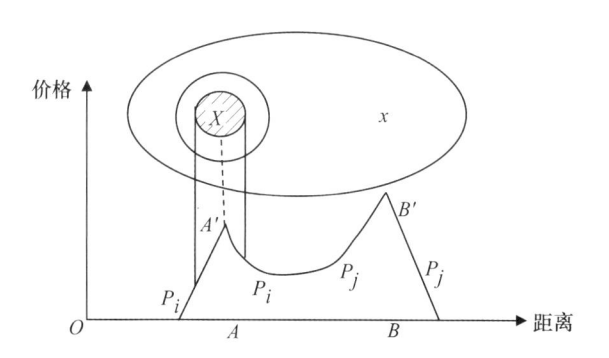

图 4-12　城市两个互补中心下城市土地级差收入分布规律图

图片来源：[美]威廉·阿朗索：《区位和土地利用：地租的一般理论》，梁进社等译，商务印书馆 2007 年版，第 152 页。①

市群战略、城市经济带战略构成了该维度的当代载体，也是我们探索该城市体系的重要突破口。《国家新型城镇化规划（2014—2020）》明确提出"以城市群为主体形态推动大中小城市和小城镇协调发展"的指导思想，并明确了"两横三纵"城市化战略布局，这不仅为我国的城镇化战略指明了方向，也为我们分析和探索以土地为要素的城镇化机制提供了线索。

我们可以从"中心—外围"发展模型中观察到有关城市群空间网络关系的演进机制，由此我们可以将城市群形成机理抽象为分散的具有不同中心性的城市（即不同规模和层次）之间不断互动形成空间互动关系的城市体系的过程。这个过程可以逻辑地划分为四个阶段，其中：在第一阶段中，各城市相对独立，不存在整体上的城

---

①　本图旨在说明在存在多个中心且多个中心具有互补性的城市中（简单化以 A、B 两个中心为例），城市土地利用与人口分布模型。图中 A 点是办公和购物中心，B 点是制造中心。其中一部分人口购物和工作都在中心 A；其余人口工作在中心 B，但购物在中心 A。阴影区是工作和购物都在中心 A 的人群所占据的区域。该图逻辑化地展现了城市由单中心向多中心转型所发生的以地租为表现形式的土地级差收入的变化规律——围绕着 A、B 两个中心形成了地租的竞价规律，但两个竞价曲线由于存在交叉重叠，又都不完全按照单一的区县规律来决定其地租的递增或递减幅度。

市体系，各自为政、自我发展，在逻辑上表现为由一定交通设施连接起来的单点城市（见图 4 - 13a）；在第二阶段中，整体上开始出现了较强的增长极，城市由此形成了以增长极城市为中心、其他城市为外围的、不平衡形态的城市层次体系，此阶段将伴生企业家、劳动力等经济社会发展要素从外围城市向中心城市流动的趋势，第一阶段相对孤立发展的城市间关系被打破（见图 4 - 13b）；在第三阶段，城市层次体系又发生了分化，从单一的增长极城市关系，转变为以单一增长极城市为最大核心、多个次级增长极城市为次核心的城市关系，多中心城市间实现了更为紧密的经济社会流动，更进一步打破了第二阶段的城市格局（见图 4 - 13c）；到了第四阶段，区域内各城市间形成了更为紧密的往来关系，彼此之间已融为一体，成为实质上的城市群或城市带，各城市之间在"中心—外围"关系中形成了复杂、有效分工与合作的城市体系（见图 4 - 13d）。

图 4 - 13a

图 4 - 13b

图 4 - 13c

图 4 - 13d

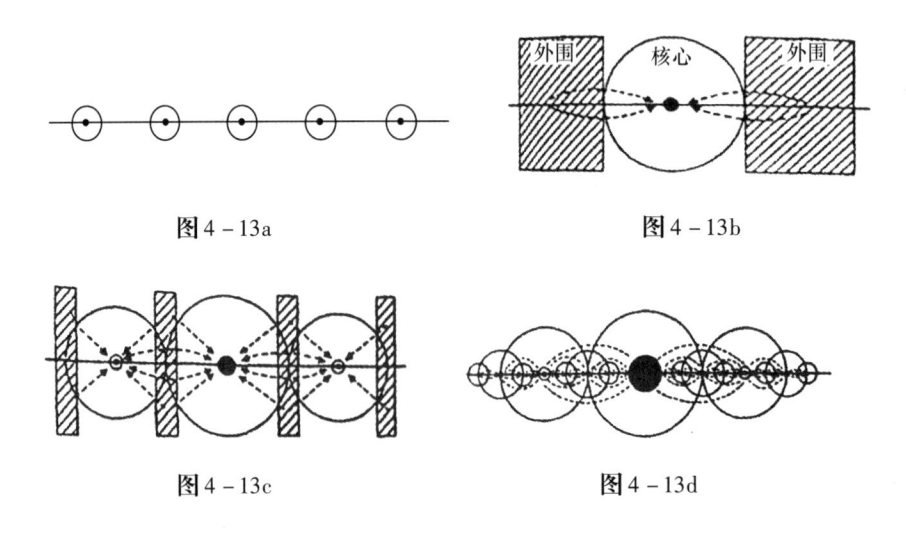

图片来源：Friedmann J., *Regional Development Policy: A Case Study of Venezuela*, Cambridge, Mass: MIT Press, 1966. 转引自段进《城市空间发展论》，凤凰出版传媒集团、江苏科学技术出版社 2006 年第 2 版，第 169 页。

通过城市群（或城市带）形成机理的简单抽象，我们也逐渐明晰了广义层面的城市群内中的土地级差收入事实。这使得我们对城镇化进程中土地级差收入的新维度有了更深刻的认识，这一新维度主要表现在土地级差收入的生成空间从单一的"城市—农村"视野，发展到了"城市—农村—城市"视野，使得以城市体系为作用机理的土地级差收入发生了泛化，即实现了以城市体系空间一体化为前提的土地级差收入数量的扩大，以城市间产业分工合作机制为前提的土地级差收入结构的类型化。可以说，土地级差收入伴随城市群（或城市带）的发展而出现的这种泛化趋势，一方面成为了我们促进城市群内部合理化的调节机制，另一方面也成为我们考察城市间关系的重要指标。

综合而言，城镇化进程中的土地级差收入是内在规律性与外在发展性的统一。在城镇化进程中由于自身的过程性、发展性和复杂性，土地级差收入的表现形式、数量结构也都随之发生变化，这体现了土地级差收入与城市用地关系的互动性和发展性，构成了我们认识土地级差收入的窗口，也为我们探索不同形式的土地级差收入和演进规律准备了素材。但不管城镇化发展到何种阶段，也不管是何种视角下的城镇化机制，其属性和内在机制始终构成了我们认识不同形式土地级差收入的核心法门。

二 土地级差收入的发展趋势

如上，我们结合不同视角分析了不同城镇化水平下土地级差收入的演进规律，这为我们理性促进城镇化与土地级差收入的关系和谐提供了依据。总的来看，当前及今后较长时期内中国城镇化与土地级差收入的发展趋势将呈现三个方面的变化，即会伴随着中国城镇化战略在宏观上结合发展条件集成化趋势、中观上结合过程机制动态化趋势和微观上内部关系科学化趋势进行自身调整与优化。

（一）发展条件集成化趋势下土地级差收入的扩大化

所谓发展条件集成化是对国家城镇体系的集中概括，是结合大中小城市和小城镇建设趋势而进行的系统总结，主要强调中国城镇化建设既获得了历史难得政策机遇期,将实现新一轮的数量扩充,又获得了城市群内外优势影响将实现新的定位。这些将为土地级差收入的扩大化带来新动力。

首先,在政策机遇方面,伴随着国家新型城镇化战略的系统推进,将有更多的中型、小型城市和小城镇拔地而起,大城市日益向巨型城市转变。从总体情况来看,将表现出城市数量不断增加、城市空间不断扩张的态势。这便意味着更多农地向城市用地的转换、更多城市空间的调整与优化,从而意味着以土地用途转换为核心的土地经营业务也将呈现大幅增长的空间。在这个过程中,土地的增量使用机制成为重要甚至是主流的土地利用方式,于是土地出让收入这一地租形式也将成为主要的土地级差收入方式,并随着土地增量的增加而呈现一增俱增的现象,从而实现了地租形态的土地级差收入的量增空间。

其次,在内外优势方面,伴随着城市数量的增加,城市内部及城市群间的内部经济结构和联系也同时会发生深刻变化,产业结构高级化趋势成为必然,城市土地利用格局也呈现出以更高级阶段产业为主导的局面,服务业优先、工业其次的土地空间配置格局,以及现代服务业先于传统服务业、高附加值工业先于低附加值工业的土地空间优化序列也由此形成。这意味着,高附加值业态将围绕区位、交通、市场等优势众多的城市中心而展开竞价,土地级差收入也便在这一竞价过程中实现增值。这个过程在城市空间配置过程中也会集中表现出对城市土地的集约化利用、存量优化特征。因而从这个角度来看,是以存量土地增值利用为重要方式的土地利用格局,并借助不同产业间的竞租机制实现土地级差收入的增长,从而也自然而然地实现了以土地级差地租为主要表现形式的土地级差收入的量增。

可以预见的是,城镇化进程中增量土地利用格局与存量土地利用格局在较长时期内会并存,这本身是由我国的城镇化战略机制和现有水平综合作用的结果。当然,以土地出让收入、土地租金收入为两大主要表现形式的土地级差收入也将在这一过程中实现量的扩张,并在适当时机伴随中国城镇化结构的转变而实现转型。

(二) 过程机制动态化趋势下土地级差收入的可持续化

所谓过程机制动态化是对城镇化过程机理的概括,是对"产业—土地—人口"三维互动的城镇化模型的遵循。这主要强调以人的城镇化为导向的土地级差收入的属性回归机制,特别是在当前土地城镇化虚高于产业现代化和人口城镇化的现实条件下,需要从推动新型城镇化可持续发展的角度促进土地级差收入的持久存续。

总体来看,我国当前的城镇化具有一定的畸形化特征,土地的城镇化高于人口的城镇化[1],城市土地增长比例较大程度高于城镇化增幅,这在一定程度上滋生了以土地为核心要素的城市经营行为,从而引发了以土地使用权售卖为主要方式的土地出让金获取行为,城市经营模式也往往呈现出"土地使用权售卖—新增城市土地—新的土地使用权售卖……"的粗放式城市土地利用现象,城市发展过度依赖稀缺的土地要素,甚至会衍生出对城市周边土地的过度征用问题,这种粗放式、不可持续的土地利用方式影响着合理的产业、土地、人口的互动关系,更为土地的可持续利用、平衡土地利益关联者关系、维护代际公平等带来隐患。

正如大卫·哈维(David Harvey)所言,作为一个资本不断积累和循环的过程,城镇化必须要在土地、产业、人口之间实现动态平衡。对于我国的城镇化而言,就必须走出单一的土地城镇化窠臼。这恰恰也是我国新型城镇化所努力的方向和目标,形成产业、土地、人口的可持续发展机制,也成为当前及今后较长时期内中国城镇化的重要修正方向。有鉴于此,从产业和人口维度发力,也便构成了

---

[1] 高出国际公认标准的 1—1.12 合理阈值,反映出土地城镇化高于人口城镇化水平。从城镇用地增长弹性系数来看,1981—2015 年间,我国城市建设用地面积扩大 667.86%,但同期城镇人口只增长了 435.42%,城市建设用地增长率与城市人口增长率之比达 1.53∶1。

新型城镇化的必然趋势。

首先，在促进产业现代化层面，要从"产业—土地"维度促进城镇化土地利用空间的优化。也即从现代产业与城镇经济互补发展的角度促进城市经济转型，在科学合理进行城市发展定位的基础上，以产业竞租规律为调节机制，促进城市经济的改造升级、腾笼换鸟，从而改变土地出让的粗放方式为提升土地利用效率的集约方式，进而实现从一次性土地收入向长期性土地收入的转型。

其次，在促进人口城镇化方面，要从"人口—土地"维度促进城镇土地的优化利用，主要有两项重点工作：一是实现非户籍型城镇常住人口向户籍型城镇常住人口转化；二是合理引导和激发城镇常住人口的土地产品需求。对于前者而言，中央和地方政府已出台系列政策措施为该类人群落户不同城市提供便利[①]，并产生了积极效果；对于后者而言，伴随城市经济的进一步发展，以户为单位的家庭住房需求也会呈现升级发展态势。上述两个过程都意味着对以房地产为消费对象的"人口—土地"维度的贡献，都是对土地及土地产品的占有与消费，从而都会导致土地租金、土地税金等相应土地收入的增加。

城镇化过程机制动态化总体为我们呈现了土地级差收入的制度化路径，即从短期的、掺杂着多种因素的收入体系，制度化为长期的以租金为主要形式的收入机制。当然这一转型始终都贯穿在"产业—土地—人口"的三维互动之中，都必须以三者的协调为前提。

（三）内部关系科学化趋势下土地级差收入的转型化

所谓内部关系科学化是指以土地为媒介的各种收入关系的科学化，更进一步而言是土地出让收入、土地租金、土地税收、土地费

[①] 为推动农业转移人口和其他常住人口等非户籍人口在城市落户，国务院 2016 年制定和印发了《关于推动 1 亿非户籍人口在城市落户方案》，明确"十三五"期间的落户任务，要求年均转户人口达到 1300 万人以上，同时还发布了多项城市落户的改革措施。参见《2016 年非户籍人口落户城市政策》，《劳动法资讯》，www.mip.laodongfa.yjbys.com，2016 年 10 月 12 日。

用关系的科学化，这既体现了土地收入的属性回归，也是对科学形态的土地级差收入的确认。在内部关系科学化的趋势中，土地级差收入的转型有两个层次：一是广义层次的多种土地收入的转型；二是狭义层次的土地租金内在结构的转型。

对于广义层次的多种土地收入的转型而言，它其实是过程机制动态化趋势下土地级差收入的同义语。在这个转型过程中，土地收入作为典型的土地使用权的让渡产物，进而其经济收入属性始终未发生转变，而真正转变的是土地收入的具体形式，即从准租金收入向"租金收入+级差地租"的转变（此时我们暂时不谈土地税收、土地行政事业收费）。这意味着现有的一次性收取的土地收入（内部成分有地上物品补偿费用、前期投资开发费用、失地群体的生活保障费用等），变为"一次性收取+按固定期限收取（通常的固定期限为1年，也有例外）"的复合形式，也即变成"土地出让金+土地固定期租金"形式，这一转变实现了对土地租金的现实确认。

对于狭义层面的土地租金内在结构的转型而言，它是对真正的级差地租的确认与回归。这个转型是对广义层面转型的延伸，同时也构成了广义转型的现实表现。我们知道，当前的土地出让收入更多的是对前期投资的收益补偿或是保障失地利益群体生活的费用，充其量它只能算是部分地收取了社会主义条件下的地租，因而是对地租的象征性收取，无法在事实层面形成对地租属性的确认与回归。但当我们以复合形式收取"土地出让收入+固定期限租金"时却实现了本质上的转型，此时承担起对级差地租属性确认与坚守职能的就是"固定期限的租金"，它还将与土地税、费一道共同构成制度化的土地收入，从而使得土地级差收入具备了可持续发展的机能。

内部关系的科学化是对土地出让金地租属性的确认与回归，是影响未来土地收入走向的关键依据。在中国特色社会主义现代化建设过程中，不能也无法回避地租及其转型问题，只有尊重和科学促进其转型才是从理论和事实层面解决与土地收入相关问题的唯一路径。这也启示我们须在确认地租属性的基础上，认识、把握和处理相关土地级差收入的生成和分配等一系列问题。

第 五 章

中国城镇化进程中土地级差收入量的理论测度

土地级差收入量是反映城镇化进程中土地使用权让渡价值的核心指标，是对土地使用权转让水平的综合折射，也是考察中国城镇化建设质量的一面镜子。对土地级差收入量的测度有助于我们进一步明晰其与城镇化的互动关系及其与马克思地租理论的关系。更进一步讲，有助于我们判断土地级差收入量的合理性，并为我们促进其转型、掌握其发展趋势提供理性依据。同时，这在一定程度上也是对学界研究土地级差收入量不足的一种回应。

第一节 土地级差收入量的总体发展特征

土地级差收入与城镇化息息相关，土地级差收入量与特定阶段下城镇化的特征息息相关。在中国特色新型城镇化背景下对土地级差收入量进行历史维度的梳理与考察，有助于我们客观认识和剖析土地级差收入的演进规律和发展趋势。因此，对土地级差收入量发展变化的时间线索、内部结构、区域特征进行客观的数字化和趋势化梳理，以及从当前城镇化的特征与态势中归纳其与土地级差收入量的规律关系尤为必要。这构成了我们认识土地级差收入量的起点，也构成了我们运用马克思主义地租理论剖析土地级差收入量及其关联问题的逻辑线索。可以说，自土地有偿使用制度建立以来，以土地出让金为主体形式的土地级差收入就获得了持续的增长空间。从总的发展趋势来看，城镇化进程中土地级差收入的量是不断增长的，学界对此也有了相对一致的观点：普遍认为2000年为我国土地级差收入量的分水岭——在2000年以前尽管土地级差收入也实现了巨大幅度的增长[1]，但这一阶段土地出让金仍未达到当前各界所诟病的"土地财政"的程度[2]。有鉴于此，我们将考察土地出让金的时间线索定位在2001—2016年间，并通过对城镇化率、土地级差收入量的总体规模和具体结构等关键指标的定量分析，进一步归纳21世纪以来我国土地级差收入的总体发展特点和规律。

需要注意的是，本节重在从时间线索和内部结构线索进行土地级差收入量的数字化呈现，重在事实的客观呈现，而对其恰当性、合理性，以及背后机制等问题的探讨将在后续章节中具体展开。

一 土地级差收入量的规模与结构特征

当前土地级差收入量正处于不断增长的状态，这种绝对量的增长态势仍将伴随城镇化的进程持续下去。纵向来看，2001—2016年间，年土地级差收入量增长了近28倍，占据地方政府本级财政收入的"半壁江山"，呈现了东部、中部、西部、东北的地区性差异，产

---

[1] 从1987年的0.35亿元增长至2000年的595.58亿元（其中在1994年时达到该阶段的最高值，为649.71亿元。参见窦欣、杨金亮《土地出让金收入规模影响因素：基于省级面板数据的实证研究》，《经济与管理评论》2013年第6期。

[2] 这一阶段土地的供应方式仍以划拨为主，协议出让为有偿供地的主要方式，即便是在最早推行土地有偿出让的深圳市，1998年招标拍卖土地的收入也仅占到土地出让收入的3%（参见刘守英、周正舟、邵挺《土地制度改革与转变发展方式》，中国发展出版社2012年版，第146页）。从土地出让金占地方财政比重来看，2000年以前土地出让金占地方财政收入的比重总体也在10%以下（参见张向强、姚金伟、孟庆国《"双轮驱动"模式下土地出让金支出的影响研究》，《中国经济问题》2014年第5期）。

生了土地级差收入主体结构的重要转变。这些特征构成了我们认识和剖析土地级差收入量的重要依据。

(一) 土地级差收入量的规模变化特征

进入 21 世纪以来，我国经济进入发展快车道，城镇化水平一路高歌，与城镇化并存的土地及其出让问题也成为经济建设领域的热点问题。这一时期以土地出让金为主体形式的土地级差收入大幅增加，并逐步成为财政收入中不可或缺的重要组成部分。从表 5-1 中我们可以清晰地看到，16 年间我国土地级差收入量总体呈增长态势，除个别年份（2006 年、2012 年、2015 年）外，土地级差收入均保持高位增长态势。从线性趋势图来看，土地级差收入量稳定保持上扬趋势。这既客观反映出 21 世纪以来我国土地级差收入量的不断增长的趋势，同时也昭示着长期来看土地级差收入量绝对值的未来状态，这体现了马克思所强调的地租始终处于不断增长的趋势之间的契合性。

表 5-1　　　　2001—2016 年我国土地级差收入量数据表

年份	国有土地有偿使用权出让收入（亿元）	年份	国有土地有偿使用权出让收入（亿元）
2001	1296.00	2009	14257.02
2002	2417.00	2010	29397.98
2003	5421.00	2011	33478.91
2004	5894.00	2012	28892.30
2005	5505.00	2013	41249.52
2006	1650.00	2014	42930.78
2007	7272.18	2015	32543.01
2008	9737.00	2016	37456.63

数据来源：根据历年财政年鉴和 CEIC 数据库数据整理得来。

(二) 土地级差收入量的占比变化特征

对土地级差收入量的考察不仅仅是绝对值的考察，更要注重相对值的考察。土地级差收入量的绝对值主要用来反映土地级差收入的量变趋势，对土地级差收入量占比关系的考察则主要用来反映其在相关财政收入中的地位及其变化趋势。在一定意义上，对后者的考察结果更具有指导意义和参考价值。通常在进行土地级差收入量占比关系考察时，我们主要从土地级差收入量在地方财政收入中的占比、在广义土地收入中的占比、在地方政府性基金收入中的占比和在土地收入总量中的占比四个指标进行衡量。

从土地级差收入量占地方财政收入的占比指标来看，土地级差收入量构成了地方本级财政收入的近半壁江山（见表5-2）。从地方本级财政收入的总体数据来看，2001—2016年间土地级差收入量的平均占比在46.52%，最高年份（2010年）甚至高达71.68%；尽管近年来仍呈现一定的波动，但近5年的平均占比已经达到51.45%，成为了地方本级财政收入中比例最大的收入形式。如果从单个省份的地方财政数字来看，这一比例甚至更高。高比例的土地级差收入客观地构成了"土地财政"的数据支撑，也成为社会诟病土地出让行为的一大"利器"。

表5-2　2001—2016年地方财政本级财政收入与土地级差收入情况表

年份	地方财政本级收入（亿元）	地方政府土地级差收入（亿元）	土地级差收入占财政本级收入比重（%）
2001	7803.30	1296.00	16.61
2002	8515.00	2417.00	28.39
2003	9849.98	5421.00	55.04
2004	11893.37	5894.00	49.56
2005	15100.76	5505.00	36.46
2006	18303.58	7676.00	41.94
2007	23565.04	11948.00	50.92
2008	28644.91	10375.00	36.22
2009	32580.74	15910.00	48.83
2010	40609.80	29110.00	71.68
2011	52433.86	33166.24	63.25

续表

年份	地方财政本级收入（亿元）	地方政府土地级差收入（亿元）	土地级差收入占财政本级收入比重（%）
2012	61077.33	28892.30	47.30
2013	68969.13	41249.52	59.81
2014	75859.73	42605.90	56.16
2015	82982.66	32543.01	39.22
2016	87194.77	37456.63	42.96

数据来源：根据历年统计年鉴、国土资源年鉴和财政部历年中央和地方预算执行情况与下年度中央和地方预算草案的报告整理得来。

从土地级差收入量占广义土地收入的占比指标来看，土地级差收入占据了土地收入的九成以上（见表5-3）。广义的土地收入由四部分构成，分别是国有土地使用权出让金（即本书所指的土地级差收入）、国有土地收益基金收入、农业土地开发基金收入和新增建设用地土地有偿使用费收入，通过计算土地级差收入在广义土地收入的占比可以衡量土地级差收入在土地收入中的结构特征，为梳理其发展轨迹和转型提供依据。系统分析2010—2016年土地级差收入及各项土地收入的数据资料，我们可以看到2010年以来地方政府的土地级差收入始终占到广义土地收入的93%以上，2016年的新高水平甚至达到95.08%。

表5-3　　　　　土地级差收入在广义土地收入中的占比情况

年份	土地级差收入（国有土地使用权出让金收入）（亿元）	国有土地收益基金收入（亿元）	农业土地开发基金收入（亿元）	新增建设用地有偿使用费收入（亿元）	广义土地收入总额（亿元）	土地级差收入在广义土地收入中的占比（%）
2010	28497.70	1025.23	192.55	687.16	30402.64	93.73
2011	31140.42	1093.53	231.86	707.83	33173.64	93.87
2012	26691.52	897.32	194.86	776.02	28559.72	93.46
2013	39142.03	1259.67	234.30	701.65	41337.65	94.69
2014	40479.69	1413.89	250.30	564.01	42707.89	94.78

续表

年份	土地级差收入（国有土地使用权出让金收入）（亿元）	国有土地收益基金收入（亿元）	农业土地开发基金收入（亿元）	新增建设用地有偿使用费收入（亿元）	广义土地收入总额（亿元）	土地级差收入在广义土地收入中的占比（%）
2015	30783.80	1024.97	177.30	567.43	32553.5	94.56
2016	35639.69	1189.57	177.76	475.99	37483.01	95.08

数据来源：根据财政部2010—2016年度全国政府性收入决算表整理得来。需特别说明的是，新增建设用地有偿使用费收入是根据相关分成比例规定，从全国政府性收入决算表中计算得来的。

从土地级差收入量占地方政府性基金本级收入的占比指标来看，土地级差收入占地方政府性基金本级收入的八成。通过考察2010—2016年度的相关数字（见表5-4），本书发现土地级差收入也占据了地方政府性基金本级收入的80%以上份额，并于2016年度达到近84%的历史新高。这意味着地方政府的非税收入中80%以上的贡献来自于土地级差收入，这一比例在近年呈现出不断增长的趋势。

表5-4　　土地级差收入量与地方政府性基金本级收入对比情况

年份	土地级差收入（国有土地使用权出让金收入）（亿元）	广义土地收入总额（亿元）	地方政府性基金本级收入总额（亿元）	土地级差收入占广义土地收入比重（%）	土地级差收入占地方政府性基金本级收入比重（%）
2010	28497.7	30402.64	33609.27	93.73	84.79
2011	31140.42	33173.64	38232.31	93.87	81.45
2012	26691.52	28559.72	34216.74	93.46	78.01
2013	39142.03	41337.65	48030.31	94.69	81.49
2014	40479.69	42707.89	50005.57	94.78	80.95
2015	30783.80	32553.50	38219.95	94.56	80.54
2016	35639.69	37483.01	42465.19	95.08	83.93

数据来源：根据财政部2010—2016年度全国政府性收入决算表和地方政府性收入决算表整理得来。

从土地级差收入量占全部土地收入之和的占比指标来看，土地级差收入构成了当年土地收入之和的70%左右（见表5-5），是年均土地相关税收的3.56倍。为了更立体呈现土地级差收入量的结构特征，本书进一步整理了2010—2016年间土地相关税收收入，在此基础上计算了土地税收收入和非税收入之和，并进行了二者之间的数量关系比较。我们发现土地级差收入量在2010—2016年间稳定占据全部土地收入之和的70%左右，年均土地级差收入量是土地税收收入总额的3.56倍，高峰时期甚至达到5.06倍。

表5-5 土地级差收入量与土地收入之和的对比情况

年份	土地级差收入（国有土地使用权出让金收入）（亿元）	城镇土地使用税（亿元）	土地增值税（亿元）	耕地占用税（亿元）	契税（亿元）	广义土地非税收入（亿元）	土地收入之和（亿元）	土地级差收入在土地收入之和的占比（%）
2010	28497.70	1004.01	1278.29	888.64	2462.85	30402.64	36036.43	79.08
2011	31140.42	1222.26	2062.61	1075.46	2765.73	33173.64	40299.7	77.27
2012	26691.52	1541.72	2719.06	1620.71	2874.01	28559.72	37315.22	71.53
2013	39142.03	1718.77	3293.91	1808.23	3844.02	41337.65	52002.58	75.27
2014	40479.69	1992.62	3914.68	2059.05	4000.70	42707.89	54674.94	74.04
2015	30783.80	2142.04	3832.18	2097.21	3898.55	32553.50	44523.48	69.14
2016	35639.69	2255.74	4212.19	2028.89	4300	37483.01	50279.83	70.88

数据来源：根据2010—2013年全国公共财政收入决算表、2013—2016年全国一般公共预算收入决算表，以及作者计算得来。

（三）土地级差收入量的分地区变化特征

从绝对值来看，我国土地级差收入量存在着典型的区域差异，东部地区显著高于中部、西部和东北地区之和，一直稳居绝对主导地位，年均占比达到58.1%，高峰时期甚至达到68.03%；相比之下，中部、西部地区的占比情况整体稳定，基本维持在16.9%的比例上，而东北地区的占比近4年来却呈现下降趋势，2015年甚至以

3.56%的占比成为历年最低水平（见表5-6和图5-1）。这种东部地区占比极高，中、西部地区相对稳定，东北地区趋于下降的态势，整体构成了我国土地价差收入量的区域格局。

表5-6 分地区土地级差收入量及占比关系表

年份	全国成交额（亿元）	东部成交额（亿元）	东部占比（%）	中部成交额（亿元）	中部占比（%）	西部成交额（亿元）	西部占比（%）	东北成交额（亿元）	东北占比（%）
2007	12216.72	7445.13	60.94	1724.72	14.12	2119.95	17.35	926.92	7.59
2008	10259.79	6222.39	60.65	1655.76	16.14	1552.19	15.13	829.46	8.08
2009	17179.53	11688.07	68.03	2009.55	11.70	2249.49	13.09	1232.41	7.17
2010	27464.48	16825.37	61.26	3878.42	14.12	4081.36	14.86	2679.35	9.76
2011	32126.08	17216.30	53.59	5283.25	16.45	5387.92	16.77	4238.61	13.19
2012	28042.28	13594.50	48.48	5309.72	18.93	5957.41	21.24	2575.73	9.19
2013	43745.30	24184.72	55.29	8552.89	19.55	8077.71	18.47	2929.98	6.70
2014	34377.37	19216.05	55.90	6992.47	20.34	6193.94	18.02	1974.91	5.74
2015	31220.64	18342.26	58.75	6399.69	20.50	5366.02	17.19	1112.68	3.56
年均占比			58.10		16.87		16.90		7.89

数据来源：根据2004—2015年《中国国土资源统计年鉴》数据整理和计算得来。

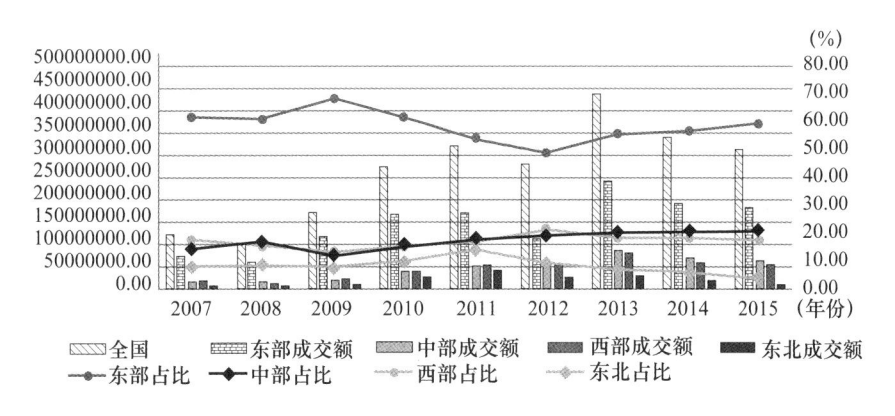

图5-1 分地区土地级差收入量及占比关系图（2007—2015年）

从增幅来看，土地级差收入量的增速在放缓，放缓速率在不同地区间呈现出了较为明显的差异。整体来看，全国增幅与东部地区、西部地区增幅高度重叠，中部地区增幅相比其他地区最大、降速最慢，东北地区增幅最少、降速最快（见图5-2）。综合2007—2015年间，全国土地级差收入量的年均增速为17.62%，各地区土地级差收入量的年均增速按照降速排列，依次是中部地区（22.68%）、东部地区（18.68%）、西部地区（17.63%）、东北地区（13.99%），中部地区相比而言进入了较高速增长阶段。

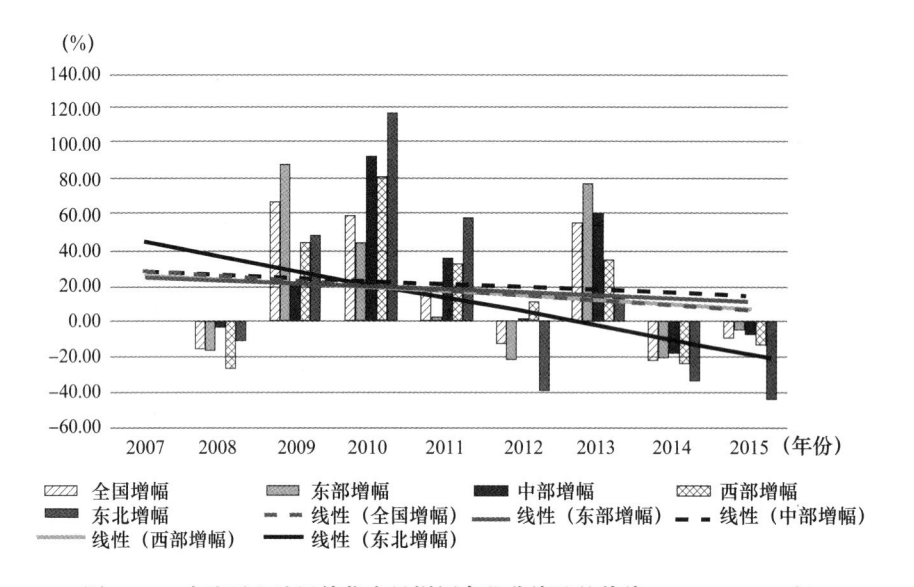

图5-2 分地区土地级差收入量增幅变化曲线及趋势线（2007—2015年）

（四）土地级差收入量的出让结构变化特征

土地级差收入量以国有土地出让为前提，土地级差收入量与国有土地出让方式息息相关。一直以来，我国国有土地有偿出让方式主要包括协议出让和"招拍挂"出让等几种主要方式[①]，其中协议

---

① 协议、"招拍挂"是政府有偿让渡特定期限内国有土地使用权的主要形式，在处理划拨土地、国企改革划拨用地、工业等特殊用地的土地使用权时主要采用协议出让方式；对于土地使用者和土地用途无特殊限制，以获取最高土地出让金为目标的经营性用地，主要采用拍卖或招标、挂牌出让方式。

出让较"招拍挂"出让方式的应用更早一些,并主要成为地方政府差异化土地供给的重要手段,也往往被认为是地方政府以土地资源为杠杆来调节招商引资政策(特别是工业企业招商引资政策)的重要手段。但随着土地市场化的深度发展,以及国土资源部门针对土地出让领域专项治理工作的推进,"招拍挂"出让方式逐渐占据主导地位。相应地,在土地级差收入量的出让结构变化中也呈现出以"招拍挂"出让收入为主导的内部结构变化特征。通过对2003—2015年间国有土地供应出让情况的分析,我们发现以"招拍挂"方式获得土地级差收入量的份额稳步增加,稳步从55%左右上升到95%左右;相比之下,协议出让价款则持续下跌,从高峰时期44.65%的占比降到4%左右(见表5-7和图5-3)。

表5-7　　　　　　　　土地级差收入量不同出让结构对比情况

年份	总成交价款（亿元）	协议出让价款（亿元）	协议出让价款占比（%）	"招拍挂"出让价款（亿元）	"招拍挂"出让价款占比（%）
2003	5421.31	2349.88	43.35	3071.43	56.65
2004	6412.18	2862.86	44.65	3549.32	55.35
2005	5883.82	1687.92	28.69	4195.90	71.31
2006	8077.65	2282.72	28.26	5794.93	71.74
2007	12216.72	2141.86	17.53	10074.86	82.47
2008	10259.79	731.06	7.13	9528.73	92.87
2009	17179.53	883.94	5.15	16295.59	94.85
2010	27464.48	1101.06	4.01	26363.42	95.99
2011	32126.08	1307.81	4.07	30818.27	95.93
2012	28042.29	1388.85	4.95	26653.44	95.05
2013	43745.30	1635.79	3.74	42109.51	96.26
2014	34377.37	1612.22	4.69	32765.15	95.31
2015	31220.65	1465.14	4.69	29755.51	95.31

数据来源:根据2004—2015年《中国国土资源统计年鉴》数据整理和计算得来。

(亿元)   (%)

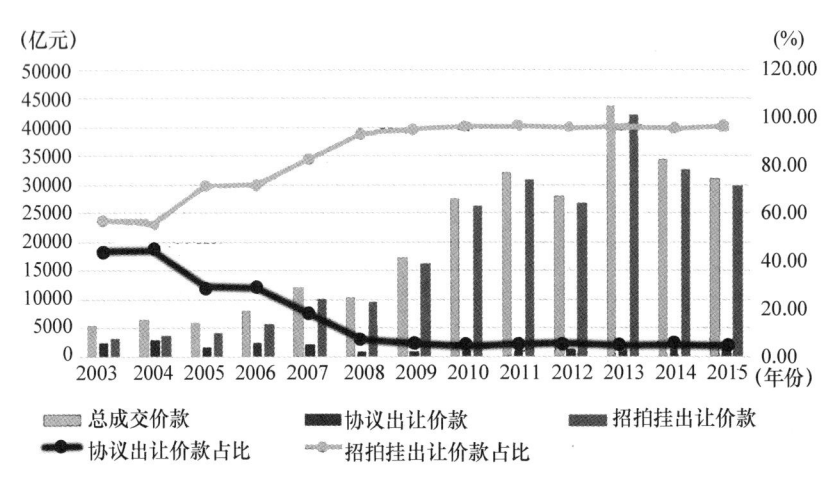

图 5-3　不同土地出让形式下土地级差收入量的对比图

正如上文所述，不同土地出让方式及其占比变化情况与土地级差收入量的内在结构息息相关。我们看到 2003—2015 年间土地级差收入量内部结构变化的背后，是政府土地资源管理部门对于国有土地出让方式的治理之功。从表 5-8 中我们可以清晰地发现，协议出让土地面积与协议出让土地级差收入量、"招拍挂"出让土地面积与"招拍挂"出让土地级差收入量之间呈现正相关关系。这既印证了不同土地出让方式的内部转换轨迹，也同时昭示了政府土地资源配置与管理的政策着眼点和发展趋势，从而构成了我们分析和掌握土地级差收入量发展趋势的重要依据。

表 5-8　　　　　不同出让方式下土地出让面积变化情况

年份	总出让面积（公顷）	协议出让面积（公顷）	协议出让土地占比（%）	"招拍挂"出让面积（公顷）	"招拍挂"出让土地占比（%）
2003	193603.96	139433.67	72.02	54170.30	27.98
2004	181510.36	129083.07	71.12	52427.29	28.88
2005	165586.08	108367.68	65.44	57218.40	34.56
2006	233017.88	161871.39	69.47	71146.50	30.53
2007	234960.59	117662.76	50.08	117297.82	49.92

续表

年份	总出让面积（公顷）	协议出让面积（公顷）	协议出让土地占比（%）	"招拍挂"出让面积（公顷）	"招拍挂"出让土地占比（%）
2008	165859.67	26634.36	16.06	139225.30	83.94
2009	220813.90	33594.25	15.21	187219.64	84.79
2010	293717.81	34206.94	11.65	259510.87	88.35
2011	335085.17	30116.83	8.99	304968.34	91.01
2012	332432.34	30802.81	9.27	301629.54	90.73
2013	374804.03	28619.41	7.64	346184.62	92.36
2014	277346.32	20807.07	7.50	256539.25	92.50
2015	224885.95	17555.67	7.81	207330.28	92.19

数据来源：根据2004—2016年《中国国土资源统计年鉴》数据整理和计算得来。

二 土地城镇化与人口城镇化的关系特征

城镇化是一个人口向城市集中和城市空间扩展的复合过程，因而"从人口学角度来看，表现为越来越多的农村剩余人口进入城市、导致城市人口比例上升；从地理学角度来看，表现为城市数目增加和城市建成区的扩大"[1]。言外之意，人口城镇化、土地城镇化构成了中国城镇化的两个关键考察指标。当然，在考察城镇化与土地级差收入量关系时，这两项指标也构成了我们的对比对象，从而构成了我们分析土地级差收入量的参照系。

（一）土地城镇化的总体变化规律

参照姚震宇关于土地城镇化的界定，城市数量的增加和城市建成区面积的扩大成为考察二者关系的具体指标，这为我们考察土地级差收入的变化趋势提供了重要依据。从城市数量角度来看，1978年以来，我国城市数量经历了一次较大规模的增长过程，从1978年的193个城市增至2016年的657个；根据国家统计局的有关数据，1996—1999年间我国城市数量达至峰值，高峰时期达到668个之多；

---

[1] 姚震宇：《空间城市化机制和人口城市化目标：对中国当代城市化发展的一项研究》，《人口研究》2011年第5期。

进入 21 世纪以后，伴随着城镇化进程的加快，以及城市空间的整合，我国城市数量也出现了小幅下降，近年来也稳定保持在 655 个左右。城市数量的增加意味着中国城镇化建设速度的加快，以及城市空间规模的扩张，这为土地级差收入的增长奠定了物质基础。从城市建成区面积角度来看，21 世纪以来我国城市的建成区面积、行政区域面积也出现了大幅增长的态势。市辖区土地面积从 2001 年的 489421 平方公里增加至 2015 年的 733490 平方公里，增加 49.87%；相应地，市辖区建成区面积从 17605 平方公里增加至 40941 平方公里，增加 132.55%（见表 5-9）。从图 5-4 中，我们也清晰地看到二者总体不断攀升与契合性升降的趋势关系。

表 5-9　　市辖区土地面积与建成区面积走向及增幅表

年份	市辖区土地面积（平方公里）	土地面积增速（%）	市辖区建成区面积（平方公里）	建成区增速（%）
2001	489421	—	17605	—
2002	544840	11.32	19844	12.72
2003	565104	3.72	21926	10.49
2004	585002.72	3.52	23942.86	9.20
2005	594270	1.58	24529	2.45
2006	611997	2.98	26180	6.73
2007	621728	1.59	27587	5.37
2008	626361	0.75	29402	6.58
2009	628034	0.27	30138	2.50
2010	628573	0.09	31766	5.40
2011	643371	2.35	37162	16.99
2012	648100	0.74	35633	-4.11
2013	673123	3.86	36450	2.29
2014	693040	2.96	39478	8.31
2015	733490	5.84	40941	3.71
2015 年较 2001 年	增长 244069	增加 49.87	增长 23336	增加 132.55

数据来源：根据 2002—2016 年《中国城市统计年鉴》数据整理和计算得来。

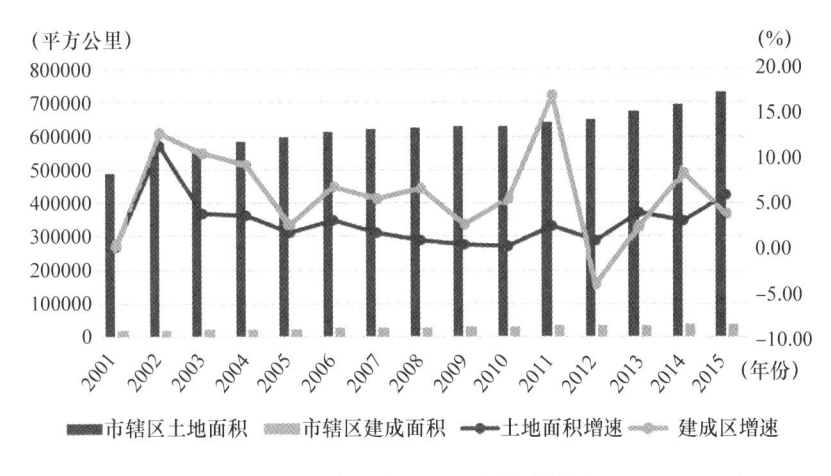

图 5-4　市辖区土地面积与建成区面积走向及增幅（2001—2015 年）

（二）人口城镇化①的总体变化趋势

人口城镇化指标是衡量城镇化率的核心指标，在具体操作中也往往将城镇化率等同于人口城镇化率。从表 5-10 和图 5-5 中我们可以看到，2001—2015 年间我国城镇人口规模呈稳步增长态势，已经从 2001 年的 4.8 亿人增加至 2015 年的 7.04 亿人，在全国总人口的占比也从 37.7% 增加至 51.22%。这意味着中国城镇化率已经取得重要突破，城镇人口占全国总人口的半壁江山，从而昭示着中国城镇化进入了更快的发展周期。

表 5-10　　　　　　　　　　全国城镇人口规模及占比表

年份	城镇人口（万人）	全国总人口（万人）	人口城镇化率（%）
2001	48064	127627	37.70
2002	50212	128453	39.10

---

① 在统计指标上，关于人口城镇化有两个算法，一是以城镇常住人口为计算依据，二是以城镇户籍人口为计算依据。在未做特殊说明的情况下，本书所指的人口城镇化专指以城镇常住人口为计算依据的人口城镇化。

续表

年份	城镇人口（万人）	全国总人口（万人）	人口城镇化率（%）
2003	52376	129227	40.50
2004	54283	129988	41.80
2005	56212	130756	43.00
2006	58288	131448	44.30
2007	60633	132129	45.90
2008	62403	132802	47.00
2009	64512	133450	48.30
2010	66978	134091	49.90
2011	69079	134735	51.30
2012	69395	135404	51.25
2013	69728	136072	51.24
2014	70079	136782	51.23
2015	70414	137462	51.22

数据来源：根据2002—2016年《中国统计年鉴》数据整理和计算得来。

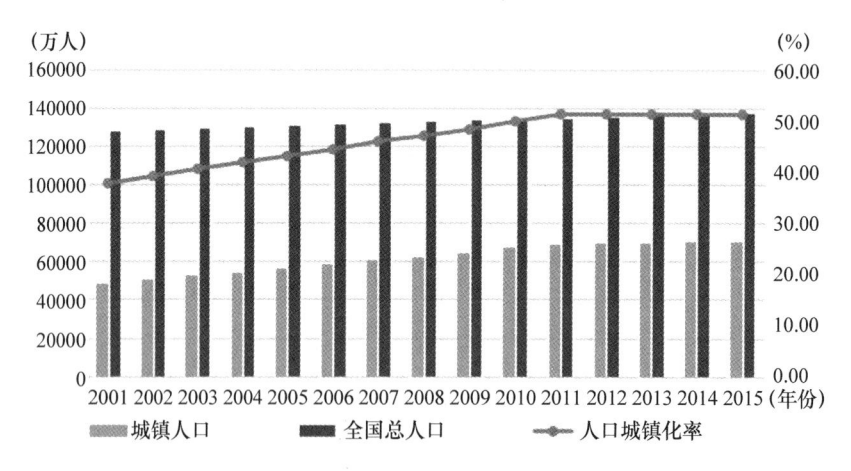

图 5-5 全国城镇人口规模及占比情况（2001—2015 年）

（三）土地城镇化与人口城镇化的关系特征

土地城镇化与人口城镇化是衡量城镇化发展质量的组合因素，在推进中国特色新型城镇化的过程中需要二者均衡发展。通过对比2001—2015年间我国土地城镇化与人口城镇化的关系，可以发现土地城镇化增速显著高于人口城镇化增速，市辖区建成区面积增速、市辖区土地面积增速均超过城镇人口增速，特别是市辖区建成区面积的年均增速已经达到城镇人口年均增速的 2.28 倍（见表 5-11 和图 5-6）。这表明事实上推进城镇化的过程中天平已经偏向了土地城镇化的一边，已经出现了土地城镇化与人口城镇化的失衡现象。

表 5-11　　　　　　　土地城镇化与人口城镇化增速对比

年份	市辖区建成区面积增速（%）	城镇人口增速（%）	市辖区土地面积增速（%）
2002	12.72	4.47	11.32
2003	10.49	4.31	3.72
2004	9.20	3.64	3.52
2005	2.45	3.55	1.58
2006	6.73	3.69	2.98
2007	5.37	4.02	1.59
2008	6.58	2.92	0.75
2009	2.50	3.38	0.27
2010	5.40	3.82	0.09
2011	16.99	3.14	2.35
2012	-4.11	0.46	0.74
2013	2.29	0.48	3.86
2014	8.31	0.50	2.96
2015	3.71	0.48	5.84
年均增速（%）	6.33	2.78	2.97

数据来源：根据 2002—2016 年《中国统计年鉴》《中国城市统计年鉴》数据计算得来。

此外，土地城镇化与人口城镇化的失衡发展现象也得到了学界的理论支持。根据王家庭等（2010）对 1999—2008 年间我国 35 个大中城市面板数据的实证研究结果来看，"我国大多数城市表现出蔓延现象，平均蔓延指数为 3.9047，其中城市建成区面积增长率为 122.67%，市区人口增长率为 47%，城市空间结构具有明显的低密

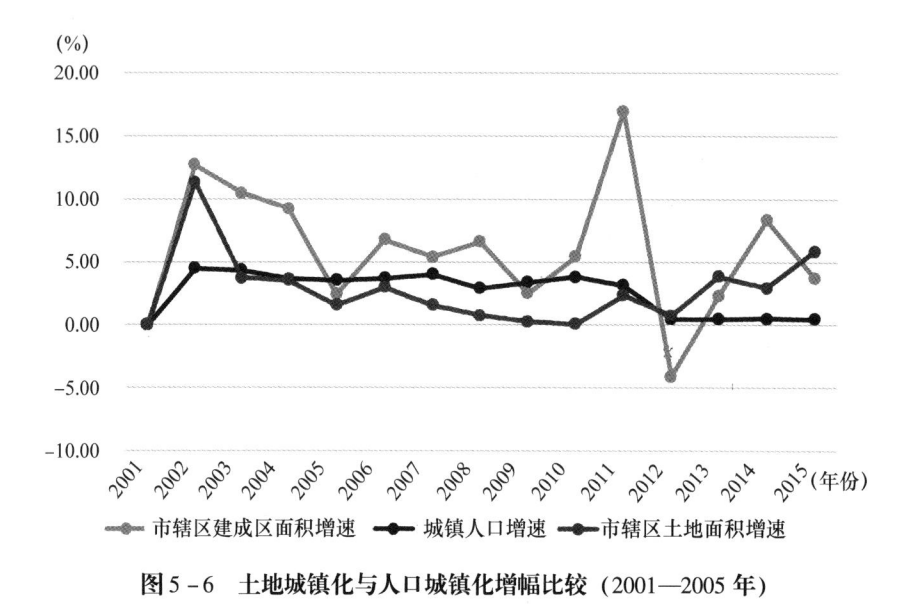

图 5-6 土地城镇化与人口城镇化增幅比较（2001—2005 年）

度扩张趋势"[1]，且蔓延程度呈现出东部地区、中部地区、西部地区的递减趋势。谭术魁等（2013）的研究也揭示了此类现象，他们在对 2000—2011 年间全国 31 个省（市、自治区）样本进行实证分析的过程中发现，"我国大部分省份普遍处于人口城市化滞后于土地城市化阶段"[2]。

三 城镇化与土地级差收入量的关系总结

城镇化是一个渐进过程，从实践发展来看，也是一个打破平衡、失衡、再平衡的运动过程。中国城镇化与土地级差收入量的关系特征总体反映了这一实践运动规律，当前也正处于相对失衡的状态，表现出了土地城镇化与土地级差收入量的密切联系，以及与产业、

---

[1] 王家庭、张俊韬：《我国城市蔓延测度：基于 35 个大中城市面板数据的实证研究》，《经济学家》2010 年第 10 期。

[2] 谭术魁、宋海朋：《我国土地城市化与人口城市化的匹配状况》，《城市研究》2013 年第 11 期。

人口等因素关系薄弱的特征。

(一) 土地城镇化偏好与土地级差收入量的关系

我们通过统计数据可以发现,土地城镇化快于人口城镇化是当前城镇化的主要特征,也是当下社会各界讨论"土地财政"问题的主要依据。这种土地城镇化的发展偏好对于本就不断增长的土地级差收入量而言,确实产生了一定的刺激作用,从而表现出"双增长"的态势——土地城镇化增幅、土地级差收入量增幅总体表现出同向增长的趋势(见图5-7)。

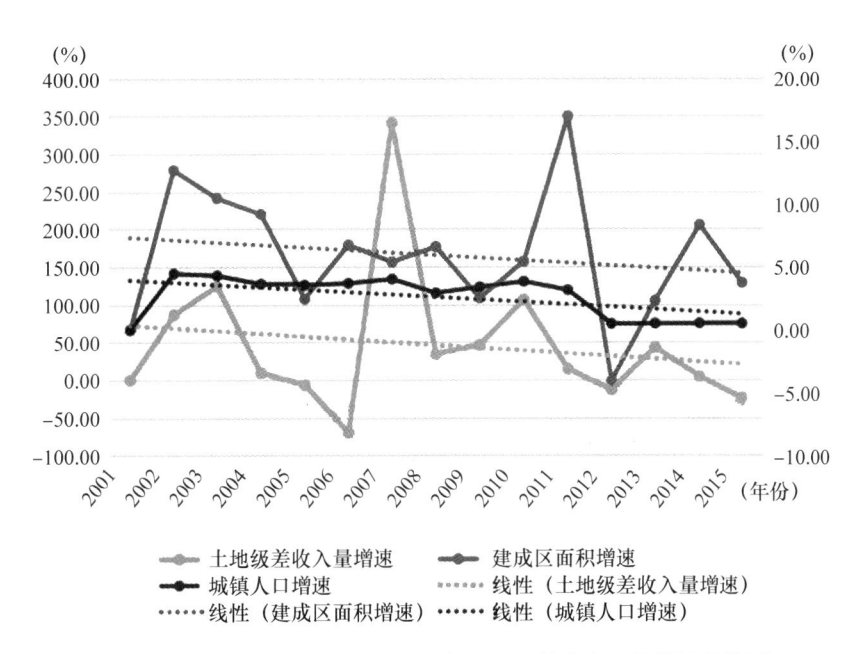

图5-7 土地城镇化、人口城镇化与土地级差收入量的线性趋势图

(二) 城镇化与土地级差收入量的互动关系

显然,当前的城镇化反映了"产业—土地—人口"互动模型中的土地因素,更主要的是发挥土地的生产要素功能,并将其使用权通过市场让渡的方式来积累土地级差收入和城镇化资本。这在一定程度上是土地城镇化偏好的客观结果,并催生了土地级差收入量在内部结构、地区分布上的失衡现象。需要重视的是，城镇化与土地级差收入量的互动关系，还需要产业因素和人口因素的共同参与，而在当前这两个因素的互动功能仍未显现，这在长远上为推动土地级差收入的转型构成了一定的阻碍。

第二节　土地级差收入量的理论测度

本质上，土地级差收入量是土地资源价值和土地资产价值的综合体现，这反映了土地级差收入量的逻辑结构。在事实层面上，土地级差收入量在多大程度上体现这个逻辑结构，则构成了我们对其进行理论测度的主要出发点。

一　土地级差收入量的计算办法

实然层面的土地级差收入量是由多重要素共同影响的货币值，在实际操作过程中也有诸多地方特色做法，这些构成了我们认识和分析土地级差收入量的基础，并且通过这些基础层面的系统分析，我们还能更深刻地获得土地级差收入量的理念变化轨迹。

（一）城镇化进程中土地级差收入量的直接影响因素

相比于第四章我们分析的土地级差收入的生成与强化机制这类宏观、间接因素而言，对城镇化进程中土地级差收入量的具体把握则是更微观和直接的分析。归纳起来，影响某一块土地的级差收入量的直接因素包括四个主要方面，分别是土地有偿使用方式、计划用途、前期及后期投入规模、土地所处的交通区位因素。各因素不同程度地影响着土地级差收入量。

在土地有偿使用方式因素上，集体土地在完成国有土地的权属转换以后，其有偿使用的方式将对土地级差收入量产生质的影响。从当前的使用形式来看，主要有两种，即批租制和年租制。批租制是一次性收取某块土地未来若干年（40—70年）使用权的出让收入，是当前政府"经营土地"的主要手段；年租制则是按年度收取某块土地的年度使用权租赁使用，是当前政府"经营土地"的补充形式。前者的土地使用方式为土地使用权出让，后者为国有土地租赁。

批租制与年租制在本质上都是租金的资本化，二者在属性上是根本一致的，但二者最大的区别是在土地使用权收入的数量规模和收取机制上：由于批租制数量相对更大、对于地方政府而言能在短期内带来可观的财政收入，因而更受欢迎；年租制则主要是在划拨土地到期后的有偿使用形式，在量上小而分散，且这类土地的面积在全部出让土地中的占比较小，因而未能构成对地方政府经营土地的强激励效果。从当前来看，批租制所形成的土地级差收入量规模更大；但从长期来看，年租制所形成的土地级差收入更具可持续性。不同的土地使用形式由此也构成了土地级差收入量的不同规模。

在土地的计划用途因素上，土地权属变更前后的产业用途差异的影响也较为突出。不同的用途计划会适用不同的土地权属变更手段。当所变更之土地用于市场化产业领域时，土地级差收入量要相对更高；当所变更之土地用于《宪法》《土地管理法》中所规定的"公共利益"时，土地级差收入量则相对较低。对于前者而言，更适合用准市场化的征收手段给予补偿和安置；即对于后者而言，则仅适用于政府强制征用手段，所获得的内含于土地出让金之中的土地级差收入整体偏低。学界对于前者的理论解释主要运用机会成本理论、市场化产权交易理论进行量的辩护与争取，而对于后者则诉诸国家法制规定而遵照执行。与此同时，伴随着公民权利意识和维权能力的提升，属于前者范畴的被征地群体与征地方、开发者之间的讨价还价能力则更充分，而这在一定程度上也提高了当期的土地级差收入量。

在土地的前期及后期的投入规模上，投入成本或拟投入规模的大小都将在土地出让金中有具体的表现，都会真实地构成土地级差收入量的合理成分。在土地征收过程中，所征收土地的前期投资成果，如基础设施、房屋等，都形成了与土地资源合二为一的土地资产。从会计学角度来看，这些土地资产在完全折旧之前，都在为使用者创造收益，都是原土地使用者（或所有者）的物质财富。由于土地的特殊性，对土地权属的变更也自然意味着土地资产随之而转移，为此新的使用者应为此而买单，且买单的价格要随市场价格而变化（总体是增值的），这从而构成了土地前期投入对土地级差收入量的贡献。除此之外，更重要的是预期成本也会随之纳入土地出让金暨土地级差收入中去，那便是各级土地储备机构的重要职能之一——对依法收购的土地进行必要的前期开发，具体包括道路、供水、供电、供气、排水、通讯、照明、绿化、土地平整等工作（当然不同地方政府对土地开发的业务不尽相同，便有所谓的"三通一平""五通一平""七通一平"等差异），从而其前期开发的强度和规模，也都将真实地纳入土地级差收入的规模之中。

在土地所处的交通区位因素上，距离中心城区或中心市场的远近，则构成了影响土地级差收入量的又一关键指标。交通区位主要通过生产成本的方式影响土地级差收入量，这与马克思所强调的影响地租量的交通因素是根本相通的。距离中心城区或中心市场越近，交通成本进而生产成本（也包括消费成本）也会越低，越有益于资金的快速流转，从而提升企业的经营效率，在垄断地块上也易形成垄断收入；反之，距离中心城区或中心市场越远，交通成本进而生产和消费成本也越高，其形成级差地租以及高的土地级差收入量的可能性越小，从而与土地级差收入量形成了反比例关系。甚至，当距离跨越一定成本门槛之后，土地失去了权属变更的机会，更因此而丧失了形成土地级差收入的机会（这与阿朗索提出的土地竞价曲线异曲同工）。除此之外，土地所处的交通区位因素也会通过影响土地的计划用途而影响土地级差收入，特别是商业服务业和房地产业对土地的交通区位更为敏感，土地交通区位越好对这些行业越具有竞争力，反之则会形成一定的"挤出"效应。

（二）城镇化进程中土地级差收入量的计算办法

基于上述土地级差收入量直接影响因素的分析，我们也逐步明晰了土地出让过程中土地级差收入量的主要考量指标。接下来，我们结合我国长期以来计算土地出让金的主要方法来认识事实层面土地级差收入量的实体构成。

当前的土地使用权出让金的逻辑构成至少有四个部分，它们分别是补偿（安置）成本、社会保障成本、前期开发成本和净利润，其中：补偿（安置）成本，主要包括土地补偿费、青苗及地上附着物补偿费、安置补助费，是针对失地农民和农村集体经济组织的货币化补偿；社会保障成本是指"由市县政府向失地农民发放的社会保障费用和保持原有生活水平所支付的补助"[①]，是在国家后续土地征收中为确保失地农民生存和生活质量而增加的货币补贴；前期开发成本就是为取得农村集体土地，以及为出让更好的国有土地而进行基础设施建设的费用，其中既包括直接建设成本，也包括与之相应的税费支出，利润即土地出让收益，是土地级差收入中扣除全部成本之后的总剩余，是国有土地所有者或代理人以其所有权而取得的土地使用权让渡收益，也是国家借助土地经营手段而实现土地增值和财政增收的实体来源。

简而化之，我们还可以将实操层面土地级差收入量的结构进一步简单化为征地费用与土地开发收入两部分，其中征地费用由补偿（安置）成本费用和社会保障费用构成，其余部分则共同构成了土地开发收入，具体可用下述公式表示：

土地级差收入量 = 补偿（安置）成本费用 + 社会保障费用 +
　　　　　　　　前期开发费用 + 利润
　　　　　　 = 征地费用 + 土地开发收入（拍卖）

在征地费用的确定方面，由于社会保障费用对地上附着物、青

[①] 刘守英、周飞舟、邵挺：《土地制度改革与转变发展方式》，中国发展出版社2012年版，第152—153页。

苗费的确定相对规范、简单，主要工作是确定土地补偿费（安置补助费多数以此为依据），重点任务是对被征农村集体土地进行综合定价。按照《国务院关于深化改革　严格土地管理的决定》《关于开展制定征地统一年产值标准和征地片区综合地价工作的通知》，以及《关于完善征地补偿安置制度的指导意见》等规章文件，主要采用征地区片综合地价和征地统一年产值标准两种方法进行测算。1. 征地区片综合地价方法的基本原理是对一定范围内农地［一般是指县（市）行政区域内］按照土地类别、产值、土地区位、农用地等级、人均耕地数量、土地供求关系、当前经济发展水平、居民最低生活保障水平等因素分级分区，并对分级分区后的土地按某个时间节点确定的地价进行转让的方法，一般3—5年后该地价水平会有所调整变动。在具体的计算方法上，根据《关于开展制定征地统一年产值标准和征地区片综合地价工作通知》，征地区片综合地价有三种具体的计算办法，它们分别是农地价格因素修正算法①、征地案例比较法②和产值倍数法③，通过考

---

① 农地价格因素修正算法，是以《农用地价规程》（定期更新，当前最新为2012年版）测算形成的农用地基准地价为依据，在综合考虑土地区位、人均耕地数量、土地供求关系、当地经济发展水平、居民最低生活保障水平等因素的基础上确定修正系数的乘积。用公式表示为：征地区片价 = 该区片基准农地价格 × 修正系数或 $P_z = P_n \left(1 + \sum_{i=1}^{n} A_i \right)$，其中 P_z 为征地区片价、P_n 为该区片基准农地价格、A_i 为修正因素。

② 征地案例比较法，是结合近3年与待征农地条件相一致片区的征地区片价格3个以上案例，以及区域因素、个别因素和时间修正系数而确定征地区片价的方法。用公式表示为：征地区片价 = 征地案例区片价均价 × 100/区域因素修正系数 × 100/个别因素修正系数 × 时间修正指数，或 $P_z = \overline{P}_q \times \dfrac{100}{A_1} \times \dfrac{100}{A_2} \times A_r$，其中 P_z 为征地区片价、$\overline{P}$ 为征地案例区片价均价、A_1 为区域因素修正系数、A_2 为个别因素修正系数、A_r 为时间修正指数。

③ 产值倍数法，是以土地年产值为基础，按照一定倍数测算征地区片价的方法（其中的土地补偿费和安置费按照土地综合年产值倍数计算）。用公式表示为：征地区片价 = 区片土地年产值 × 区片补偿倍数，或 $PZ = N \times V$，其中 PZ 为征地区片价、N 为区片补偿倍数、V 为区片土地年产值。

察，我们发现征地区片综合地价方法是当前全国各省市的主导方法，整体形成了以农用地定价规程为基准、以分级分类为思想、以定时调整为手段、以融合动态因素为补充的区片地价计算机制。
2. 相比之下，征地统一年产值标准的计算方法的应用相对较少，该方法是在一定区域范围内（以市、县行政区域为主），综合考虑被征收农用地类型、质量、等级、农民对土地的投入以及农产品价格等因素，以前三年主要农产品平均产量、价格为主要依据测算的综合收益值。在具体的计算方法上，征地统一年产值标准是以产值倍数法为核心依据的，是对土地农业租金的若干年贴现形式；与之相配套，土地补偿费和安置补助费也以统一年产值标准的若干倍数收取。

在土地开发收入的确定方面，作为已完成征地工作并经过系统基础建设之后形成的市场价格，它本质上是一个总收入的范畴。在土地开发收入中至少涵盖这样三个部分，即土地开发的成本、土地开发税费、合理的土地开发利润。由于土地开发过程以及后续土地批租的市场化机制，土地开发收入构成国有土地所有者代理人凭借其所有权获得的经营收入，这是我们认识土地开发收入的核心线索，更是区分地方政府作为土地所有者代理人、土地管理者身份差异，以及对其进行合理产权分配的重要依据。根据《城镇土地估价规程》（GB/T 18508—2014）有关规定，城镇土地的价格计算机制已形成了以基准地价及修正系数相结合为基础、以有偿出让（招标、拍卖、挂牌交易）溢价为动力的市场化定价机制。在这个规程中，明确了适用不同条件的城镇土地估价方法——市场比较法[1]、收益还原法[2]、剩余法[3]和成本追近法[4]，其中，剩余法更符合本书所研究的

---

[1] 市场比较法主要用于地产市场发达、有充足可比实例的地区。
[2] 收益还原法适用于有现实收益或潜在收益的土地估价。
[3] 剩余法适用于具有投资开发或再开发潜力的土地估价，常用于待开发不动产、待改造后再开发不动产、土地开发整理成可直接利用的土地的估价。
[4] 成本追近法适用于新开发土地或土地市场欠发育、交易实例少的地区的估价。

土地类型。在具体的操作过程中，以征地费用作为"现有不动产中所含土地价格"，并结合"开发成本"与"客观开发利润"[①]为土地开发收入，从而为我们确定土地开发收入提供基准或最低门槛（即底价）。在形成底价后（这个底价已经过地方政府认可或经过地方政府修正），再在土地二级市场上进行招标、拍卖和挂牌交易，以此实现土地开发收入的市场化溢价，也即形成真实的土地级差收入。

透过土地级差收入量的逻辑结构，我们可以清晰地看到当前构成土地级差收入的实体来源，更为我们分析土地级差收入量在当下的合理性提供了微观视角和判据。

（三）城镇化进程中土地级差收入量透射的理念之变

不同的土地级差收入量的计算方法是对不同土地价格理念的反映，土地征用地费用更是对土地价值认知的直接表达。回顾新中国成立以来，我国关于农地征用/征收的补偿计价办法便能清晰地理清其背后的理念变迁之路。在揭示该轨迹之前，我们仍有必要对土地级差收入量计算办法中的"变"与"不变"作以梳理——所谓"变"是指土地征用前的产值在不断变化，总体趋势是农地生产力不断提升、产量不断增加，综合产值呈上涨态势，从而不断提高了农地转换的"经济分量"；所谓"不变"则是指土地征用/征收背后的"指挥棒"——产值倍数法仍发挥关键作用，特别是为土地补偿费、安置补助费的计算提供了客观依据。

吕萍、周滔等在《土地城市化与价格机制研究》中，对产值倍数法创立以来的变化历程进行了系统梳理，为我们分析其背后理念之变提供了有益借鉴。根据她们的结论，自1953年《中央人民政府政务院关于国家建设征用土地办法》确立产值倍数法以来，一直沿用至今，其间虽经历了新、旧土地管理法对具体产值标准的调整，但产值倍数法始终是确立土地补偿费和安置补助费的唯一方法（见

[①] 开发项目的客观利润一般以土地或不动产总价值或全部预付资本的一定比例（即利润率）计算。利润率宜采用同一市场上类似土地或不动产开发项目的平均利润率。

表5-12)。

表5-12　新中国成立以来产值倍数法的"变"与"不变"

阶段	主要法律	主要补偿项目
第一阶段 (1949—1957年)	《中央人民政府政务院关于国家建设征用土地办法》	1. 土地补偿费：年产值的3—5倍 2. 地上附着物补偿费 3. 调剂土地的农民补以迁移补助费 4. 协助被征地农民解决转业
第二阶段 (1958—1981年)	《国家建设征用土地办法》(1958-01-06修订)	1. 土地补偿费：以最近2—4年年产值总值为标准 2. 土地附着物作价补偿 3. 生产生活有影响者补以补助费 4. 对被征地农民进行安置与移民
第三阶段 (1982—2003年)	《国家建设征用土地条例》(1982-05-04) 《土地管理法》(1986-06-25)	1. 土地补偿费：近3年平均年产值的3—6倍 2. 青苗及地上附着物作价补偿 3. 安置补助费：对安置人口每人按每亩地产值的2—3倍计，最高不超过10倍 4. 土地补偿费与安置补助费不超过年产值的20倍 5. 对被征地农民进行多种安置
	《土地管理法》(1998-08-29修订)	1. 土地补偿费：近3年平均年产值的6—10倍 2. 青苗及地上附着物作价补偿 3. 安置补助费：对安置人口每人按每亩地产值的4—6倍计，最高不超过15倍 4. 土地补偿费与安置补助费不超过年产值的30倍
第四阶段 (2004—2008年)	《土地管理法》(2004-08-28修订) 《关于深化改革严格土地管理的决定》(2004-10-21)	"国家为了公共利益的需要，可以依法对土地实行征收或者征用并给予补偿。" 提出征地补偿将采用"统一年产值"和"征地区片综合地价"的标准

资料来源：吕萍、周滔等：《土地城市化与价格机制研究》，中国人民大学出版社2008年版，第44页。

从表5-12中我们可以提取这样的计量理念变化，即：一是农地补偿从农业生存型向保障发展型转变；二是农地价值从资源价值向资源和资产的双资价值转变；三是补偿形式从单一货币化向多元化转变。

在农地补偿和安置补助理念转变上，农业生存型向保障发展型的征收补偿理念越来越清晰。从1949—1981年的征地补偿项目和方法来看，土地补偿费以农地年产值3—5倍或2—4倍计算，并对征地农民提供迁移补助费或直接的安置与移民，这一时期的征地补偿仍以农业产值计算，是对征地农民的农业化补偿与安置。1982年以后的征地行为，也都以农地的平均年产值计算，但都进一步明确了对失地农民进行必要的社会保障支持，并先后通过"对生产生活有影响者补以补助费""对被征地农民进行多种安置"等方式予以保障，这也逐步强化了农地征用过程中的社会保障功能。进入21世纪以来，农村集体土地转用为城市建设用地的安置补偿政策也有了新的发展，广东的"南海模式"、四川的"成都模式"先后涌现，并结合农地的综合发展功能对农地进行了股权化补偿，不仅强化了失地农民和集体的补偿功能，更重要的是开启了一条将"农转非"后土地的增值部分与农民的生活保障实现关联共享的机制，这种方式较之前补偿安置的更大优势在于将失地农民的生存发展问题进行了动态保障，因而是一种与时俱进的综合发展型征地补偿机制①。

农地价值从资源价值向资源和资产双资价值转变，也是影响征地成本的重要因素。在传统计划经济时代，农地作为唯一的农业用途限制了人们对农业自身价值的认识，导致人们对农业领域"土地是财富之母"的认知仅停留在农作物的产出领域。这种认知水平与马克思主义所强调的实践与认知的关系保持着相似的历史契合。在这种背景下农地的价值也只是自然资源形态的价值。当市场经济逐步发展起来后，特别是农地转为建设用地的步伐加快以后，我们对于土地资源价值的历史认知受到了挑战，农地之上的社会投资因而获得补偿，这种建立在农地资源之上的资产概念也顺理成章地得

---

① 这种机制对于征地一方而言当期会以更少的资金实现土地权属的变化。尽管该类模式并非"十全十美"，其仍然存在系列不足，但其将致力体现的是对失地农民综合保障的关切，这一点是毋庸置疑的。

到必要的补偿,这便构成了依附土地的资产价值的形成基础。当市场经济进一步发展之后,土地价值多元化趋势更加明朗,包括农地在内的各种土地不仅具有生产价值,也具有生态价值、保障价值等,这种土地价值多元化的发展事实,需要在土地各种用途的使用中得以体现,特别是要在土地权属变更过程中兑现相应的价值。需要指出的是,在市场经济更为发达的条件下,土地资产价值表现得更充分,因而不仅仅对土地之上的投资形成资产有补偿诉求,对土地作为促进经济发展的投资价值也会有相应的补偿诉求,这也恰恰是"农地入股"模式的理念所在。当下,土地资源价值与土地资产价值的共存也便构成了"农转非"领域确定征地成本的重要依据。

补偿形式从单一货币化向多元化转变,这种理念转变是对上述理念转变的延伸。货币化补偿是"农转非"过程中土地价值的常用置换形式,直到现今货币化补偿仍为主流形式。从时间线索来看,农地价值的补偿形式先后经历了"纯粹货币化补偿""货币化补偿+房产""货币化补偿+股份"的变化,这种变化有两大功能:一是实现了土地价值的与时俱进,即不断让失地农民和集体分享到土地价值的增值(暂且不论其量的合理性);二是减少了农地权属变更过程中的社会阻力,也降低了因土地征用而埋下的长期社会保障及社会秩序隐患。从整体来看,这种转变更符合时代发展需要,也更符合各方利益诉求,积极意义显著。

二 土地级差收入量的计算办法与马克思地租理论的关系

由上节内容我们知道,事实上城镇化进程中土地级差收入量是个集合概念,不能简单地说是属于某一种土地收入,需要分类对待。处理土地级差收入量的计算办法与马克思地租理论之间的关系,也要有分类思维,需要进行同类比较。除此之外,还需要处理好理论上与事实上对土地级差收入的分歧。这是科学对待其与马克思地租理论关系的内在需要。

(一) 马克思地租量的计算逻辑

简言之，马克思地租理论关于地租量的计算方法是按照这样的逻辑线索得出的，即：根据"地租量＝土地个别利润－土地社会平均利润"这一基本公式来计算单宗土地年超额利润，再结合该宗土地出租年限综合得出。这一地租量计算公式适用于绝对地租、级差地租、垄断地租，是理论上测度地租量的逻辑工具。在此需要明确的有四点：一是马克思地租量的计算逻辑是市场逻辑，是对共同时空市场条件下经营收入的实然计算，这种实然计算的结果应该有两个产物，即使用土地的个别人（或部门）的实际利润，以及个别人（或部门）所在同一时空条件下同行业产业的平均利润。这是计算地租量的现实依据。二是在各类型地租的计算方面具有普遍一致性，无论是绝对地租、级差地租，还是垄断地租（当然根据马克思的地租理论，尽管构成各类型地租的条件不尽相同，但计算各地租量的总的依据或方法仍是两种不同生产力的差额），有时它们之间甚至无法详细区分彼此边界（事实上也很难加以详细而准确的区分），但都不影响这一公式对于地租量的计算，只是其在结果上各有差异罢了。三是构成地租量的真正部分来源于该宗土地的生产力与生产关系，这是马克思所强调的地租量的本体所在；然而对于出让土地若干年限土地使用权而获得的全部收入而言，地租也只能是其中的一部分，地租量必须和土地资产糅和在一起而付给土地所有者，并形成了新的广义的地租量，即涵盖土地资源价值和土地资产价值双重内容的地租量。当下的表现形式就是我们说的土地出让金。四是关于地租的缴纳方法也存在着明显的博弈状态，即马克思所描述的"土地所有者尽可能短地与使用者签订租约"，以便不断获得"水涨船高"的更高水平的地租（广义的地租量）；而对于土地使用者而言也将在不断调短的租期中降低再投资动力，进而甚至产生对地力的掠夺性破坏。这种围绕土地的博弈关系，使得地租不断上涨、地力不断遭到破坏的事实屡见不鲜，并构成了对土地可持续功能的威胁。

(二) 城镇化进程中土地级差收入量的计算逻辑

相较于马克思地租理论中关于地租量的计算方法，中国城镇化进程中所产生的土地级差收入量的计算也有其独特性。

首先，在土地级差收入量的计算公式上，由于土地级差收入的总收入属性，我们只能在逻辑上明确其中必然包含的一部分是地租，但很遗憾的是，尽管我们有较为明确的土地级差收入量的计算方法（参见本节第 1 部分），但却不能从其计算公式中明确这个总量中多大比例是属于哪一类形式地租，这也就透露出这样的信息——我们只能确认地租存在的客观真实性，但却不能像马克思所说的用地租量标准来对土地级差收入进行量的分割。这既体现出我们的土地级差收入与真正地租（或地租量）的区别，也为我们揭示土地级差收入与马克思地租的关系提供了客观依据。

其次，在构成土地级差收入量的具体结构上，马克思地租理论所强调的广义地租（即租金）由两大部分构成，即真正的地租和土地资产的折现，从根本上来看分别属于利润和折旧费用。而土地级差收入的结构则更为复杂，其不仅有利润、折旧费用，还有成本因素（直接的开发成本和社会成本），这也就印证了构成土地级差收入的多元结构——地租、土地资产的折现、社会保障费用等，从而也凸显了土地级差收入的中国特色社会主义制度属性。

最后，在土地级差收入量的计算方法上也表现出了显著的独特性。土地级差收入是基准地价基础上的公开拍卖收入，反映了以土地为媒介进行市场化经营的事实，其本质上是对该宗土地未来预期收益的竞价，而并不是对该土地将来用途利润的理性预估，与马克思地租理论中对地租量的计算有本质区别。更进一步讲，土地级差收入反映的是当下土地资源市场的需求与竞争关系，地租则反映的是未来利润的多年折现；前者可能存在不理性因素，甚至不排除土地经营的风险，并会形成区位垄断和垄断地租，而后者则以相对理性的方法和明确的利润空间为依据，相对科学且对土地经营行为有一定的抑制作用（核心是地租对于土地经营的抑制作用）。

除此之外，在形成土地级差收入的情境下，时间因素具有确定性，相对于马克思地租理论中土地所有者对于土地短期出租行为偏好而言，风险性更小、预期价值更为乐观。在我国，一旦土地获得合法的出让资质，土地的使用年限就会相对固定，土地使用者在法定许可年限中追加投资更具内部动力，即对土地追加投资形成更高利润的行为具有激励效益。这与马克思地租理论中土地所有者与土地使用者之间的博弈状态相比又是一种制度进步，其最大优势是消除了短期内彼此之间的利益对峙，为形成更高的土地收益创造了制度空间和确定性。

（三）土地级差收入量计算办法与马克思地租量计算办法的关系

综合而言，马克思地租理论中关于地租量的计算办法为我们计算土地级差收入量提供了借鉴，更为我们合理区分土地级差收入与地租关系提供了科学依据，并表明了彼此之间的二重关系，即契合与独立。

在二者的契合关系上，地租属性架起了彼此互通的"桥梁"。马克思地租理论中的租金命题，其实质是地租形态及其计算问题；而土地级差收入中隐含的地租属性问题则为发挥马克思地租理论的指导作用准备了场域空间。更为直接和具体的是，为我们今后进一步明确土地级差收入中地租的比例及其计算方法提供了参考和借鉴。这一点将为今后土地级差收入对地租属性的确认以及"合租性"回归提供了理论依据。

在二者的独立关系上，土地级差收入的制度属性也得到进一步彰显。如果说马克思地租理论是关于地租的一般规律揭示，即对地租工具属性的挖掘，那么中国特色土地级差收入的存在则为地租的工具与制度属性的结合提供了样板。中国城镇化进程中形成的土地级差收入有其历史合理性，这种合理性由地租的工具属性和制度属性共同构成。其中的地租工具属性用以强调配置土地资源的工具价值，而地租制度属性则用以凸显社会主义制度优越性——土地公有制、土地社会保障价值等所阐发的制度优越性，以及社会主义初级阶段的现实性——社会主义初级阶段生产力与生产关系的适应性规律，这为我们科学地区分二者的差异提供了理论指导，更为我们坚定中国特色土地级差收入的治理路径提供了制度依托和自信，并成为指导我国土地资源管理工作的重要制度基石。

三 理论测度土地级差收入量的具体维度

事实上，无论是理论界还是实践界，对于土地级差收入量的关注都是不足的，特别是对土地级差收入量的认识及其恰当性的评估也是整体缺位的。这既反映出我们对土地级差收入研究的薄弱之处，更为关键的是，由此也漏掉了科学评价土地级差收入的关键一环，并导致我们对其认识的表面化和片面化。

（一）理论测度土地级差收入量需要克服的三种认识误区

自土地有偿使用制度建立以来，土地出让所形成的各种土地收入便纳入了各界视野，以土地级差收入为代表的核心范围便得到了广泛关注，但对其量的研究却往往表现出某种程度的薄弱，特别是在土地级差收入量的整体性研究上呈现缺位状态，导致我们对于土地级差收入量的认知总是囿于片面化、碎片化和简单化。

长久以来，土地级差收入量仅被作为土地级差收入的论证依据，而不被作为专门的研究对象对待，这种对土地级差收入量的"旁敲侧击"式探索，导致我们对其认知的碎片化。这意味着，当前我们对土地级差收入量的认知，多数仍停留在某一数字层面（至于这一数字是多是少则鲜有问津），仍将其作为土地使用权转让的结果来看待，却始终未能对其所透射的社会关系进行深度挖掘。这种附庸式研究特征使得我们对土地级差收入量的研究缺乏整体性、系统性，土地级差收入量的理论依据及其理念原则、纵向变化趋势及发展规律、内在结构转换态势等都无法被纳入研究者的自觉范畴。土地级差收入量仅仅被作为一串数字来看待，背后的社会关系则被迫隐匿。

在已有的关于土地级差收入量的关注中，其视角是集中的，其重点是明确的。这个集中的视角便是财政学视角,这个明确的重点便是土地级差收入的分配。这当然也是一种碎片化表现,但同时也揭示了我们认识土地级差收入量的相对单一视角,也即片面性。单从学科视角而言,从财政学角度进行土地级差收入量变化趋势的分析,并对其分配进行系统研究体现了土地财政的学科定位;与之相似,社会学角度、政治学角度、法学角度等也体现了各自学科的自恰性。然而无论是哪一学科的单独解释都只是片面的,是学科知识嫁接的结果,都无法脱离其内在局限性。这种片面化特点一旦占据了主流,对我国土地级差收入政策的变化而言则容易使其陷入危险境地。唯有综合的多学科视角才是全面科学评析土地级差收入量及其背后社会关系的科学而全面的方法。

严格来讲,城镇化进程中的土地级差收入并不纯粹是马克思地租理论命题,其复杂性早已远超过马克思所强调的地租命题,这种复杂性具体表现有二:其一是产权关系的复杂性,尽管土地的社会主义公有制是明确的,但在处置不同公有制形式间的关系上却是错综复杂的,这已远超马克思所批判的资本主义私有制的产权条件;其二便是土地级差收入量构成的复杂性,马克思地租理论在实际上指租金范畴已不言而喻,但土地级差收入却在结构上更繁杂,既是对租金的统摄,又包含中国特色社会主义的制度形式,而这也是使其更为复杂的重要方面。复杂的结构及属性要求我们用更为科学的方法与政策工具进行规范和调整,至少不能简单地照搬或教条式挪用马克思地租理论的全部内容。而事实上,这种简单化处理土地级差收入量的问题却是普遍存在的,主要有两种表现:一种简单化现象是将土地级差收入量等同于土地价格,并将马克思地租理论作为影响土地价格的重要理论指导而加以引用,而实际上这种引用也并非对马克思地租理论的活学活用,很多时候只是将"土地价格本质上是地租的资本化"进行了不同语境的重复。我们可以将其概括为"不可或缺的出场",其作用更多的是用来标榜中国特色社会主义国情,且从根本上无益于中国特色政治经济学的发展。还有一种简单化现象便是将土地级差收入量视为财政工具，固然其对土地级差收入的工具价值（或属性）进行了实质运用，但对其背后更为重要的制度价值（或属性）则隐晦起来，似乎土地级差收入只是简单的土地市场交易产物，从而也忽视了特定生产关系对土地级差收入的影响，这种简单化现象实质上是对土地级差收入性质的遮盖，无益于我们对其进行必要的调节，更无益于土地的长久利用。

克服认识上的三种误区不是将我们对于土地级差收入量的认识引入一个更为复杂的情况中去，而是要让中国特色社会主义条件下的土地级差收入回归到更为科学的轨道上去。唯有如此，我们才能克服当下有关土地级差收入的各种诟病。

（二）理论测度土地级差收入量的三个基本前提

理论测度土地级差收入量至少需要解决三个问题，分别是"为什么""是什么"和"怎么样"，即"为什么要理论测度土地级差收入量，其价值何在""土地级差收入量的实体来源是什么，又是何种性质的范畴""土地级差收入量的效果如何，该如何进行客观评价"。对这三个基本问题的回答，实质上也是为进行土地级差收入量理论测度准备了逻辑前提。

在"为什么"层面上，土地级差收入量的问题牵涉诸多环节。从根本上来看，它是我们观察社会生产力进步的重要标尺。透过土地级差收入量的历史梳理与对比分析，我们既能直观识别土地级差收入量的发展与变化趋势，还能探索和发现土地市场的发育程度、土地级差收入量的分布规律和影响因素等，有助于我们完善有关土地价值的政策机制，便于我们更加自觉地提高土地政策的科学化水平。此外，通过对土地级差收入量的细分与对比，更有助于我们从历史数据中掌握其发展变化轨迹，可以为探索我国的经济发展趋势提供间接渠道。

在"是什么"层面上，土地级差收入量的结构凸显其复杂性，毕竟土地级差收入是区别于"租金"的量。正如之前所述，土地级差收入量是多重部分构成的"总收入"，租金部分显然受马克思地租理论影响，其余部分则有制度因素体现其中。然而，不管其结构如何复杂，我们仍需明确的是，土地级差收入量是一个典型的预付资本，这个量可能会接近其真实水平，也可能会背离其真实水平。只有当它用真实的地租量作为内在关键调节机制时，土地级差收入量才具有内部恰当性，而一旦脱离这一内在杠杆就会不同程度地偏离其真实水平。这恰好为我们分析土地级差收入量中除土地开发成本、社会补偿与安置成本之外部分的合理性提供支撑或反支撑作用。

在"怎么样"层面上，则涉及如何评价土地级差收入量的问题。在这一问题上需要我们辩证地看，既要有历史唯物主义的评价准则，也要有辩证唯物主义的评价手法。更进一步而言，我们对土地级差收入量的评价不是"一边倒"也不是"墙头草两边倒"，而是客观、辩证与公平。具体而言，既需要我们从历史情境中分析土地级差收入量的出现、从无到有、从小到大的过程与特性，又需要我们从实践规律中定位土地级差收入量的历史作用和发展动向，进而将土地级差收入量中客观存在的诸种问题加以平衡处理。

实质上，有关土地级差收入量的三个问题的逻辑前提的分析，逐步向我们展开了土地级差收入量的全貌特征，即：土地级差收入量是特定条件下的历史范畴；科学的土地级差收入量应以土地租金为核心，在充分肯定其对土地级差收入量的历史贡献的同时，仍需我们以动态、发展的眼光进行综合价值评估，更需要在中国特色政治经济学的范式下加以客观评价，这实际上不同程度地引出了我们关于土地级差收入量的问题的评价维度。

（三）理论测度土地级差收入量的四维指标

一直以来，我们对土地级差收入量的测度工作的缺席，使得这个范畴的工具价值越来越强化，而其背后所折射的更深层的机理却被隐藏，甚至被忽视。这引起了我们对土地级差收入量的系统反思，特别是从中国特色政治经济学角度的研究。进一步而言，不仅需要我们更加重视土地级差收入量，更为关键的是要找寻一个方法来对其进行测度。基于当前学界的认知误区，以及对三个基本前提的阐述，本书尝试从新的维度提出测度土地级差收入量的指标，即涵盖合理性维度、公平性维度、效率性维度和发展性维度的"四位一体"指标体系。

土地级差收入量的合理性维度，主要从结果层面考察构成土地级差收入量的数值及其大小的合理性。测度这种合理性重点是考察作为生产要素的土地在土地权属转换前后其土地资源、土地资本价值的兑现程度，以及这个兑现值与相关利益方合理利益诉求的接近程度。当然测度其合理性也必须有一定的前提，即特定时空条件、特定生产力与生产关系下，主要测度方法是通过各利益主体的满意度予以表现。

土地级差收入量的公平性维度，主要从机会公平角度来测度土地级差收入量的合宜性。这种公平性维度至少也应包含机会公平、代际公平等。其中的机会公平强调生成土地级差收入量应该在市场条件下具备相似的起点，而不管其具体所有制形式如何。即要求作为主要要素的土地的入市公平性；代际公平则更强调土地级差收入量要兼顾时间条件及其变迁态势，让土地级差收入量不是被简单地作为本届或未来几届政府的预算外收入，而是要兼顾或将土地相关权利作为"永续资源"而传承至后继者们。机会公平突显土地级差收入量的统一化生成条件，代际公平则给这样的空间条件附加了时间范围，从而使土地回归其传承和可持续利用的价值。

土地级差收入量的效率性维度，主要从经营角度来测度土地级差收入量的实体结构。投入—产出分析法是典型而有效的工具。进行效率性维度的测度，主要是考察土地出让收入与土地开发和征地成本间的比例关系，是对土地市场化机制和效果的衡量。更进一步而言，主要是通过区分土地级差收入的成本与利润关系来明确土地级差收入量的变化规律。效率性维度也是反映土地经营绩效的直接指标，是科学衡量和把握土地级差收入变化规律的有效维度。

土地级差收入量的发展性维度，主要是从动态视角考察土地级差收入及其量能否持续存在的指标。发展性是反映土地级差收入量自身科学性与合理性的重要方面，没有未来存续空间的事物肯定不具备发展性。作为中国城镇化进程的伴生物，土地级差收入在不同城镇化阶段有着不同的阶段特征，因而会产生不同程度的土地级差收入量的变化。这种变化便是土地级差收入量具备发展性的根本表征，这便启示我们要从发展的眼光来看待土地级差收入量的历史演进轨迹，同样也须用发展的视角来认识和处理土地级差收入量的未来形态。一般而言，对土地级差收入量发展性指标的观测，可以通过对土地级差收入量的规模、内在构成、具体形式等方面的考察获得。

需要明确的是，我们对于土地级差收入量的理论测度，是将其作为一个整体范畴来考察的，聚焦的重点也主要是在土地级差收入量的生成与内部结构层面，尚未涉及分配领域。作为一种理论设想，我们关于土地级差收入量的测度维度体现了本书的不成熟思考，尚无法将其具体化为某一完善指标体系，更没能以数据观测的方式构建起定量模型。但仍不可否认的一点便是至少通过对土地级差收入量的理论测度，为科学认识土地级差收入量问题发挥一定的"抛砖引玉"之效。

第三节　土地级差收入量的趋势预判

我国的城镇化是一个不断渐进的过程，土地级差收入量作为其典型的产物也呈现出与城镇化发展过程相匹配的契合性。结合当前中国城镇化的特征以及未来趋势，我们可以看到，以增量土地发展城镇化的模式已然进入了转型期，土地级差收入量的发展环境也日趋渐变，转型约束下土地级差收入的数量、结构与形式也将发生重要转变。

一 土地级差收入量面临传统增长压力

正如前文所揭示的那样,主要依靠增量土地来获取土地级差收入的方式正在遭受着系列挑战,特别是国家土地制度和政策的变迁,使得传统的土地级差收入量获取方式面临转型。概括起来构成其转型的制度因素有三:一是最严耕地保护政策的总量倒逼;二是土地级差收入形式的股份化趋势;三是土地级差收入治理力度的日趋强化,这些都真实地构成了我国土地级差收入量的未来发展趋势。

(一) 18亿亩耕地红线的政策底线

从最严耕地保护政策的总量倒逼压力来看,18亿亩耕地红线的底线构成了传统土地级差收入量生成情境的实质转变。我国农业大国的国情,农村人口的大量存在,以及粮食供给安全的战略意义,要求我们必须重视耕地的保有量,必须对能够有效保障国家农业安全的问题进行提早预防,以耕地为代表和主要形态的农地便纳入了最严格的土地保护政策。继2006年第十届全国人大四次会议通过的《国民经济和社会发展第十一个五年规划纲要》提出"18亿亩耕地红线"要求以来,保护耕地问题便成为农业和农村工作的一项重要内容,事关我国的粮食安全。特别是2013年中央农村工作会议再次明确了"坚守18亿亩耕地红线"的目标要求。这为当前土地经营中的"农转非"偏好敲响了警钟,并开辟了包括城乡建设用地增减挂钩、土地利用指标管理等在内的耕地保护制度,从而为传统的增量型土地级差收入模式"降温",并引发了土地级差收入量的新变化。不仅如此,城镇化的任务和目标也更为艰巨,按照2013年中央农村工作会议确定的城镇化目标,即"2020年解决三个'1亿人城镇化',将新增1亿进城常住的农业转移人口落户城镇"这一目标任务也成为当前城镇化工作的重要内容,这自然也意味着这一时期的城镇化工作的复杂性更高,而其中对于耕地保护的要求也更高——既要实现更多人、更高质量的城镇化,又要不触碰底线、不加剧耕地保护压力,多目标约束将我们对土地政策目标严格锁定在最严格的耕地保护上。按照骆祖春的预测①，以 2008 年末我国耕地面积为基础，此时距离 18 亿亩耕地红线的底线只有 1.72 万平方公里，而在这个物理空间上假定到 2030 年到达耕地红线的临界点，正常情况下预计将有近 2.7 亿新增人口完成城镇化，而此时的土地空间只能吸收 1.5 亿新增人口，尚有 1.2 亿人需要进行存量土地的再配置方式来完成城镇化工作，从而表明"在局部时间范围内……以城市规模外延扩张的可用土地是有限的"②，这进一步引申出土地未来的可持续性风险，"无地可卖"的局面自然也会导致土地级差收入量在总体上走向式微。这种与最严土地利用政策相匹配的农村土地供给量的降低，成为影响土地级差收入量的一个直接原因。

(二) 土地级差收入新形式的自我调整

一次性货币收入是土地级差收入的惯常形式，时至今日仍是土地级差收入的主流。随着土地领域的改革深化，特别是伴随着农村土地的确权、土地流转的开展，以及统筹城乡一体化工作的推进，在土地级差收入的一次性货币形式之外，又有了新的形式。典型的代表便是土地入股，该形式在成都模式、南海模式等国内典型模式中都有充分体现。

土地入股方式是对货币形式的创新和补充。所谓土地入股模式是指农村集体土地在完成权属变更后，将部分土地的收益权转交给村集体和失地农民，村集体和失地农民再以收益权入股并取得分红的形式。相较于传统主流的货币形式，土地入股形式有着鲜明的优势（见表 5-13），主要有三：一是土地开发成本相对较低，对于土地开发商而言可以减少短期的支出规模，相较于一次性货币支出，开发商的开发成本主要用于支付政府土地整理成本、一定量的土地收益以及部分土地征用费用，从而以相对较低的土地开发成本进行土地经营，对房地产地价上涨的传导作用也会有所减弱。二是具有

---

① 骆祖春：《中国土地财政问题研究》，经济科学出版社 2012 年版，第 164 页。
② 同上。

长期可持续性，村集体和失地农民以股权形式分得相应的收入，这种产权化改造实际上是一种增加相关主体收入保障的手段，从中他们既可以获得股权红利，也可以分享土地级差地租（甚至垄断地租），这种收入模式的长期可持续性也有助于实现土地与经济效益的关联，并随着土地利用的调整而变动，财产性收入功能也随之不断增强。三是能促进社会的整体和谐，新型城镇化是造福全体人民的城镇化，是以实现共同富裕为宗旨的城镇化，不是简单地以市场手段进行经济改造的城镇化，更不是催生暴富群体的不公正的城镇化，土地股权化借助必要的产权手段，有助于调节村集体与失地农民、村集体成员间的经济利益关系，也是有效调节因征地而"暴富"的群体间社会关系的重要方式，有利于缓解征地开发过程中的利益不公现象，因而从总体来看具有促进社会整体和谐的效果。

表5-13 两种土地级差收入形式的比较

类别＼形式	一次性货币形式	一次性货币形式+土地入股形式
应用程度	广泛，是主流形式	部分地区应用，创新的形式
总体规模	较大，对开发商的"门槛效应"较高	相对较小，对开发商的"门槛效应"相对较低
持续时效	土地权属变更后即结束	以土地产权入股的收入具有长期性
地租效应	较少涉及地租，土地拍卖竞价未反映地租规律	在一定程度上涉及地租，有获取土地级差地租的机会
与后续效益的关系	无关系	有关系

土地级差收入新形式的变化具有与时俱进的属性，是随着社会对土地认识的进步而创新出来的具体形式。可以预估，随着新时期土地制度改革的深入推进，土地级差收入的新形式也将不断涌现和优化，一次性支付的土地级差收入量会随着其内在结构的变化，在特定时间范围内具有减弱的趋势。

（三）土地级差收入治理力度的日趋强化

土地级差收入既重要也特殊，需要政府部门给予特殊的重视。

从时间线索来看，来自中央政府的治理力度日渐增强——土地级差收入中的既定支出比例日益增加，土地开发成本上升、土地级差收益计提数目增多、间接成本增加等现象突出，土地出让净收益占比整体不高。这在一定程度上对地方政府追求土地级差收入的偏好产生了"挤出"效应。

在土地开发成本方面，随着经济社会的发展，土地的征地、储备、开发的成本日渐上升。土地开发成本的增长与房地产市场的发展呈现正相关性，无论是利用存量土地，还是利用增量土地都具有此特点。特别是在东部地区，在房地产经济发展一路高涨时期，地价水平一路走高，其背后推手之一便是征地和开发成本的上升。根据刘守英、周飞舟等对2008—2010年间土地出让收入成本的分析，补偿性成本与开发性成本总计约占三年土地出让收入的55.4%[1]，综合占比超过总收入的一半。而根据汤林闽对2008—2014年间全国土地出让金收支状况的计算，土地出让金的成本性支出，近年来一直处于上涨态势，特别是自2011年达到74.5%以来，一直处于70%以上占比，高峰时期达到79.98%，近80%的水平[2]。这也佐证了土地开发成本一路走高的事实。

在土地级差收入中的计提资金方面，种类和比例也出现不断扩张的态势。综合来看，2004年以来国家层面先后出台了系列政策，围绕土地级差收入共计提了7项专项基金和专项资金，它们分别是农业土地开发资金、国有土地收益基金、保障性安居工程资金、农田水利建设资金、教育资金、土地出让业务费和被征地农民保障资金（见表5-14），计提的种类越来越多，并形成了面向土地级差收入的相对固定的提留机制，土地级差收益比例也随之下降。刘守英、周飞舟等的测算表明，2008—2010年间全国土地出让收益计提的各

---

[1] 刘守英、周飞舟、邵挺：《土地制度改革与转变发展方式》，中国发展出版社2012年版，第152页。

[2] 汤林闽：《中国土地出让金收支状况：2007—2014》，《财经智库》2016年第1期。

项资金和基金中，平均占比达到90.56%，最高年份的计提支出甚至超出了土地出让收益总额。各项计提项目有利于为相关项目筹集资金，但与此同时也产生了多重功效——减少地方政府自由裁量的支出份额、限制其他领域的财政筹资机会，当然也会滋生一些问题（本书在此不赘述）。

表 5-14　　　　土地级差收入中计提的 7 项基金和资金明细

计提项目	计提方法与比例	计提依据	应用说明
农业土地开发资金	从首笔土地出让金中一次性全额计提，土地出让面积 × 土地出让平均纯收益征收标准 × 各省（市、自治区）确定的计提比例	《用于农业土地开发的土地出让金收入管理办法》《国有土地使用权出让收支管理办法》	主要用于农业土地开发支出
国有土地收益基金	按缴入国库的土地出让收入的 4%—8% 计提	《关于规范国有土地使用权出让收支管理方法》《国有土地使用权出让收支管理办法》	主要用于土地收购储备
保障性安居工程资金	不低于土地出让净收益①的 10%	《关于切实落实保障性安居工程资金加快预算执行进度的通知》	统筹用于廉租住房、公共租赁住房、城市和国有工矿棚户区改造等保障性安居工程
农田水利建设资金	土地出让净收益的 10%，若全年应计提数小于土地出让收入的 2%，则按土地出让收入计提到 2%	《关于从土地收益中计提农田水利建设资金有关事项的通知》	30% 缴入省级国库，70% 缴入地方国库，用于农田水利建设
教育基金	土地出让收益的 10%，若全年应计提数小于土地出让收入 2%，则按土地出让计提到 2%	《关于从土地收益中计提教育资金有关事项的通知》	重点用于农村（含县镇）基础教育学校的校舍建设和维修改造，教学设备购置等项目支出

① 按照当年缴入地方国库的国有土地使用权收入，扣除当年从地方国库实际支付的征地和拆迁补偿支出、土地出让前期开发支出、计提农业土地开发资金支出、补助被征地农民社会保障支出、保持被征地农民原有生活水平补贴支出、支付破产或改制企业职工安置费支出、支付土地出让业务费支出、缴纳新增建设用地土地有偿使用费等相关项目后的余额。

续表

计提项目	计提方法与比例	计提依据	应用说明
土地出让业务费	土地出让收入的2%	《国有土地使用权出让收支管理办法》	土地有偿使用管理工作方面的支出
被征地农民保障资金	从土地出让收入中安排一部分资金用于补助被征地农民社会保障支出	《关于做好被征地农民就业培训和社会保障工作指导意见的通知》《关于规范国有土地使用权出让收支管理的通知》《关于切实做好被征地农民社会保障工作有关问题的通知》	用于逐步建立被征地农民生活保障的长效机制

在土地开发和经营的间接成本方面，也存在压缩土地级差收入的存续空间。如前面章节所述，按照"经济人"假设逻辑进行土地经营的地方政府也陷入了不能自拔的负性循环之中。土地开发直接成本的提高和土地收益空间的压缩，使得土地经营的利润水平呈下降趋势，土地经营动力不足。特别是在面对土地开发领域社会矛盾普遍存在、土地融资成本高迄[①]等的影响下，不得不做出"薄利多销"的土地经营策略，以维持现行体制下的财政运转。进入21世纪以来，涉及土地间接成本的事项越来越多，土地违法案件呈现新态势、地方政府土地债务成本与日俱增，土地级差收入量中的实际支配比例愈发减少。其中：

在土地违法案件方面，2001—2015年间土地违法案件不断涌现，并呈现新特征，在2001—2010年间，每公顷土地违法案件数从4.92件下降至1.07件，尽管中间有波动性增长，但下降趋势显著；在2011年每公顷土地违法案件数触底到0.94件以后，2012—2015年间又出现了稳步增长的态势，2015年底该数据已增至2.14件（见

---

① 利率提高会使地方政府融资成本上升，为满足财政投资建设需求，地方政府会选择更多的出让土地。同时，利率的提高通常会伴随准备金率的提高，导致银行信贷资金的紧张，从而使地方政府更多通过土地进行融资。参见王克强、胡海生、刘红梅《中国地方土地财政收入增长影响因素实证研究》，《财经研究》2012年第4期。

表5-15）。土地违法案件的出现必然需要相应的政府支出予以解决，从而会不同程度地增加土地开发和经营的直接和间接成本。

表5-15　　　　　2001—2015年间土地违法案件统计表

年份	年度份数	涉及土地面积（公顷）	涉及耕地面积（公顷）	每公顷上违法案件数
2001	130129	26465.08	10717.27	4.92
2002	115529	27737.23	12375.07	4.17
2003	125636	51711.81	26557.69	2.43
2004	83916	70130.37	37207.25	1.20
2005	79841	43041.13	23616.97	1.85
2006	90340	69558.88	34230.80	1.30
2007	92347	80873.14	36708.24	1.14
2008	60077	50430.20	19964.57	1.19
2009	41662	31850.47	14181.54	1.31
2010	42140	39330.14	16230.15	1.07
2011	43149	46063.57	15352.56	0.94
2012	37480	28489.60	9875.05	1.32
2013	56926	34883.26	10654.99	1.63
2014	54777	33412.93	10630.66	1.64
2015	54417	25405.27	8242.68	2.14

数据来源：作者根据《中国国土资源统计年鉴（2002—2016）》整理计算得到。

在地方政府土地债务成本方面，也遭受着更大的压力。根据2013年12月30日《全国政府性债务审计结果》，2013年6月底地方各级政府性债务规模中各级地方政府负有偿还责任的债务达到10.89万亿元，政府负有担保责任的债务达2.67万亿元，政府可能承担一定救助责任的债务达4.34万亿（见表5-16）。巨额债务引发未来债务压力和风险，《审计结果》显示，2013年7月至2018年以后，每年各级政府都至少要偿还1.43万亿元债务及或有债务（见表5-17），债务偿还压力颇大，"截至2012年底，11个省级、316个市级、1396个县级政府承诺以土地出让收入偿还的债务余额34865.24亿元，占省市县三级政府负有偿还责任债务余额93642.66

亿元的 37.23%"。这一事实又真实地构成了现实层面地方政府"薄利多销"经营土地的直接压力。

表 5-16　　2013 年 6 月底地方各级政府性债务规模情况表[①]

政府层级	政府负有偿还责任的债务（亿元）	政府或有债务	
		政府负有担保责任的债务（亿元）	政府可能承担一定救助责任的债务（亿元）
省级	17780.84	15627.58	18531.33
市级	48434.61	7424.13	17043.70
县级	39573.60	3488.04	7357.54
乡镇	3070.12	116.02	461.15
合计	108859.17	26655.77	43393.72

数据来源：全国政府性债务审计结果（2013 年）。

表 5-17　　2017 年 6 月底地方政府性债务余额未来偿债情况表

偿债年度	政府负有偿还责任的债务		政府或有债务	
	金额（亿元）	比重（%）	政府负有担保责任的债务（亿元）	政府可能承担一定求助责任的债务（亿元）
2013 年 7—12 月	24949.06	22.92	2472.69	5522.67
2014 年	23826.39	21.89	4373.05	7481.69
2015 年	18577.91	17.06	3198.42	5994.78
2016 年	12608.53	11.58	2606.26	4206.51
2017 年	8477.55	7.79	2298.60	3519.02
2018 年及以后	20419.33	18.76	11706.75	16669.05
合计	108859.17	100.00	26655.77	43393.72

数据来源：全国政府性债务审计结果（2013 年）。

综上可知，伴随着土地制度改革的深入，传统的土地级差收入量存续的条件已经发生深刻变化，转型已成必然。结合这一背景，

---

① 中华人民共和国审计署：《2013 年第 32 号公告：全国政府性债务审计结果》，中华人民共和国审计署网站，http://www.audit.gov.cn/n5/n25/c63642/content.html。

我们也可以对土地级差收入量的未来变动趋势有一定的洞察。

二 转型趋势下土地级差收入量的整体走向

根据前文，我们已然清晰明了——以土地出让金为主体形式的土地级差收入已进入了转型时期。无论是其对地租有关属性的回归与坚守，还是其形式上都将发生转型，而这种转型也会深刻作用于土地级差收入量的未来走向。

（一）土地级差收入量将在地租属性的回归中更契合经济发展规律

总的来看，当前以土地出让金为主体形式的土地级差收入在属性上较少呈现出地租的诉求，其未来转型的重点便是回归地租属性，并更大程度上以地租规律为基本依据发挥其内在的作用，自然也会对土地级差收入量形成必要的调节功效。具体表现有二：一是与经济发展的有机关联属性更强；二是与"产业—土地—人口"互动规律的契合性更强。

在与经济发展的有机关联属性上，土地级差收入中将更多体现级差地租因素。无论时代如何发展，"土地出让收入作为地租收入将长远存在，具有可持续性，不可能消亡，回归到其应有地位是历史的必然"[1]。这揭示了两个重要信息，即土地出让收入的地租属性是客观而长期存在的，以及土地出让收入回归其地租属性也是必然的。特别是其中关于地租规律的回归，更是点明了我国土地出让金的未来转型出路，更是强调了土地出让收入量的确定要以地租规律为前提的客观事实。这进一步意味着，传统的土地级差收入量的确定逻辑和方法的改变，而改变的重点是逐步建立起产业利润水平与地租的关系。

在与"产业—土地—人口"互动规律的契合性方面，实质上也是与经济发展有机关联机制的延伸。我们应该确信，伴随着土地级差收入及其量的地租化回归，新型城镇化的发展机制也将更为均衡，

---

[1] 骆祖春：《中国土地财政问题研究》，经济科学出版社2012年版，第171页。

原有的土地城镇化特征将被土地与人口的均衡城镇化替代。在此，我们将进一步强调的是，"产业—土地—人口"互动规律的实至名归，将实现当前土地级差收入量的整体改变——土地级差收入将逐步摆脱土地区位单一因素的主导性影响，转而将区位、产业类别乃至市场因素作为综合考量，因而土地级差收入量的影响因子也更为综合；与此同时，一次性收取土地级差收入量的方式也将逐步改为按年度收取，而这种方式将在短期内降低土地利用的成本，并逐步将其未来重心实现与地租水平相关联。

因此，契合经济发展规律的趋势将作为影响传统土地级差收入量的核心依据，其对土地级差收入量的调节功效也将至少产生两类效果：在长期和总体上来看，传统的土地级差收入量将式微，取而代之的是以地租规律为依据的新型土地级差收入量，这个量将在可持续的时序中创造更多的土地级差收入，当然也会随着"产业—土地—人口"高级化演进而实现新的发展。

（二）土地级差收入量将呈现双向阶段化特征

从转型的角度看，土地级差收入量将呈现双向阶段化演进特征，即传统形式土地级差收入量的阶段性特征和新形式土地级差收入量的阶段性特征。

一方面，传统形式的土地级差收入量的阶段性规律是先增后减，即土地出让收入的绝对量会随着经济发展、土地市场的成长而出现不断增长的特点，在土地出让收入的相对量上则表现为土地出让收入占本级财政收入占比先增后减的态势。尽管从全国来看，目前这一特征尚不明显，但在现有土地制度下传统形式的土地级差收入也迟早会走出这一条轨迹。现实的经验已经为我们认识传统土地级差收入量的最终转变提供了清晰的线索，这也将成为我们预判传统形式土地级差收入量走向的真实依据（见图 5-8）。

图 5-8 为我们深刻揭示了以土地出让收入为主体的传统土地级差收入量的倒 U 型演进趋势。图中 P_1 为现行体制下的土地财政收入曲线，P_2 为地方财政支出曲线。当城市扩张至 Q_1 点时，此时土地财

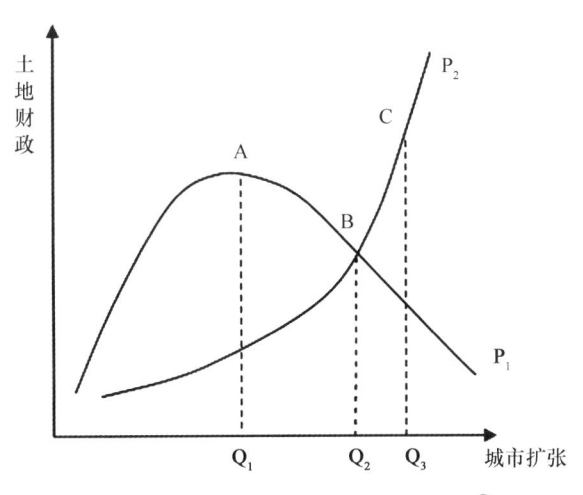

图 5-8 土地财政与城市扩张关系图①

政收入达到最高值 A 点，财政收入大于财政支出；当城市扩张至 Q_2 点时，土地财政收入与财政支出达到平衡点 B；当城市规模扩张至 Q_2 点以外的任一点后，土地财政收入始终小于财政支出，城市不理性扩张的负面效应也会随之不断显现。这从而在理论上描述了传统形式土地级差收入量先增后减的总体趋势，并意味着其向新形式土地级差收入转型的必然趋势。

上述传统形式土地级差收入量的变化趋势也已经得到了实践层面的印证。赵燕菁的研究表明，作为中国城市化最快的城市——深圳市，其"税收收入占到政府收入的93%以上，来自土地的收益已经微不足道"②。这意味着，在基本完成城镇化的深圳，传统形式的土地级差收入较国内大部分省市而言已经发生了实质性转型——已经从"土地出让金型财政依赖"转向了"产业税收型"财政依赖。这昭示着传统形式土地级差收入的必然转型之路，代表着我国土地

---

① 周晓维、王辉：《土地财政与城市扩张的相关性分析：基于新制度经济学的视角》，《经济与管理》2010年第7期。

② 赵燕菁：《土地财政：历史、逻辑与抉择》，《城市发展研究》2014年第1期。

级差收入转型发展的未来方向。

另一方面，新形式土地级差收入量的阶段性规律是先少后多。不同于传统的土地级差收入量的生成条件，新形式土地级差收入本身具有可持续性，永远也不会遭遇传统土地级差收入形式的增长瓶颈。只要存在土地利用的事实和地租的产生条件，就会有源源不断的新形式土地级差收入量的累积。之所以说新形式土地级差收入量会有一个"先少后多"的阶段性规律，理由有二：一是受当前新形式土地级差收入的地位限定；二是受当下城镇化阶段的限定。其中：1. 在当前土地级差收入形式中，传统的土地出让金形式仍为主流，占主导地位，以土地入股等新形式获取土地级差收入仍是一种辅助方式，但其未来的生命力却很强，代表着未来的发展方向。这种土地级差收入形式的地位特征，以及当前土地制度改革的阶段性特征，使得新形式土地级差收入地位较为微弱，因而其量也较少。从当前香港特区的土地年租金制来看，也是这种格局的典型代表。2. 在当下城镇化阶段方面，我国仍面临着进一步优化和壮大新型城镇化的双重任务，土地城镇化在短期内仍会继续存在并作为重要手段而发挥作用，理想形态的"产业—土地—人口"三维一体、有序互动的新型城镇化仍需较长时日的建构，这从而意味着与利润水平相关联的新形式土地级差收入的生成情境在整体上仍不成熟，新形式土地级差收入的作用仍较为薄弱，规模也很难会在一定时期内实现实质性增长[①]。但我们仍需坚信的是，这种状态也是暂时的，代表新的生

---

① 在此我们仍需强调的一点是，新形式土地级差收入的出现与发展并不是单一发生的，而是一种组合改革的结果，也即租、税、费等相关土地收入统筹改革的产物。由于三者之间互为约束条件和前提，从而也构成了彼此发展变化的影响因素。从这一角度来看，地租化的新形式土地级差收入的成长、壮大，也须以税（特别是房地产税）的实质性改革为前提。根据平新乔、黄昕等的观点，"要把地方财政对土地出让金的依赖转变到对房地产税收的依赖上来，是不能操之过急的，地方财政结构转变的根本决定因素是经济发展水平和产业结构水平"（参见平新乔、黄昕、安然《地方财政收入中的土地出让金和房地产税收问题研究》，《中州学刊》2016 年第 7 期）。这也意味着房地产税收改革的复杂性和漫长性，并终将导致新形式土地级差收入发展要经历更长周期和阶段。

产关系的新形式土地级差收入终将在新型城镇化战略的实现中占据主导地位,这也在纵向历史长河中隐喻了新形式土地级差收入量"先少后多"的规律。

第六章

中国城镇化进程中土地级差收入的分配机制

分配土地级差收入工作并不是简单的数量划分工作,深层意义上是对分配关系及其背后生产关系的配置。透过现象看本质,认识和分析当前我国土地级差收入的分配机制,需要有全局观和发展观,需要对利益相关者进行分类界定、需要对现行分配机制和分配关系进行抽象分析、需要以唯物史观视角对现行分配绩效进行辩证评价,更需要对当前及今后国家土地改革的宏观动向作以系统把握。

第一节 影响土地级差收入分配的利益相关者分析

土地级差收入的分配工作具有严肃性、公正性,涉及效率、公平、发展、稳定诸多方面,需要主导者审慎处理。在多目标追求下如何对土地级差收入进行相对合理分配,成为影响和考验地方政府智慧的重要方面,甚至是一道复杂的政治问题。

一 需要高度重视土地级差收入的分配问题

如果说土地级差收入是土地所有者与用地者的利益媒介,是一个不断做大的蛋糕的话，土地级差收入的分配则是不同利益相关者之间的利益媒介，我们可以形象地称之为是一个"分蛋糕"的工作。由于利益相关者群体的多元化、土地增值过程的复杂化，使得地方政府在进行"蛋糕切分"时总是会面临多重难题——用什么样的原则进行分配、分配给谁、用何种方法分配、分配后可能的后果如何等，都成为影响土地级差收入分配科学性、公平性、合理性的要素。由此，土地级差收入的分配问题甚至成了一个全社会都在关切的热点问题。细究起来，在引发广泛社会关切的背后，也向我们揭露了这样的思考——土地级差收入的分配关乎社会公平、关乎发展稳定、关乎制度伦理。这也恰恰构成了我们认识分配工作重要性的三个维度。

　　土地级差收入的分配工作关乎社会公平，这主要体现在如何对参与分配的弱势群体、纵向群体进行合理分割的问题，土地级差收入的分配实质是不同利益群体的利益分割，而利益群体有横向群体与纵向群体之别。其中：横向利益群体主要指参与当期土地级差收入分配的各群体总称，包括失地农民、农村集体、地方政府、中央政府；由于各利益群体在土地级差收入的生成和分配环节所处地位不同，存在着天然的强、弱之别，而其中失地农民、农村集体则显然居于弱势地位。纵向利益群体是指土地征用若干年后在该片土地上履行职能的利益群体的总称，这一类群体主要指后任政府以及生活在这片土地上的居民，这是由土地这一不可移动特性和履行政府职能特性综合影响的结果。弱势群体由于在"社会地位、接受教育程度与征地相关政策信息了解等方面"[1]处于绝对劣势地位，很容易在土地级差收入分配中产生自然的弱势影响（甚至是被动影响），如何尊重这一弱势群体、维护其公平正当的利益诉求成为验证土地级差收入公平性的一个重要维度。除此之外，由于后任政府的未然

---

[1] 朱靖娟、李放：《土地出让金收益分配原则建构：源自分配正义理论的启示》，《新疆大学学报》2013年第2期。

性，土地级差收入的分配自然也滋生了代际公平问题，一任政府收取了未来几十年土地级差收入并尽可能在当期支出完毕的分配规则，不仅衍生了土地财政的不可持续问题，同时也带来了严重的代际政府公平隐患。由此我们看到，土地级差收入分配中对后任政府和居民的利益诉求的兼顾也应是社会公平的题中之义，不能也不应该被忽视。一个是当期的分配公正，一个是未来的代际分配公平，都应成为土地级差收入分配的内在参照，也都应成为增进这一领域社会公平的有力抓手。

土地级差收入的分配工作关乎发展稳定。土地级差收入分配不公，同样会滋生社会矛盾，影响发展和稳定的基础。从权力依赖角度来看，参与土地级差收入分配的利益相关者之间存在着合作与对抗两种行动取向，至于是哪一种行动结果则主要取决于各利益主体之间的利益分配机制。根据范辉、刘卫东、张恒义的研究，"被征地农民和地方政府之间合作潜力较低，对抗潜力较高"，"农村集体经济组织与地方政府的关系和被征地农民有很大的相似性"[①]。在这种较高的对抗潜力中，地方政府始终居于主导地位，从而也意味着地方政府对于利益分配机制的主导作用，在一定意义上也被认为是破解土地级差收入分配不公的关键，这反映出了土地级差收入分配过程中的主体关系格局，及由此伴生的稳定和发展的秩序形态。从事实层面来看，土地级差收入分配领域的确滋生了社会安全稳定的隐患，根据我们对2001—2015年《中国国土资源年鉴》的统计，土地违法案件数一直保持着较高的发生频率，每公顷土地违法案件数始终在1件以上，高峰年份甚至每公顷土地违法案件数高达4.9件，这足以证明土地级差收入影响社会稳定发展的事实。

土地级差收入的分配工作关乎制度伦理。土地级差收入分配不仅是简单的数量分割，其背后折射的是分配的制度特征和制度伦理。

---

① 范辉、刘卫东、张恒义：《基于利益相关者理论的失地农民土地权益保护研究》，《地域研究与开发》2016年第4期。

土地级差收入在什么样的群体内分割，以何种理念分割，都能从本质上反映出我们对于土地资源的制度规定，反映出了人类对土地资源及其所有权认知和处理的科学程度。而按照马克思的观点，"土地所有权的正当性，和一定生产方式的一切其他所有权形式的正当性一样，要由生产方式本身的历史的暂时的必然性来说明，因而也要由那些由此产生的生产关系和交换关系的历史的暂时的必然性来说明"①。这意味着，人类对土地所有权及其具体形式的规定，也正反映了其对土地级差收入分配机制的决定作用，也即决定了谁能参与土地级差收入的分配，以及这个群体的数量界限。而这一问题恰恰构成了我们分析土地制度属性的判别标准。从当前世界主流实践来看，私有制或以私有制为主体的国家，土地级差收入分配的群体及其数量规模则较小，更多是直接利益相关者参与分割；而公有制或以公有制为主体的国家，参与土地级差收入的群体较多，且规模更大，土地级差收入会在直接利益相关者和间接利益相关者中进行更大范围的分割。这种客观现象反映出了这样的分配伦理——是以少数人，还是相对多数人，即是以私利还是以公利为分配准则。我们观察到的是，私有制条件下少数人参与分配，公有制条件下相对多数人参与分配，分配伦理迥异，从而也标榜了不同制度形态下土地的制度形态。而这也成为我们区分土地级差收入分配制度伦理的观测点，成为我们区分这种分配制度社会公共性的有力依据。

二　要树立土地级差收入分配的利益共同体理念

从根本上讲，在中国特色社会主义制度下，土地级差收入的公有共享性要求其分配主体是相对广泛的群体，这一群体与土地私有制条件下的直接权利者群体严格区别开来，是面向多数人的分配逻辑。明确这一广泛群体存在的客观性，是我们剖析其分配制度是否科学合理的前提。本书将这一相对广泛群体称为利益共同体。

---

① 《马克思恩格斯文集》第 7 卷，人民出版社 2009 年版，第 702 页。

这个利益共同体所包含的外延甚广,既有直接的土地利益相关者,又有间接的土地利益相关者;既有当下的土地利益相关者,又有未来的土地利益相关者。具体来看,失地农民、农村集体、地方政府、中央政府是直接的土地利益相关者,从土地级差收入计提相关政府性基金或费用的公共部门、土地级差净收益投向的部门和人员,以及前文所涉及的纵向群体都是间接的土地利益相关者,尽管他们所扮演的角色有所差异,但都在实然层面构成了分割土地级差收入的群体,只是各自的利益诉求和影响程度有所区别而已。根据Fran Ackerman 和 Colin Eden 的影响力—利益矩阵(Power-Interest Grid)①,我们可以将土地级差收入相关联的利益共同体分为四种类型,即:"高影响力+高利益性"利益相关者、"高影响力+低利益性"利益相关者、"低影响力+高利益性"利益相关者、"低影响力+低利益性"利益相关者四类(见图6-1)。

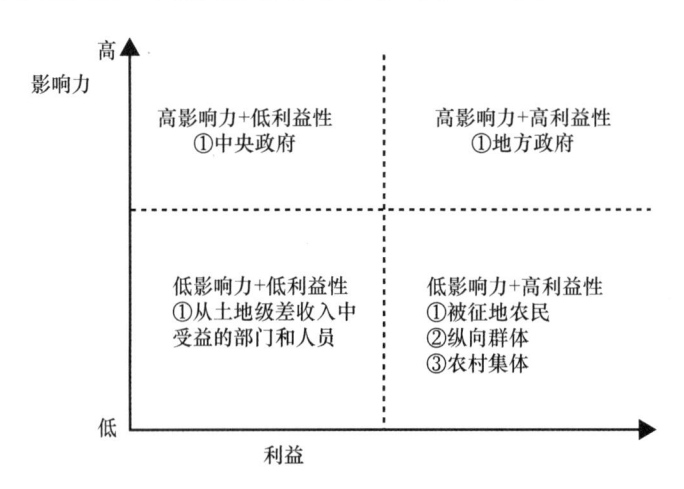

图6-1 影响力—利益矩阵及各利益相关者的分布图

---

① Fran Ackerman, Colin Eden, "Powerful and Interested Stakeholders Matter: Their Identification and Management", *Academy of Management Best Conference Paper*, 2003. 转引自刘琼、吴斌、欧名豪等《土地利用总体规划与城市总体规划冲突的利益相关者属性分析及治理策略选择》,《中国土地科学》2011年第9期。

从图 6-1 中，我们可以看到这样的情形：第一，与土地级差收入相关联的利益共同体是最广义的土地利益相关者的集合，自然其分配伦理上遵从相对多数人分配原则，进而标榜了中国特色社会主义制度条件下土地级差收入分配的公共性和制度先进性；第二，不同类型的土地利益相关者围绕着土地级差收入分配工作产生了不同的影响，而这些影响和类型定位又构成了该群体在土地级差收入分配的实际所得，一旦不同的利益相关者被"按类就座"，相应的分配策略就会定型，其分配能力就因此而限定，具体来看：（1）"高影响力+高利益性"的利益相关者，在土地级差收入分配中居于主导地位，甚至是分配规则的制定者和执行者，其分配策略就存在"利己主义""本位主义"的倾向；（2）"高影响力+低利益性"的利益相关者，尽管其对土地级差收入分配有着一定的制度决定优势，然而由于现实层面的中央—地方的不对称博弈机制，其制度优势在土地级差收入的分配中会有所"打折"，而它自身也表现出一定程度的无奈；（3）"低影响力+高利益性"的利益相关者，其获取更大比例的土地级差收入的动机更强，但却能力欠缺，无论是失地农民，还是农村集体，其参与分配的信息和能力仍不足，无法与主导者形成良性的讨价还价机制；而对于纵向群体而言，由于其处于未来状态，当下也仍是一个虚拟主体，缺乏参与土地级差收入分配的渠道和制度，因而充其量也只是停留在观念层面；（4）"低影响力+低利益性"的利益相关者，它们在更大程度上是中央与地方制度博弈的产物，但由于这类主体广泛存在于地方，因而其在多大程度上分配土地级差收入，也主要取决于地方政府，也即由地方政府结合自身实际统筹决定，而这恰恰也会表现出执行层面的"自由性"，事实上国家规定的各项政府性基金（或费用）整体上未足额缴纳即是例证。

以上我们对参与土地级差收入分配的利益共同体的分析构成了当前评价我国土地级差收入分配工作的依据，同时也构成了优化我国土地级差收入分配制度的依据，并为增进制度自信奠定了理论基石。

三 土地级差收入分配要体现利益共同体的合理诉求

毫无疑问，土地级差收入的分配工作是典型的利益配置活动。尽管这一活动在现实层面上表现出了不同主体间分配结果的偏差性，但从逻辑上讲，在利益共同体理念下土地级差收入的分配要充分体现各方之诉求，这也是我们追求土地级差收入分配公平性和正义性的内在需要。这启发着我们，在调整土地级差收入分配机制时，要充分体现利益共同体的合理诉求。

当然利益共同体的合理诉求也是彼此区分的，是存在差异的（见表5-1）。具体来看：（1）失地农民，作为"低影响力+高利益性"利益相关者的代表，其合理的利益诉求包括获得土地资产补偿的诉求、生活水平不降低和社会保障有着落的诉求，以及参与土地级差收益分配的利益诉求；（2）农村集体的合理利益诉求也主要停留在增加集体分成比例、增大农村集体与土地受让方合作与谈判机会的诉求，以实现其作为农村集体土地代理人的身份和功能；（3）地方政府的合理利益诉求则包括作为国有土地所有者代理人而获得部分土地出让净收益的利益诉求、对此部分收益的处置诉求，以及借助土地财政发展地方经济、提升城市化水平和当届政府政绩的诉求；（4）中央政府的合理利益诉求是以分配制度为杠杆，实现对地方政府的有效调控，以确保高质量城镇化与土地资源集约利用、粮食及生态安全的战略平衡；（5）从土地级差收入中获益的公共部门和人员的合理利益诉求则体现在对更大规模土地级差收入的期待上，希望有更多的相关资金进入国计民生领域，以此来提升政府的公共服务能力和整个社会的发展进步；（6）未来群体的合理利益诉求是实现土地级差收入的可持续性（当然也涵盖土地级差收入分配的可持续性），避免"寅吃卯粮"的现象，以降低后任政府的执政风险和执政成本，因而希望对当期土地级差收入有所分割。

表6-1　　　　不同利益相关者围绕土地的合理利益诉求表

序号	利益相关者	合理的利益诉求
1	失地农民	①土地资产获得合理补偿 ②生活水平不降低、有社会保障 ③分享土地级差收益
2	农村集体	①增加村集体分成比例 ②增大土地出让过程中的平等机会
3	地方政府	①为城镇化筹集更多资金 ②以地招商发展地方经济 ③合理扩大土地出让净收益的分配自主权
4	中央政府	①新型城镇化 ②土地资源集约利用 ③粮食及生态安全
5	从土地级差收入中获益的其他部门和人员	有更多资金投入到公共支出和社会服务领域
6	纵向群体	①为未来储备可持续发展能力 ②降低未来的成本和风险 ③建立面向未来的公共基金

透过上述不同利益相关者的合理诉求，我们不难看出，土地级差收入分配工作是进行多种力量平衡、多目标的整合工作。这要求我们在开展分配工作时，不能以现有主体博弈和分配局面为基础，而应以符合最大范围利益共同体的合理利益诉求为依据；不能以静态的、狭隘的视角来分配土地级差收入，而应引入动态的、广义的视角进行分配制度优化。这些内容恰恰构成了我国土地级差收入分配的科学内涵。

第二节　现行土地级差收入分配的机制、理念与效应

现行土地级差收入的分配机制是对我国土地制度的微缩呈现，

其所折射的有关土地所有权、分配伦理问题在深层次上体现了中国特色社会主义制度的现实特征。通过对土地级差收入分配制度的系统解析，更有助于我们发现现实层面与应然层面的制度差距，并能为新时代建构中国特色土地分配制度提供指导依据。

一 现行土地级差收入的分配机制

土地级差收入的分配机制是反映其分配理念和分配关系的现实载体，通过对土地级差收入动态分配机制与静态分配机制的分析，有助于全面掌握现行的分配关系。

（一）基于土地增值环节的土地级差收入动态分配机制

从实践来看，土地级差收入的分配实体来源于土地经营中的每次增值（当然在理论上看也会存在土地贬值的现象）。为了弄清不同环节土地级差收入分配的机制，我们结合土地增值的环节，即从相对完整的土地经营链条角度，来揭示土地级差收入的分配机制。总的来看，在土地所有权转换与土地使用权出让、土地产品经营两个环节上会形成不同性质的土地级差收入，其分配也各具特点。

1. 第一次增值环节的土地级差收入。第一次增值环节有两个关键步骤，即土地所有权变更和土地使用权出让，这也是实现土地增值的两大流程。土地所有权变更，即将农用地的农村集体所有变更为非农业用地的国家所有，此时具有征地职能的地方政府以支付相应征地费用为代价，获取了农业用地的所有权。这个征地费用则真实地构成了土地级差收入的基础和计算依据。在明确了这个征地费用后，地方政府则借助土地交易市场，对实现所有权转换的土地进行有偿的使用权让渡，这个让渡的货币代价便是国有土地使用权出让金。由于国有土地使用权出让金是一个总收入的概念，其内在地含有地方政府支付的征地费用、土地所有权变更后地方政府的土地开发费用以及相应的土地税费等成本，在扣除这些成本后便是土地第一次增值收入，即为我们所强调的第一次增值环节的土地级差收入。

2. 第二次增值环节的土地级差收入。第二次增值环节则发生在土地使用权的具体经营过程中。土地使用权的受让方根据自身的经营状况和市场竞争而取得经营收入。这部分经营收入是扣除土地成本、土地产品建设成本、税费等成本后的余额（当然这种成本也是分期提取的），这便是经营收益，也即我们所强调的第二次增值。此时，只要收益水平超过社会平均水平，便包含土地级差收益。而其中的土地级差收益自然也成为土地级差收入的有机构成。

3. 不同增值环节下土地级差收入的分配关系。如上，从完整的土地征用和土地经营的链条来看，土地级差收入也随之具备了两轮生成机会，每一轮生成过程都需要土地级差收入在不同利益相关者之间分配（见表6-2）。

表6-2　　　　　不同增值环节土地级差收入的动态分配关系

环节 类别	第一次增值环节	第二次增值环节
增值部分的名称	—	土地级差收入	经营收益（含级差收益）
增值渠道	所有权转换	使用权出让	经营权运作
实体来源	地方政府财政	国有土地使用权出让金（土地受让方的预付）	产品经营收入
计算依据	年产值倍数法 区片综合地价法	土地市场上"招拍挂"所形成的交易额	市场条件下土地产品经营所得
增值额度	—	土地出让金—政府代付的征地费用—土地前期开发成本	土地产品经营收入—前期成本—合理利润
增值部分的性质	—	土地开发收入	土地级差收益
增值部分的分配对象	—	地方政府、中央政府（仅新增建设用地领域）	租期内归经营者所有

从表6-2中我们看到，两次增值所生成的土地级差收入的分配机制有着显著的差异：（1）第一次增值所形成的土地级差收入的分配权停留在政府层面，且主要停留在地方政府层面；而参与土地增值的原土地的直接利益相关者则被排除在分配范围之外；从政府内

部来看，只有在出让新增建设用地时，中央政府才会从其土地出让金中分割净收益的30%；而在除此之外的所有建设用地使用权出让过程中，绝对主导者均是地方政府。(2) 第二次增值所形成的土地级差收入即土地级差收益的分配权，在现行土地出让制度下，则完全由土地使用权的受让方主宰，因而也自然而然地以利润之名纳入投资者的囊中。

(二) 基于收入实体的土地级差收入静态分配机制

基于土地增值环节的动态分配机制反映了土地级差收入的生成过程及分配关系，基于收入实体的静态分配机制则反映了土地级差收入在不同主体间的分配结果及分配关系。概括起来，当前的静态分配机制有两种形式，一是基于土地级差收入分配规定的常规性分配方案，二是地方政府在常规性分配方案基础上的创新做法。

1. 土地级差收入的常规分配方案。当前，土地出让金构成了土地级差收入的主要形式，土地出让金的具体分配方案构成了土地级差收入的常规分配方案。根据国务院办公厅《关于规范国有土地使用权出让收支管理的通知》（国办发〔2006〕100号）的规定，土地出让收入的使用范围集中在征地和拆迁补偿支出、土地开发支出、支农支出、城市建设支出和其他支出5个大类19个具体支出方向（见表5-3），其中：征地和拆迁补偿支出，以及支农支出中的补助被征地农民社会保障支出、保持被征地农民原有生活水平补贴支出，被分配到被征地农民手中；土地开发支出，以及其他支出中的土地出让业务费支出，被分配到地方政府，用来弥补征地过程的成本；支农支出中的集体农业土地开发资金、农村基础设施建设支出、城市建设支出，以及其他支出中缴纳计提国有土地收益基金、保障性安居工程资金支出（含廉租住房、公共租赁住房、城市和国有工矿棚户区改造等）、支付破产或改制国有企业职工安置费支出、教育资金安排的支出、农田水利建设资金的支出，被分配到地方政府，用来具体方向的公共支出；其他支出中的缴纳新增建设用地土地有偿使用费，则按比例上缴中央政府。

2. 土地级差收入的创新性分配方案。近年来，伴随着农地确权工作的展开和深入推进，以土地确权为基础、以土地产权运作机制为逻辑的土地使用权流转创新在一些省市推广开来，形成了以土地产权为依据的土地级差收入的创新性分配方案，广东的南海模式、四川的成都模式即为典型代表。梳理这些创新性分配方案的背后，可以发现以土地入股的方式让被征地农民享受城市化进程中的增值收益成为这些模式的典型特征。特别是，将常规性分配方案中的农民社会保障支出、保持被征地农民原有生活水平补贴支出转化为了土地财产性收入，以农户享有土地增值分配权的方式实现了土地的城镇化和人口的城镇化，更为产业现代化准备了社会条件。概括起来，创新性分配方案是在常规分配方案基础上对农地、农民土地产权的配置创新，核心是用市场机制进行产权的合理运作。

3. 静态土地级差收入分配机制的分配关系。不管是常规分配方案，还是创新性分配方案，其所反映的分配关系具有共通性（见表6-3），可以概括为如下两点：（1）在土地级差收入中体现了不同主体的诉求和主张，无论是失地农民、地方政府，还是中央政府，他们作为土地级差收入的利益相关者身份都在土地级差收入分配中得到了尊重和一定程度的兑现。（2）在土地级差收入的分配逻辑中既重视对直接利益相关者的分配，又重视土地级差收入在公共领域的分配；也即既重视对土地财产权的价值兑现，又重视土地的社会价值的兑现。因此，可以认为土地级差收入真实地扮演着促进经济、社会发展的杠杆角色。

表6-3　　　　　　　**土地级差收入的静态分配关系**

支出类别与方向	分配关系	常规分配方案的分配主体	创新性分配方案的分配主体
征地和拆迁补偿支出	土地补偿费 安置补助费 地上附着物和青苗补偿费 拆迁补偿费	被征地农民（土地资产的折旧与利息）	被征地农民（土地资产的折旧与利息）

续表

支出类别与方向 \ 分配关系		常规分配方案的分配主体	创新性分配方案的分配主体
土地开发支出	前期土地开发性支出 前期土地开发相关费用	地方政府（弥补开发成本）	地方政府（弥补开发成本）
支农支出	补助被征地农民社会保障支出 保持被征地农民原有生活水平补贴支出	被征地农民（保障生活水平，由地方政府补助或补贴）	被征地农民（保障生活水平，由土地的增值收益分配得来）
	计提农业土地开发资金 农村基础设施建设支出	地方政府（用作公共支出）	地方政府（用作公共支出）
城市建设支出	完善国有土地使用功能的配套设施建设支出 城市基础设施建设支出	地方政府（用作公共支出）	地方政府（用作公共支出）
其他支出	新增建设用地土地有偿使用费 土地出让业务费	中央政府	中央政府
	计提国有土地收益基金 保障性安居工程资金 支付破产或改制国有企业职工安置费支出	地方政府（用作公共支出）	地方政府（用作公共支出）
	教育资金安排的支出 农田水利建设资金支出	地方政府（用作公共支出）	地方政府（用作公共支出）

综合来看，土地级差收入的动态分配机制揭示了宏观的分配关系，静态的分配机制揭示了微观的分配关系。宏观分配关系显示现行土地级差收入没能随着土地价值的增值而得到应有的兑现，也即基于公平产权的土地级差收入分配机制呈现出"失能"特点；微观分配关系则总体反映了土地级差收入分配机制的相对合理性，与土地级差收入相关联的所有主体都能分配到一定的土地级差收入（至于分配数量的合理与否则是另一问题）。综合宏观分配关系与微观分配关系的特点，是我们评价土地级差收入分配关系的客观方法，也是更进一步厘清其分配理念和分配悖论的重要参照。

二 现行土地级差收入的分配理念

现实折射理念，理念彰显价值。从现行土地级差收入的分配机制中我们能够总结出其秉承的分配理念，也能为该理念下的分配主张找到判定依据。而这个过程恰恰也是一步步揭露土地级差收入分配实质的过程。

（一）现行土地级差收入分配理念的合理性

客观而言，现行土地级差收入分配工作有其合理性，且其合理性也主要通过微观分配关系体现出来。概括而言，这种分配理念的合理性可以表述为"尊重直接利益相关者和公共性的分配理念"，总体上是符合社会主义制度特性的分配理念和分配关系。

1. 土地级差收入分配工作将失地农民的合理诉求作为优先考虑因素。在现行的土地级差收入分配工作中，失地农民及其发展诉求成为首要考虑因素，这体现了土地级差收入对农民与土地关系的重视与尊重，体现了对直接利益相关者的利益保障理念。一直以来，农民都将土地作为生产生活来源和具有传承价值的财产，这些需求都被作为土地级差收入分配的考量因素。因此，才有了征地和拆迁补偿支出、补助被征地农民社会保障支出、保持被征地农民原有生活水平补贴支出的分配规则，以及后续创新性分配方案中对农民社会保障和生活水平保障的分配规则。除此之外，为确保现行土地级差收入分配中对农民权益的切实保障，国家还先后开展了包括建立公示制度、改革征地补偿费发放方式、建立被征地农民生活保障长效机制等做法，为依法足额分配失地农民的土地级差收入提供了政策和机制保障。可以说，现行分配理念对失地农民重视既凸显了一定的土地产权逻辑，又彰显了社会主义制度对于农民的价值关怀，因而在总体分配关系上是合理的。这构成了我们对土地级差收入微观分配关系的定性判断，至于这一合理的分配关系在多大数量上体现其合理性则需综合考量，本书在此不做重点讨论。

2. 土地级差收入分配注重土地社会公共价值的实现。土地级差收入的本质属性决定了它的公有共享特点，也决定了土地级差收入分配的社会公共价值性。在当前的土地级差收入分配工作中，土地级差收入的更大比例被用作与土地社会公共价值相关联的具体领域，当前计提的农业土地开发资金、国有土地收益基金、保障性安居工程资金、支付破产或改制国有企业职工安置费支出、教育资金安排的支出、农田水利建设资金支出，都属于政府运用土地级差收入进行公共支出的范畴，都是对土地社会公共价值的具体兑现。从这一角度看，对土地社会公共价值的分配隐含着两个逻辑，一是土地资源价值全社会共享的逻辑，二是土地社会主义公有制逻辑，是土地的工具价值和制度价值的结合体，因而也被认为是彰显社会主义制度特性的分配理念。

微观土地级差收入分配关系的合理性构成了我们判别现行土地级差收入分配理念合理性的关键依据。需要明确的是，土地级差收入分配关系和分配理念的合理性只是揭示了土地级差收入分配价值的合理性，属于价值判断；与土地级差收入分配数量的合理性要严格区别开。

（二）现行土地级差收入分配理念的局限性

现行土地级差收入分配理念的局限性主要表现为对土地级差收入的宏观分配关系领域，透射出的关键问题是缺乏对土地级差收入本质属性的科学认知。

1. 当前仅将土地级差收入视为产权标的物。不管怎样，土地级差收入首先是一个货币额，这是我们认识这一事物的第一印象，以致这一粗浅的第一印象给我们的分配工作带来了一定的蒙蔽，并使我们在分配时只注重了量的分割，而忽视了产生这一货币额的根本原因，即其背后的生产关系问题。在现行的土地级差收入分配中，无论是有意的回避，还是无意的认知所限，分配的结果都是客观而真实的。分配者们多以简单的产权关系为依据，提出了对这一货币额的分配主张，以至于让人们在感觉上将其定性为"产权标的物"，是让渡土地相应权利的应然所得。客观而言，这一认定并没有错误，但却不全面。因为土地级差收入具有工具和制度双重属性，作为"产权标的物"，它只是工具属性的呈现，只是土地级差收入属性的一个基本层面，而关于其核心属性——制度属性的兑现则整体被隐藏起来。这样一来，也便迎合了社会上对土地级差收入分配的偏激主张，即以产权逻辑为唯一逻辑进而提出"涨价归农""涨价归公"的分配建议。这种抹杀土地级差收入制度属性的主张，容易导致社会主义公有制下土地社会性的"湮灭"，更无益于土地的正外部性和社会性①的发挥，也无法体现土地级差收入分配的最大利益共同体原则。

2. 当前的土地级差收入分配具有当期性。从数量上看，参与土地级差收入分配的规模是有限的，由于它是土地使用权受让方以一次性预付形式所支付的货币额，表面看起来巨大，但与失地农民未来几十年生活所需的货币总量相比，我们却能得出不一样的结论。之所以会这样，就是由当前土地级差收入生成和分配的短期效应——一次性效应决定的。我国的土地出让金收取的主流方式是一次性转让40—70年土地使用权，这也随之决定了这样的一次性收入和分配机制。但这种分配缺乏持续性，一次性收入下可分配的货币额是有限的，在多用途的体制下这种有限性还将被不断放大，从其分配结果来看无益于财政的可持续性，更无益于增加农民的财产性

---

① 地租的社会性源自土地资源的人类共有性。马克思支持这一观点，他曾鲜明地指出"从一个较高级的经济的社会形态的角度来看，个别人对土地的私有权……是十分荒谬的。甚至整个社会，一个民族，以至一切同时存在的社会加在一起，都不是土地的所有者。他们只是土地的占有者，土地的受益者，并且他们应当作为好家长把经过改良的土地传给后代"（参见《马克思恩格斯文集》第7卷，人民出版社2009年版，第878页）。从中我们不难看出这种对土地的共有性界定自历史延伸至现在和未来，从而也说明了它之于人类的社会性。由此观点出发，我们也不难理解恩格斯在讨论住宅问题时对地租的长期存在性和社会性的解释，即"消灭地产并不是消灭地租，而是把地租——虽然形式发生变化——转交给社会"（参见《马克思恩格斯选集》第3卷，人民出版社2012年版，第267页）。土地的人类共有性，其衍生出的地租的社会性，均对土地级差收入分配的社会性作出了内在规定。从事实来看，土地级差收入的这种分配机制显然已经背离了其社会性要求。

收入。显然这样的结果背离了土地级差收入的属性,于当下而言也与国家倡导的增加农民财产性收入的政策存在明显的不一致。导致这一问题的根源也较为清晰,一是土地批租制,二是利益共同体缺位。批租制使得土地经营独占期间具有持续性的土地级差收益被垄断在实际的土地使用者手中,导致土地级差收入的"蛋糕"无法做大、更不能"细水长流";利益共同体缺位使得土地级差收入的分配主导权限定在地方政府手中,共享发展成果的制度缺乏有效的主体支撑和产权依托。作为其结果,一方面土地级差收入无法随着经济发展而增加,另一方面土地级差收入利益相关者也无法凭借其应有权利来合理合法分割土地级差收入。这也使得土地级差收入分配的当期性、短期性特点越来越突出。

(三) 两种土地级差收入分配主张及其评价

在土地级差收入分配的理论主张上,存在两种截然不同的观点,"涨价归农""涨价归公"成为各自主张的代表,它们都反映了各自对土地级差收入的分配立场,都是土地级差收入分配理念局限性的代表性观点。

1. "涨价归农"的理论主张

当前,我国的大部分学者都持此观点。归结起来,持"涨价归农"主张的依据有三:一是从法律上讲,土地所有权的归属决定土地发展权、收益权的归属。农村集体拥有土地就应该拥有其土地的发展权、使用权、承包经营权以及收益权。因此,由集体土地衍生出来的增值应该全部交于农民。如刘英博认为,"集体土地承载着农民的生存和保障权,无论根据产权理论还是从社会管理的角度,完整的收益权都应归属于农地所有者"[1]。二是从道义上讲,政府对于失地农民有补偿的责任和义务。这主要指土地是农民辈辈耕种、代代相传的资产,具有其他生产资料所不能替代的功能,农民失去土

---

[1] 刘英博:《集体土地增值收益权归属的分析与重构》,《东北师大学报》2014年第3期。

地不仅是物质财富的丧失，还要承担精神上的痛苦。因此，政府在道义上有超额补贴农村集体的责任。三是从现实看，现行土地增值收益分配过程中对农村集体和农民的待遇不公，无论是沈飞等人对我国35个大城市的土地征收——出让过程中政府与农村集体的收益分配比例[①]的研究结果，还是王书明等对辽阳市农村集体土地征收的研究结果[②]，都表明了这样一个事实：政府和农村集体、农民的收益比例严重失调，政府居于绝对主导和有利地位。

政府与农村集体、农民在土地增值收益分配中的巨大落差成为"涨价归农"的现实依据。另外，对于实行"涨价归农"的具体措施，蔡继明认为"对被征土地农民进行全额补偿（参照被征地的现用途而不是原用途）无疑是提高被征地农民收入的一个重要措施，这就要求政府必须把将被征农地的价值在扣除必要的管理费用后全部返还给农民，各级政府和开发商不能从征地这一环节获取任何利润"[③]。

可以说"涨价归农"理论确实对捍卫农村集体（包括农民）正当利益、推进现行土地制度改革和政府职能转变具有积极作用。但是，忽视土地的社会公共价值，将土地的增值收益仅仅作为产权标的物，并将其全部交于农民未免助长了另一种不公平——制度不公平。另外，失地补偿带来的农村"暴发户"现象也在表明，在以"半熟人"为主体的基层，对于农村集体的过度补贴在一定程度上也是以牺牲社会发展的整体效率和公平为代价的。

---

① 根据沈飞等的研究，政府和农村集体的收益分配比例约为17：1，最高的华北地区平均为28.1：1，最低的华南地区也达到10.5：1，农村集体潜在的经济福利受到严重损失。参见沈飞、宋道林《政府和农村集体土地收益分配关系实证研究：以我国土地征用——出让过程为例》，《中国国土资源经济》2004年第8期。

② 根据王书明等的研究，辽阳市在将果园转化为商业服务用地的过程中，政府收益可高达农民失地补偿的近7倍之多。参见王书明、刘元胜、郭讳《不同用途农村集体土地征收中的收益分配研究：以辽宁省辽阳市为例》，《农业经济问题》2012年第10期。

③ 蔡继明：《必须给被征地农民以合理补偿》，《中国审计》2004年第8期。

2. "涨价归公"的理论主张

坚持"涨价归公"者认为土地为社会所有，土地的增值也由社会发展产生，因此，国家可以通过税收方式获得增值收益。具体来看，"涨价归公"有着深刻的思想渊源，对"涨价归公"的论证主要是从以下方面展开的：一是土地所有权应归全民所有。普遍认为，每个人都有享有土地的权利，因此土地的增值也应由大众分享。二是土地的增值来源于社会发展。孙中山曾指出地价高涨源自"社会之进步发达"，是"众人之劳力致之"。亨利·乔治也认为"土地价值不表示生产的报酬，它在任何情况下都不是占有土地者个人创造的，而是由社会发展创造的"①。因此，土地增值也应回馈给社会而非农民。三是"核定地价、依价征税、税收为公"是"涨价归公"的基本方式，综合穆勒的"涨价归公、定价收买"、乔治的"单一税"和孙中山先生的"平均地权"思想，可以看到，"涨价归公"的实施方案可以概括为：在对全国土地价格进行核定的基础上，将土地的现有价格归还地主，土地的增值部分以"土地税"形式收归国家。然而，目前学界拥护"涨价归公"观点的较少，对其分析基本在阐述"土地财政"的正向作用中展开。如赵燕菁认为"土地财政是中国城市化启动的关键制度……对于城市化的原始资本积累起到重要作用"②，从效用价值论的角度佐证了"涨价归公"理论。

可以看到，"涨价归公"理论不仅看到了土地的公有性质，而且看到了社会在城市发展和土地增值中的重要作用，及其对于促进社会公平具有重要意义。但"涨价归公"理论在"投入—产出"的计算中只关注到了会计成本，而忽略了机会成本和制度成本。也就是说，他们只看到农民的土地所有权不能带来土地性质转化、地理位

---

① [美] 亨利·乔治：《进步与贫困》，吴良健等译，商务印书馆1995年版，第347页。

② 赵燕菁：《土地财政：历史、逻辑与抉择》，《城市发展研究》2014年第1期。

置升级和功能分区的优化,因而不能享受增值,却忽略了失地农民在支付土地所有权这一会计成本的同时,还付出了以土地发展权为核心的机会成本,也忽视了农民对土地生产生活的合理主张和诉求,这样不仅容易积累分配领域的矛盾,甚至会引发城镇化进程中土地征收的更高社会成本。

3. 对"涨价归公""涨价归农"的辩证评价

综合来看,不管是"涨价归农",还是"涨价归公",其分配机制背后都有着深刻的时代烙印。其中"涨价归公"理论产生于19世纪末20世纪初的资本主义社会快速发展阶段。这一时期,农业土地资本家、租种土地的农业资本家与农业雇佣工人矛盾突出,将超额利润从强势资本家手中转交给集体理性的代表——国家,成为人们反对集权垄断、反对阶级剥削的价值取向和追求的具体体现。而到了社会主义初级阶段,人民群众的内部矛盾取代阶级矛盾成为社会主要矛盾,维护弱势群体权益,促进社会公平正义成为理论创新和制度设计的价值追求。因此,以保障农村集体(农民)合法权益为核心,寻求政府、农村集体(农民)在政治地位、经济权益上的平等为实质的"涨价归农"理论成为主流。细究起来,两种主张都有其合理性,主要表现在:一是"涨价归公"观点重视社会因素对增值部分(土地级差收入)的决定性作用,以及重视土地的社会公共价值,因而在分配环节上要体现与其相关联的社会关系,特别是与公共机构与公共支出的关系;二是"涨价归农"观点重视社会制度属性和对公平正义的追求,因而在分配环节上要有更广泛的利益群体参与其中。这些合理性在中国特色社会主义制度下并不矛盾,也根本不会互相排斥,反倒都应该成为我们科学处理土地级差收入分配工作的内在精髓,并应该成为今后优化我国土地制度的有机参考。

三 现行土地级差收入的分配效应

土地级差收入的分配机制产生了深刻的社会影响。客观而言,既有积极效应也有消极效应，无论是何种效应都是土地级差收入分配机制的结果表达，都需要我们辩证审视。

(一) 现行土地级差收入分配的积极效应

土地级差收入的分配机制反映了特定的生产关系和社会关系。结合近年来，中国城镇化的快速发展事实，我们毫不避讳地说，现行土地级差收入的分配机制有着重要而积极的贡献，它为快速城镇化提供了资本积累。

改革开放以来，我国的城镇化水平实现了巨大提升，城市辖区面积、建成区面积、城镇人口数量、建制市的数量等城镇化指标都实现了大幅增长，仅用了近四十年的时间就完成了西方发达国家一二百年才完成的城镇化水平，速度之快令人赞叹，中国特色的社会主义优势也由此得以彰显。在这一系列漂亮成绩的背后，我们仍能精确地发现这样的线索——快速城镇化得益于地方政府的努力，更具体而言，得益于地方政府对土地级差收入的城市优先分配策略，毕竟这一分配策略将城市发展和建设摆在了地方政府的价值首位，并由此产生了相对稳定和持久的连锁反应，最显著的优势便是为快速发展的城市带来巨额资金。

根据汤林闽的整理和测算，2010—2014年间土地级差收入在分配环节上呈现典型的城市偏向。我们看到，从绝对值上来看，在扣除征地和拆迁补偿支出、土地开发支出等成本性支出后，土地级差收入净收益中用于"城市建设支出"的数量最大，如果再加上以各种名义混入"其他支出"的城市建设支出的话，其数量更加惊人。数据显示，2010—2014年间，共有24086.51亿元专项资金用于城市建设支出，加上掺杂在"其他支出"领域的城市建设费用的话，这一数额将飙升至40788.21亿元（见表6-4），约占全部支出的25.29%；如果再扣除成本性支出，这一占比甚至高达79.22%。

表6-4 2010—2014年间国有土地使用权出让金支出项目情况

支出项目	年份	2010	2011	2012	2013	2014
国有土地使用权出让金支出	国有土地使用权出让金支出总额	26622.12	31052.26	26663.87	38265.60	38700.72
	征地和拆迁补偿支出	10206.96	14358.75	13828.92	20917.69	20281.78
	土地开发支出	2479.57	5324.69	5116.04	8350.28	8952.01
	城市建设支出	7621.00	5564.88	3049.20	3775.14	4076.29
	农村基础设施建设支出	1076.53	760.45	486.19	516.50	458.50
	补助被征地农民支出	457.11	689.72	520.75	852.21	856.97
	土地出让业务支出	133.71	217.37	180.85	239.26	222.29
	廉租住房支出	422.01	519.96	355.73	391.81	367.94
	教育资金安排的支出	—	—	291.41	—	—
	支付破产或改制企业职工安置费	—	—	212.87	—	—
	棚户区改造支出	—	—	68.20	—	—
	公共租赁住房支出	—	—	170.27	—	—
	农田水利建设资金安排的支出	—	—	231.06	—	—
	其他土地使用权出让金支出	4225.23	3616.44	2152.38	3222.71	3484.94

数据来源：作者根据汤林闽《中国土地出让金收支状况：2007—2014年》，《财经智库》2016年第1期的表格内容整理而成。

通过表6-4我们可以清晰地看到，土地级差收入的分配格局——城市优先的格局，这充分印证了土地级差收入在我国现阶段城镇化战略的使命，同时也进一步诠释了土地级差收入积累城镇化资本的主要贡献。这也是我们认可土地级差收入积极效应的一大客观理由。

(二) 现行土地级差收入分配的消极影响

如同硬币的两面，土地级差收入分配机制在呈现其积极效应的同时，其消极影响也随着实践的开展而暴露出来。概括起来，这类消极影响主要包括过度依赖土地财政、逆向收入分配问题突出和失衡的城镇化三个方面。

在过度依赖土地财政方面，现行土地级差收入分配的城市优先策略积累了较大的财政风险，主要表现在：1. 地方政府财政收入中土地出让金占比居高不下。数据显示，以土地出让金为主要形式的土地级差收入长期处于地方财政的主导地位，高峰时期甚至占到地方财政的80%。唐燕、许景权的研究显示，2001—2010年间土地出让金收入占地方政府本级财政收入的比重持续走高，稳健保持在40%以上，高峰时段（2002年和2003年）的占比甚至高达80%左右[1]。这说明，地方政府对地方财政收入的追求重心越来越侧重于土地经营领域，地方政府发展经济社会的动能越来越与土地相关的产业挂钩关联，甚至走向房地产经济时代。2. 地方政府凭借土地大行举债，借助土地储备机制建设地方政府融资平台，土地资产金融化、债务化压力大。《2013年全国政府性债务审计结果》显示，"截至2012年底，11个省级、316个市级、1396个县级政府承诺以土地出让收入偿还的债务余额高达34865.24亿元"[2]，占省、市、县三级政府负有偿还责任债务余额的近四成，巨大的债务风险为地方政府的财政可持续性埋下安全隐患。

在逆向收入分配方面，土地级差收入应以"效率为主 兼顾公平"原则按贡献度在利益相关者之间进行分配。然而，由于当前土地征收管理制度的约束，在土地级差收入的分配却没能严格按照相关原则执行——土地级差收入中的成本和收益分别体现了不同的分配原则：成本的分配主要按实际成本的生成渠道而在失地农民、农村集体和地方政府间进行会计分配；收益则主要由地方政府分配。是具有二重差异的分配机制；且在收益分配环节由于分配主体的单一化，这种分配效率显然已不是纯粹意义的效率分配，而是带有市场机制的仿效率分配。这种二重差异分配的直接结果是导致土地征收阶段"收入分配明显偏向政府"[3]，土地出让阶段"收入分配明显

---

[1] 唐燕、许景权：《建立城乡统一的建设用地市场的困境分析与思路突围》，《城市发展研究》2014年第5期。

[2] 中华人民共和国审计署：《2013年第32号公告：全国政府性债务审计结果》，中华人民共和国审计署网站，http://www.audit.gov.cn/n5/n25/c63642/content.html。

[3] 范方志、汤玉刚：《土地财政与收入分配》，《宁夏社会科学》2013年第5期。

偏向于贸易部门"①，土地开发阶段"收入分配偏向于老住户"② 的分配格局，即产生了逆向收入分配问题，其长期影响便是：1. 作为"国民收入分配秩序中最需要提振收入水平的群体"——失地农民，却失去了具有保障效用的生产资料；2. "商业、服务业和住宅用地的出让价格将高于社会最优水平"，而工业用地价格低于正常合理水平，存在着从商业、服务业和房地产业向工业的收入再分配事实；3. "通过住房市场购买居所"的城市新移民，成为城市土地财政负担和城市化成本的重要承担者，存在着城市新移民向老住户的收入再分配事实。总结起来，这种典型的逆向收入分配机制和局面，是片面追求效率和片面追求公平的结果，因为片面追求效率而扼杀了其他直接利益相关者的收入，因为片面追求城市化财政成本的"城市公平"而扼杀了城市以外地区和人群的"社会公平"。显然，逆向收入分配问题成为了土地管理制度遭受诟病的主要原因，也成为土地领域社会矛盾的激化器。

在失衡的城镇化方面，人的城镇化、产业的现代化明显落后于土地的城镇化。正如前章内容所揭示的，新型城镇化是以人的城镇化为核心，以"产业—土地—人口"的协调发展为目标的城镇化。然而，在我国当前的城镇化发展格局中，非均衡发展特征表现突出，集中表现为土地城镇化快于人口城镇化和产业的现代化。其中：1. 土地城镇化快于人的城镇化，主要表现为城市建成区面积快速增加，其增速远超人口城镇化水平。袁贺通过构建城镇人口增长率与建成区面积年均增长的偏差系数，对2001—2011年间我国的土地城镇化和人口城镇化的协调水平进行了分析，认为"从增长来看，中国城镇化进程中，城市建成区的增长速度明显快于城镇人口的增长速度……人口城镇化滞后土地城镇化的趋势越来越严重……城市建成区人口密度呈递减态势"③。2. 土地城镇化快于产业现代化，主要

---

① 范方志、汤玉刚：《土地财政与收入分配》，《宁夏社会科学》2013年第5期。
② 同上。
③ 袁贺：《我国的土地城镇化明显快于人口城镇化》，中国乡村发现网，http://www.2gxcfx.com/Artical/83926.html。

表现为快速扩张的城市版图和城镇中"鬼城""空城"并存的现象。为了追求土地城镇化带来的短期效应，全国范围内上演了不同程度的造城运动，以致出现了"城市只有住宅，没有配套、没有服务、没有产业，白天成为一座'空城'，晚上成为'睡城'，有的甚至成为名副其实的'鬼城'"[①]。缺乏人口的城镇化是没有前途的，缺乏产业的城镇化是没有基础的，在我国建设中国特色新型城镇化的战略行动中，产业、土地、人口三者缺一不可，当然也不能长期失调，否则将会陷入不可持续发展的泥淖。

第三节　土地级差收入的分配悖论及其改革动向

土地级差收入的分配涉及多主体的利益调整，既有短时效应，也有长期影响。科学把脉土地级差收入的分配工作，需要找准主要矛盾和主要问题，并结合相应、规律和价值追求进行系统优化与改革。

一　土地级差收入的四重分配悖论

土地级差收入分配的本质是社会关系的调整，分配实体是土地权属变更所生成的货币额。从其本质来看，进行土地级差收入分配悖论的揭示，必须首先进行社会关系的考察，这是前提；从其实体来看，进行土地级差收入分配悖论的揭示，还须从更广的范围上对其生成与分配过程进行系统审视，这是确保问题提炼准确的关键。结合这一问题审视思路，我们可以将土地级差收入的分配悖论概括为：分配关系扭曲化、分配实体蒙昧化、分配过程竞争化、分配结果短期化四个方面。

[①] 胡能灿：《城市化要谨防"空城计"：对当前"新造城运动"中空城现象的冷思考》，《国土资源》2010年第9期。

(一) 悖论之一——分配关系扭曲化

分配关系与所有制关系密切关联,是生产关系的重要组成。对土地级差收入分配关系的考察,也正是对土地级差收入所体现的生产关系的考察。在我国当前的土地级差收入分配中,分配关系扭曲化特征较为突出。按照马克思地租理论的科学内涵,地租的分配关系体现了明确的产权关系。马克思在揭示地租产生的原因时反复强调,正是由于土地所有者对土地所有权的垄断,才有了租地农业资本家将超额利润转交给土地所有者的前提。这也给我们分析土地级差收入的分配关系提供了重要启示:1. 土地级差收入的分配规则应以土地所有权关系为主线;2. 土地级差收入的货币量应以市场竞争条件下形成的社会平均利润为基准,这反映了土地级差收入的市场逻辑。基于上述认知,我们不难看出,在马克思地租理论中,市场的逻辑和产权的逻辑是分配地租及租金的核心依据。以此为依据,所形成的分配关系也应主要是以土地所有权为线索的市场化分配关系。

然而,我国现行的土地级差收入分配关系则只是部分地遵循了这一分配规则。也正是由于这种分配规则适用的非全面性,引发了分配关系的扭曲走样。具体来看,在遵循这一分配规则环节上,即在国有土地使用权出让金的生成和分配过程中,体现了产权的价值和市场的诉求,从而形成了我们所讨论的土地级差收入,因而土地受让方对土地所有者的分配遵从了市场和产权的逻辑,所体现的分配关系也即纯粹的所有权人与使用权人的分配关系;但在不遵循这一分配规则的环节上,即在政府、农村集体、失地农民的分配上,却失去了市场逻辑的有效介入,取而代之的分配规则是政府性和经验性的分配规则,于是便产生了以原农业土地成本为核算依据的分配方式。尽管分配关系尊重了相应的产权逻辑,但却因为市场逻辑的缺位而使其内部分配关系畸形,并产生和积累了特定的社会矛盾。

这种土地所有权变更环节的单一产权逻辑,以及土地使用权转让的产权与市场共存逻辑,使得现行土地级差收入的分配关系异常复杂。这种不纯粹、不科学的分配关系埋下了土地级差收入分配悖论的机制根源。

(二) 悖论之二——分配实体蒙昧化

分配实体即是土地级差收入的实体，需要用土地级差收入来衡量。表面来看，分配实体只是数量的多寡问题；而在更深层次上，分配实体在多大程度上反映市场条件下的土地价格才更为关键。换言之，分配实体这块"蛋糕"有多大、还能做成多大、还能分配多久，则是考验分配效果的又一关键维度。

本书所指的分配实体蒙昧化有两个表现，即：一是分配实体确定的"非市场化"；二是分配实体的静态化。首先，在分配实体确定的"非市场化"层面，主要是指形成土地级差收入的方法并未完全按照市场规律办事。尽管上文我们说土地使用权转让过程中遵从了产权和市场的双重逻辑，但我们不得不说的是这种市场逻辑本身也是不完整的，从我国形成土地价格的操作方法上就可见一斑。我们暂且不讨论基准地价的制定办法，仅就土地出让金的产生规则来看，就能说明问题——土地出让金是以国有土地使用权的基准地价为基础，在土地市场上以"招拍挂"方式上取得的市场竞拍最高价。从土地出让金数额的确定来看，它的确是按照市场拍卖所形成的价格，反映了特定地区和时间上的市场供需状况，但我们却忽略了另一点，即马克思关于地租量的计算依据是按照土地用途的社会平均水平来确定的这一内在规律性，也就是说我国当前基于市场拍卖的机制取代了马克思所强调的社会平均水平的市场机制。从这一角度而言，这种市场机制便是对真正市场机制的背离，因而也具有了我们所说的"非市场化"特征。其次，在分配实体的静态化层面，本质上是其"非市场化"局限的延伸，二者互为条件，共同构成了其实体蒙昧化的核心内容。本书所指的静态化是指土地级差收入的一次性，即分配实体的一次性而非长期性。我们不否认土地级差收入中可能包含未来若干年的土地租金，只是在形式上是一次预付罢了。但在认可这一事实的同时，本书也注意到这种一次性货币额（或曰实体）

及其一次性分配，抹杀了后续土地级差收益的分配空间，导致级差收益被留存在土地经营者手中，而这与我国的中国特色社会主义制度属性相背离。在这一过程中，我们当然也有难题，那就是在这个一次性支付的土地级差收入中，具体的结构是什么，每部分结构各占多大比重，这个问题是我们克服分配实体静态化特征的"拦路虎"，仍需我们进行更持久的研究。但尽管有困难，仍不能阻碍我们推动土地级差收入回归理性和本质的努力和信心，毕竟长期性、动态性才是分配实体的本来面目。

这种"非市场化"和静态化特征显然已经将我们的视野带到对数量的重视上，但却对我们揭示其分配机制的应然逻辑产生了更大的蒙蔽，以致土地级差收入的真正属性及其分配关系被隐藏。

(三) 悖论之三——分配过程竞争化

土地级差收入具有公共性，作为一种典型的土地经济收入，其公共性体现在其共有和共同分配的属性上。这就规定了土地级差收入分配主体的多元性和共同体性，以及分配过程的互动性。然而，由于现实层面土地级差收入分配关系的扭曲化，使得多元性和共同体性的分配主体间被制度区隔开来，各利益主体的诉求仅限定在特定领域和环节，例如：失地农民、农村集体的利益诉求仅体现在征地环节，政府的利益诉求仅体现在土地使用权转让环节。于是这种碎片式的分配区隔，使得利益共同体之间缺乏合理的互动渠道和利益诉求协商机制，各主体间的作用域被割裂为不同的时空阶段，从而也割裂了彼此的合作空间。

与此同时，我们还注意到由于现行制度的影响，作为国家代理人的地方政府处于土地级差收入的生成、分配与治理的绝对主导地位。尽管城市土地归国家所有，但在履行相应权利的时候，仍需要有明确且有行动和责任能力的主体。于是政府作为国有土地代理人的角色应运而生，中央政府、地方政府之间的委托—代理关系也在行政体系中得以生成并发挥作用。根据《土地管理法》，"县及以上人民政府行使本辖区内土地的管理权力"，县（区）、市、省三级地方政府成为实质的土地级差收入的主导力量,这其中尤以县(区)政府的作用最为突出。由于地方政府的主导作用,其在土地级差收入的生成和分配中扮演着多重角色——土地利用规划的主导者、土地征用的主导者、土地出让信息的集成者、土地使用的监管者、土地级差收入分配的主导者等,地方政府成为了决策者、执行者、监管者,成为土地出让全过程的绝对主导力量。在多元性和共同体性利益主体被分割在不同场域和环节的情况下,地方政府主导土地级差收入分配的力量更具有制度优势和信息优势,易将本应有的合作型博弈机制演变为零和博弈,竞争性和矛盾性也由此滋长。

当前土地级差收入分配竞争化的核心特征是进入了分配领域的零和博弈歧途。土地公有制决定了土地收入分配的广泛性。土地资源的稀缺性,既要求人类对资源的珍视,同时也引起了少数群体的狭隘性占有。这种分配的广泛性,与狭隘的占有之间便产生了内在冲突,并在土地级差收入的分配环节表现了出来。从我国的实践来看,就是地方政府围绕土地级差收入与其他分配主体产生了博弈关系,博弈的双方便是地方政府(尤以区县为代表),以及与出让土地直接关联的中央政府、失地农民和农村集体,在这里我们简称为直接利益相关者。围绕着定额的土地级差收入,地方政府与直接利益相关者展开了竞争,各自都从自身立场形成了土地级差收入的分配主张,并尽可能多地占有土地级差收入。于是,这场土地级差收入分配工作就陷入了竞争博弈循环之中,地方政府从国有土地所有者代理人、土地管理者身份出发显然占据着主动权,其对土地级差收入分配的更多占有,则意味着直接利益相关者的更少分配,这种地方政府主导的土地级差收入分配博弈规则也得到了制度上和事实上的确认[1]。这种零和博弈的结果便是正当的利益主体诉求被压抑,政

---

[1] 在土地级差收入分配的纵向政府博弈中,我们在土地级差收入的生成章节都做过详细讨论,我们看到的结果便是中央政府与地方政府围绕土地出让金分成比例的制度上曾出现频繁变迁,这种变迁就是博弈关系的真实证据。

府间（特别是中央政府与地方政府间）关系的博弈化，并将社会对土地问题的诟病聚焦在了地方政府身上。

这种分配过程的竞争化显然已经背离了利益共同体的本真，并将利益共同体的合作关系引向对立，而这却与中国特色社会主义制度属性发生了实质性偏离。

（四）悖论之四——分配结果短期化

结果是过程的延续，是对分配关系的定型表达。土地级差收入的分配结果更是分配关系、分配过程的最终呈现。从这一角度而言，土地级差收入的分配结果已然成为分配机制的预设产物，分配结果短期化就是对分配机制不科学的实际呈现。

分配结果短期化有两个主要表现，一是分配视角注重当期性而忽视长远性，二是分配重心在局部而非整体。首先，在分配的当期性上看，在既有的分配博弈格局——地方政府主导下，分配的当期性更强调在本届政府任期内的分配上，而对后届政府缺乏应有的考虑。往往在安排地方财政资金时，地方政府所秉持的理念是本届政府的政绩，在这种短期政绩观影响下，其分配也自然具有短期性，尽管这种短期性对于城市扩张具有一定的积极意义，但却引发了不顾长远发展而积聚地方财政压力的风险，地方政府大规模进行土地融资举债即是典型。这种短期性带来两大严重后果，即引发政府内部的代际不公平和增加政府债务风险和压力。其次，在分配的局部化上来看，无论是土地级差收入还是土地级差收入的净收益，其分配比例中仍以城市为主，城市的基础设施、公共服务等成为优先支出领域，而对广大农村建设的支配则占比较少，城乡分配格局中"重城轻农"的现象突出。这不仅不利于城乡统筹和一体化发展，更无益于促进城乡公平。

分配结果的短期化背离了土地的内在属性，使得土地的永续存在性与土地级差收入的长期性之间产生了裂痕，这种裂痕带来了不可持续的风险，总体上也损害了社会公平正义。当然，不可否认的是造成分配结果短期化的根源是制度根源，其背后折射出来的是当前我们对于土地属性认知的局限性，要扭转这种悖论，必须在制度和认知上进行重构和优化。

二 土地级差收入分配机制的改革动向

土地级差收入的分配悖论直接反映的是我们分配工作中的不足之处。但透过现象看本质，引发上述分配悖论的主要是制度原因，从根本上来说是对于土地属性的认知问题。这些问题如今已触发了分配领域的改革开关，并要求我们在探索中国特色社会主义制度中加以优化和完善。站在21世纪中华民族伟大复兴和建设中国特色社会主义伟大实践的战略高度，需要系统审视和设计与土地级差收入相关联的制度。综合当前改革发展趋势，以及土地级差收入的属性特征，本书认为优化土地级差收入分配机制有三个主要方向，即分配关系的市场化回归、分配主体的利益共同性回归、分配结果的可持续性回归。

（一）分配关系的市场化回归

在揭示现行土地级差收入的分配关系时，本书提出市场和产权逻辑是考察分配关系的依据，将现行土地级差收入对分配逻辑的尊重程度进行了阶段性区分，并认为在土地级差收入的确定上总体遵循了市场和产权逻辑，但是不纯粹；而在土地级差收入的内部分配上却只遵循了产权的逻辑。正是由于这样的分配逻辑，才使得现行土地级差收入的分配关系扭曲化。从马克思地租理论的科学内涵出发，破解这种分配关系扭曲化的路径就是在明晰产权的基础上将其分配机制交于市场，按照其贡献进行土地级差收入的获取和分配。

分配关系的市场化回归包括两个主要方面：一是土地级差收入的获取更符合市场水平；二是内部分配遵从市场规律。在土地级差收入的获取方面，即计算土地级差收入数量时应该按照土地要素的贡献进行计算，而不仅仅是按照当时该地块的供需市场状况来计算。这意味着，在计算土地级差收入的时候有两个要求，既要涵盖土地征地成本、开发成本，又要将未来土地增值收益中的超额利润纳入其中，并随着市场发展水平而有所波动，这是尊重和回归土地级差收入本质属性的具体表现。由此，我们可以将土地级差收入逻辑地区分为两大类，即市场条件下的一次性收入（涵盖土地补偿安置费用、土地开发费用等）和级差收益，其中市场条件下的一次性收入由土地使用权人支付，级差收益则由土地使用权人根据土地经营收益从超额利润中定期转付。这种土地级差收入的计算及支付方式，较之传统的计算方式，最大的特点是将土地的增值收入与土地所有者（在我国而言是广义的利益共同体）有机关联起来，并按照相应制度约束各方权利与义务，从而将土地级差收益尽可能按市场水平[①]收归相关利益主体。在分配遵从市场规律方面，要求分配主体更加独立自主，这既是与土地使用权人进行土地级差收入测算和讨价还价的主体，也是分配土地级差收入的自由主体，其分配比例也主要是基于其产权贡献而计算出来的。从这个角度来讲，分配机制遵从市场规律的核心要义也有两重，它既是独立自主的主体，又是能依据产权规定而享有土地收益的主体。相比于现行分配机制而言，它最大的改进在于——它已不是被政府替代的虚假主体，而是有着独立经济行为能力的主体，甚至是主角。

简言之，土地分配关系回归市场化就是实现土地级差收入关系的简单化，也即实现如下三种关系的简化：一是实现土地市场体系的简约化，原有供地制度下的一级市场成为多余，城镇土地所有者、农村集体土地所有者各自按相应法律和市场规则进行平等交易，同地同权将成为必然。二是实现分配规则的一元化，支配土地级差收入分配的核心机制是产权机制，而非其他。三是实现土地资源价值明晰化，土地的资源价值在任何时期都要重视，这是由其自身稀缺性和永续存在性决定的，在土地资源价值与农民生存保障价值相融

[①] 从操作性角度来看，每年度对土地级差地租进行核算需要耗费大量的精力、人力、物力等资源，总体不经济。按照当前世界通用做法，就是定期进行测算，而这个定期一般会在3年左右。因而这种定期测算应是一种最接近真实市场水平的方法。

合的我国，实现土地资源价值及其对农民的生存保障价值则更为复杂。由于现行的分配机制中缺乏对这一类价值的主动关照，仅将其看作生产要素；而按照市场化机制的路径，就不难厘析出土地的资源价值、资产价值（生产要素）及各自的内在诉求，因而也就为重视和建立面向土地资源价值的公共储备机制创造了契机。而这一机制将在根本上有利于城镇化进程中土地的集约利用与可持续利用。

当然，促进土地级差收入分配关系的市场化回归是一项系统工程，需要至少有如下三个方面的配套改革：一是土地市场体系的改革，变行政垄断为市场竞争；二是推进政府职能转变，并将主要职能集中在强化规划和执行监督方面，切除"与民争利"的既有余肋；三是推进财政体制改革，即结合新一轮中央财税集权化改革，做好各类土地收入的归位，租、税、费并行并用。这些配套性改革将作为土地级差收入治理章节的重要内容而加以详述。

（二）分配主体的利益共同性回归

在土地的社会主义公有制背景下，土地级差收入的分配本就具有典型的公有共享的属性，因而分配主体本应是一个利益共同体。然而，在实践中这种本然属性却走向了另一面，从应然的利益协商走向了利益博弈，并形成了以地方政府为绝对主导的分配格局，由此也造成了直接利益相关者利益受损的事实。这种共同利益向零和博弈的异化，不仅积累了利益分歧，也为可持续发展带来威胁。

分配主体的利益共同性强调土地级差收入的利益相关者之间的合作，而非利益分歧和博弈。正如本章第一节所强调的那样，土地的公有共享属性是将其利益关联者，"绑定"在一起的核心机制，这些利益相关者之间也由此具备了组建利益共同体的内在动因。分配主体的利益共同性也有两层意蕴，即：一方面，每一个人都是土地级差收入的利益相关者，需要构建"全民共享机制"[①]；另一方面，

---

① 唐卓：《构建土地出让收入全民共享机制的研究》，《经济研究参考》2013年第59期。

须摆脱直接利益相关者的狭隘立场,并规避不应有的博弈关系。

在构建全民共享机制方面,关键是达成社会共识,使得全社会都能认识到土地之于全体人民的公有共享价值,并为巩固这种共识提供政策路径。具体来讲,可以分解为两项基本工作,即:一是在全社会传递这样的公共认知——土地的资源价值对于全体人民具有基础意义,土地的资产价值对直接利益相关者具有生存和发展意义,二者并不矛盾且是高度统一的。通过对土地价值的区分与统一,使得全体人民认识到土地问题关涉及每个人,只不过是关涉程度不同、关涉方式有所差异罢了。搞清楚这样的基础认知,才能有利于下一环节的顺利推进。二是以全社会的公共认知为前提,分类设计不同土地价值的兑现方法,即形成新的全民共享的分配方案。其中,针对土地资源价值,需要公共部门以强制收取的方式加以兑现,并借助国民收入再分配渠道应用于全社会;针对土地资产价值,需要公共部门以政策供给方式,保障土地所有者和土地使用权人之间公平的市场化和产权化交易,并以国民收入初次分配方式调节直接利益相关者的分配关系。可以说,土地资源价值、土地资产价值,及其价值兑现机制,共同构成了土地级差收入的全民共享机制,并在现实层面以租、税、费等方式体现于经济社会发展的具体领域(见图6-2)。

```
土地资产价值                          土地资源价值
①以安置补偿费用和土地开发费等方式兑现   ①以政府强制收取的方式兑现
②主要在直接利益相关者之间分配         ②在全社会进行分配
③以市场和产权为分配逻辑              ③以公平正义为分配逻辑
④初次收入分配的范畴                  ④收入再分配的范畴
```

图6-2 土地价值的全民共享机制图

在规避直接利益相关者的狭隘立场上须打破零和博弈的现状。当前土地级差收入分配问题的焦点是直接利益相关者之间的内部分配不公问题，产生这一问题的原因有二：一是土地级差收入的有限性，由于土地级差收入的一次性收取和一次性分配的限制，土地级差收入在数量上是有限的，无法满足各方利益诉求，这是导致零和博弈的直接问题。可以说，在直接利益相关者中，除中央政府外，都是以"经济人"为自身逻辑前提的，因而各自的利益主张都以"最大化"为指向，这便引发了"总量有限，利益主张最大化"的矛盾，并催生了彼此间的博弈关系。二是各方博弈机会和能力不均衡，由此产生了地方政府的博弈优势，也由此形成了相对固定的博弈格局。由于地方政府的"运动员"和"裁判员"的双重身份，其自身拥有信息优势、制度优势和机会优势，而失地农民和农村集体则由于整体缺乏相应的平等地位、政策信息而被排除在博弈竞争的边缘，并处于明显的弱势地位，一强一弱的博弈格局使得地方政府占据了土地级差收入分配的主动权，并将这种零和博弈关系推向了中央政府与地方政府的博弈层面。这种博弈机制的结果便是塑造和强化了地方政府在土地级差收入分配中的绝对主导地位。

寻求破解这种狭隘立场的方案也成为改革当下土地级差收入分配格局的内在要求。可喜的是，党的十八大以来土地市场的改革正在深化、土地直接利益相关者的关系正在重塑，其中代表性的土地确权工作、农村土地三权分置工作和集体建设用地入市试点工作已经展开。1. 土地确权工作。根据 2013 年中央 1 号文件《关于加快发展现代农业进一步增强农村发展活力的若干意见》精神，自 2013 年起"用 5 年时间基本完成农村土地承包经营权确权登记颁证工作，妥善解决农户承包地块面积不准、四至不清等问题"，旨在"建立归属清晰、权能完整、流转顺畅、保护严格的农村集体产权制度"[①]。目前，该项工作已经取得重要进展，根据 2016 年 11 月 3 日农业部

---

① 中共中央国务院：《关于加快发展现代农业进一步增强农村发展活力的若干意见》，中华人民共和国中央人民政府网站，http://www.gov.cn/gongbao/content/2013/content_2332767.htm。

部长韩长赋在国务院新办公室发布会上披露的数据,"全国土地确权工作已经完成7.5亿亩,完成整体确权工作的60%"①。土地确权工作的顺利推进,为下一步土地流转准备了条件,为具有明晰产权和相对完整产能的农地入市夯实了基础。2. 农村土地三权分置工作。在土地确权的同时,关于农村土地直接利益相关者的权利配置改革也进一步深化,关键标志是中共中央办公厅、国务院办公厅联合下发的《关于完善农村土地所有权承包权经营权分置办法的意见》,明确提出"坚持农民土地集体所有,坚持家庭经营基础性地位,坚持稳定土地承包关系",并落实集体所有权充分"保障土地集体所有权人对集体土地依法占有、使用、收益和处分的权利"②,充分维护农民集体对承包地发包、调整、监督、收回等各项权能;在稳定农户承包权方面,要稳定现有土地承包关系并保持长久不变,充分保障土地承包权人对承包土地依法占有、使用和收益的权利……充分维护承包农户使用、流转、抵押、退出承包地等各项权能;在稳定农户承包权方面,要稳定现有土地承包关系并保持长久不变,充分保障土地承包权人对承包土地依法占有、使用和收益的权利……充分维护承包农户使用、流转、抵押、退出承包地等各项权能③;在放活土地经营权方面,充分认可和保障"土地经营权人以对流转土地依法享有在一定期限内占有、耕作并取得相应收益的权利"④。农村土地所有权、承包权、经营权的"三权分置",不仅直接有利于现代农业的灵活经营,更为重要的是开启了利益共同体的新时代,将农村土地的所有者、承包者、经营者的利益属性和诉求以政策的方式进

---

① 《2016年全国农村土地确权已完成多少？农业部给出答案》,土流网,http://www.m.tuliu.com/wnews/read-45318.html。
② 中共中央办公厅、国务院办公厅:《关于完善农村土地所有权承包权经营权分置办法的意见》,中华人民共和国中央人民政府网站,http://www.gov.cn/zhengce/2016-10/30/content_5126200.htm。
③ 同上。
④ 同上。

行明确，并传递出"利益共同体"的价值导向。这一政策的突破性意义也将在农地转用为城市建设用地时，为如何认识和优化利益共同体及其实现机制问题提供了指引。3. 集体建设用地入市试点工作。农村土地确权，以及"三权分置"工作的推进，为进一步优化土地市场体系，特别是为构建城乡统一的建设用地市场体系准备了前提条件。伴随着《国土资源部、住房城乡建设部关于印发〈利用集体建设用地建设租赁住房试点方案〉的通知》（国土资发〔2017〕100 号）的出台，城乡统一的建设用地市场开始试点，打破了原有政府垄断一级土地市场的格局。特别是，文件中提出的"村镇集体经济组织可以自行开发运营，也可以通过联营、入股等方式建设运营集体租赁住房"[①] 具有突破意义。从字面来看，似乎涉及的是住房市场问题，而透过字面背后，我们也不难发现其突破性即对传统的集体建设用地市场禁止入市的规定进行了突破，也即为打破供地市场的政府垄断地位明确信号。以小见大，我们也有理由推断，这是对传统多级市场体系的简约化处理方案，其简约化的核心就在于打破土地"农转非"过程中对政府部门的绝对依赖和绝对权威，从而指出了实现社会主义土地公有制的两种并行方法——国有土地市场主体、农村集体所有土地市场主体将在新的土地市场化格局中得以归位，而不是前者对后者的替代。这种归位恰恰也是对传统诟病的垄断市场体系的修正与完善。

土地确权、同地同权、"三权分置"的改革不仅符合土地政策和管理领域深刻的时代变迁，更重要的是在土地级差收入分配工作中对产权和市场的尊重，不断为破解因权利不清、主体不明而带来的狭隘博弈问题廓清了"责任田"和"权利边界"。

（三）分配结果的可持续性回归

由于现行土地级差收入分配的短期性，土地级差收入分配结果

---

① 国土资源部、住房和城乡建设部：《关于利用集体建设用地建设租赁住房试点方案》，中华人民共和国国土资源部网站，http://www.mlr.gov.cn/zwgk/zytz/201708/t20170828_1578400.htm。

缺失公平，并引发横向和纵向的不公平。这不仅不利于财政体制的稳健，更为未来发展埋下隐患。分配结果的不公平，引发分配领域的改革诉求。结合分配关系的市场化回归、分配主体的利益共同性回归，土地级差收入分配结果也扭转了不可持续的窘境，依据有二：一是分配对象具有可持续性，即从建立在土地超额利润之上的土地级差收入具有可持续性，这从根本上意味着一次性收取的土地级差收入的终结，取而代之的是连续性收取的土地级差收益。这种稳定的土地级差收益构成了分配结果可持续性的根源。二是分配机制更具可持续性。如果说分配实体来源的可持续性是分配结果可持续性的充分条件，那么分配机制的可持续性则构成了分配结果可持续性的必要条件。综合当前我国土地改革的发展趋势，土地级差收入的分配权利边界日趋清晰，分配关系也将逐步回归原本属性，狭隘的博弈格局也将为共同合作所取代，这一系列向好向优的分配政策和机制，正在改写现行分配领域的弊端，正在朝着中国特色社会主义土地制度体系而努力。其中最显著的变化就是分配工作越来越注重对失地农民的保障作用，越来越注重对失地农民劳动能力的调动，即通过"综合保障＋劳动价值"的双重分配机制的组合，不仅使得失地农民增加了财产性收入，更为关键的是通过对农业转出劳动力的再配置，使得劳动收入成为分配结果的有效补充。这样一来，原有分配结果中的最弱势群体则借助新型分配机制而收获更为多元的收入和更充实的保障，其对分配工作的分歧性也更趋于和谐，分配结果的可持续性也获得了生命力。

三 优化土地级差收入分配的理论方案

土地级差收入分配的改革已经箭在弦上，改革的机关已经启动。但不得不承认的是，当前的改革仍停留在基础改革层面，虽然已经明确了改革的前提与方向，但如何改、如何进行系统的优化，仍有待进一步明确。综合当前土地级差收入的分配现状，以及改革的宏观动向，本书尝试提出了一种理论方案，以供讨论。

总体来说，土地级差收入的分配不仅仅是分配问题，它既牵涉土地级差收入属性的归位问题，还牵扯到土地级差收入的稳定性与恰当性等问题。因而，土地级差收入的分配工作更是一个系统改革，是进行加减法的改革——其中加法是指如何稳定增值源，使得土地级差收入源源不断；减法是指如何分割土地级差收入，使得各利益方相对公平、合理。

具体来讲，这一改革思路有四个重要突破（见图6-3）：一是土地级差收入的收入方式的突破，即变一次性缴纳为"一次性缴纳+定期缴纳"，土地级差收入的对象不仅仅是一次性出让收入，还增加了级差收益，从而使土地级差收入具有可持续性；二是土地级差收入按不同性质分配，即变按资产要素分配为按"双资"要素分配，因此将土地级差收入分割为两个部分——土地资产价值和土地资源价值，其中：土地资产价值用以兑现征地、土地开发成本，以及保障失地农民和农村集体的可持续发展；资源价值用以兑现土地对人类共同体的生存价值，将以政府性基金等方式专项收取，专门用于土地资源的保护与整理、耕地（农地）修复，或作为货币储备机制留给后任政府，以及用作其他社会公用支出，进而增进土地级差收入分配的公平性。三是不同的增值环节各部分的兑现方式和比例各有差异，其中土地资源价值从一次性缴纳的收入中兑现，土地资产价值分两个阶段兑现——分别从一次性缴纳收入和定期缴纳的级差收益中兑现，这也是保障利益相关者享受相应土地增值的有效机制。四是注重运用土地级差收入以外的其他收入方式来增加直接利益相关者的收入，特别是注重引导农业转移劳动力到城镇其他产业部门就业，从而既有效提升失地农民的综合收入水平（财产性收入和工资性收入），又有助于他们更好地参与和分享城镇化发展成果。

从图6-3中，我们可以看到这样的四重回归：一是土地级差收入从土地出让金向"土地出让金+级差收益"的回归，土地级差收入具有双重结构，由于收入依据的差异性，土地级差收入分配逻辑

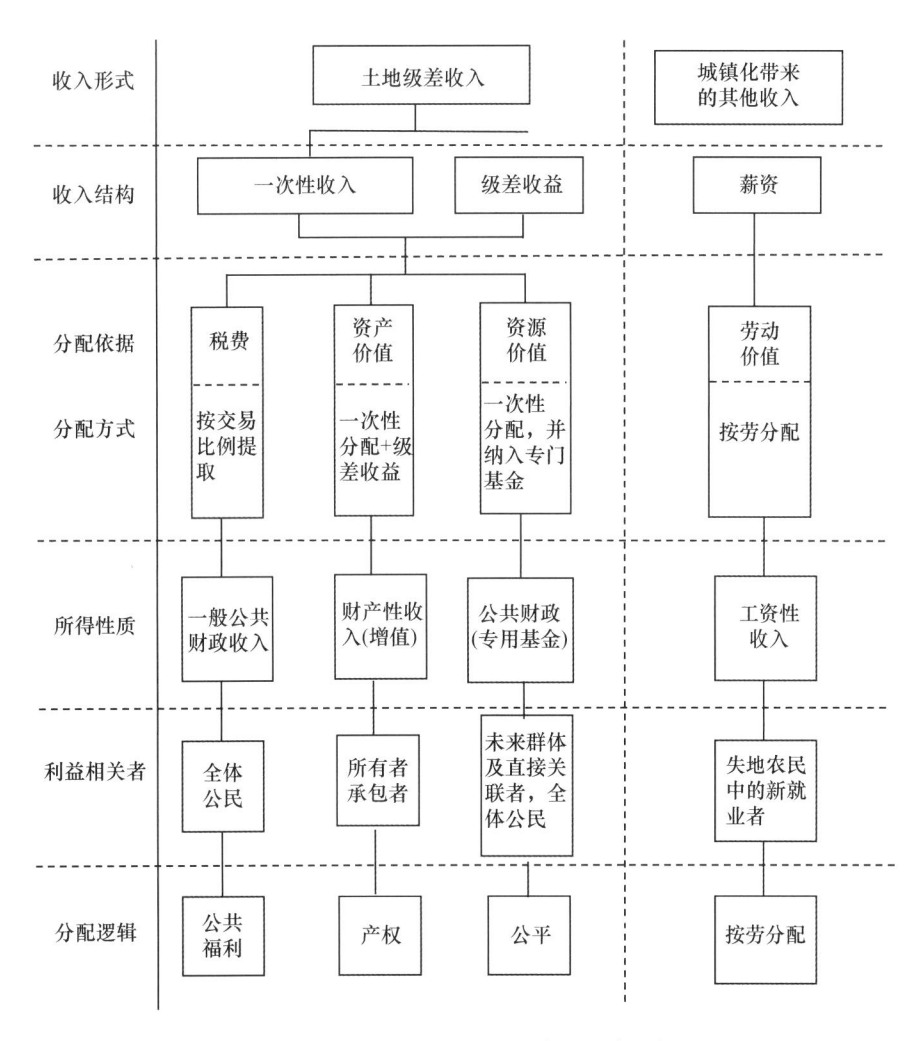

收入形式	土地级差收入		城镇化带来的其他收入
收入结构	一次性收入 / 级差收益		薪资
分配依据	税费 / 资产价值 / 资源价值		劳动价值
分配方式	按交易比例提取 / 一次性分配+级差收益 / 一次性分配，并纳入专门基金		按劳分配
所得性质	一般公共财政收入 / 财产性收入(增值) / 公共财政(专用基金)		工资性收入
利益相关者	全体公民 / 所有者承包者 / 未来群体及直接关联者，全体公民		失地农民中的新就业者
分配逻辑	公共福利 / 产权 / 公平		按劳分配

图6-3 土地级差收入分配的优化方案逻辑图

也呈现多样性。二是对土地特殊属性的回归，这种特殊属性首先表现为资源属性和资产属性，中国特色社会主义条件下只有承认这种复合属性的回归与叠加作用，才是对土地属性的还原和尊重，这从而为分配领域的产权（市场）公平、代际公平、社会公平创设了渠道和机制，这恰恰也构成了中国特色社会主义土地制度的有机内涵。三是对不同分配关系的尊重，土地级差收入分配的改革优化终究是对利益关系的重新配置，在利益共同体框架下，土地级差收入的分配逻辑既要统筹考虑公共财政，又要兼顾直接利益相关者的财产性收入，更要考虑对直接利益相关者的风险保障和对于未来群体的兼顾，因而也就形成了租、税、费（基金）等土地收入形式兼存且各司其职的格局，坚持这种相互独立、共同促进的土地收入格局根本上是对最大化利益共同体的确认与回归。四是对土地增值收入和"三权分置"的践行，增值收入分配一直是各界诟病我国土地政策的热点问题，新的分配方案在产业增值收入即级差收益的分配上，有机结合了土地所有者、土地承包者、土地经营者的利益诉求，并提出了按比例共享的分配逻辑，这对于土地所有者而言是一项稳定的收益，对于土地承包者而言（主要指失地农民）也是一项分享城镇化红利的稳健收入，具有综合保障的性质，对于村民向居民的身份转化而言则更具增加可支配收入的功效，因而可以被认为是促进稳健和有质量的新型城镇化的举措。

除此之外，我们始终不能忽视的一个问题，即人的城镇化问题。城镇化过程中要有数亿农民实现向市民的转化，从而人的城镇化、有质量可持续化的城镇化至关重要。这一数量级人口的身份转化，不能也不是作为城市化食利阶层的城镇化，而是参与城市建设、成为新城市贡献者的城镇化。这意味着，作为土地级差收入的有机延伸，劳动价值应该成为城镇化进程中得到不断回归和放大的价值部分，也即让失地农民成为新就业者、成为按劳分配的有机主体，这应该成为人的城镇化的题中之义。这也意味着，我们在进行土地级差收入分配的"加减法"运算时，需要结合城镇化进程中的"产业—土地—人口"互动规律，在土地级差收入之外创造新的、更为主要形式的人口城镇化的激励机制，也即为实现劳动价值创造更多机会和空间。这样也便通过内（土地级差收入的可持续分配）外（增加失地农民工资性收入）的"双修"之道，为建设中国特色的高质量城镇化提供人力支撑。

当然，上述优化方案只是一种理论方案，特别是在各部分、各环节、各主体的分配比例上是缺乏讨论的,这恰是本书的一个遗憾。由于分配比例问题牵涉更多的模型设定与测算,本身又无法以试点方式获得实验和校正,只得将其作为后续研究的一个延伸问题。但避开这一局限,客观而论本书关于土地级差收入及其分配方案的理论设想也越来越接近土地级差收入的本质要求,是符合中国特色社会主义制度属性和实践需要的理论尝试。

第七章

中国城镇化进程中土地级差收入的治理体系

在中国特色社会主义进入新时代的伟大背景下，推动以土地出让金为主要形式的土地级差收入的治理，尤其需要进行审慎而系统的设计，尤其需要有跳出土地谈土地治理的宏观思维理念。秉承这一治理思维，在尝试开出城镇化进程中土地级差收入的治理"药方"的过程中，需要我们对治理的理念、目标、路径和政策建议进行全面讨论。这恰恰构成了本章的内在逻辑。

第一节 土地级差收入的治理理念

理念是指导实践的内在逻辑，治理理念对治理政策和实践具有根本影响。同样寻求城镇化进程中土地级差收入的治理之策，最首要的是明确树立科学的治理理念，这是确保治理之策不偏离中国特色与国情的前提。总的来讲，推动土地级差收入的治理须坚守四重理念，即：坚守制度根本性、价值引领性、发展规律性和视野整体性。这四性统一构成了新时代理性探索土地级差收入治理之策的理念根基。

一　坚守制度的根本性

制度根本性强调对土地级差收入的治理必须立足于中国特色与中国国情，必须立足于中国特色社会主义伟大事业的根本实际。因而，坚守这一根本性就是必须坚守土地的社会主义公有制，在任何时候、任何地方这一根本性都必须加强，必须随着时代变化而发扬光大。

之所以说土地的社会主义公有制构成了制度的根本性，是有着深刻的理论和实践基础的。从理论层面来看，这是对"生产关系方法论"的具体应用，正如我们所揭示的马克思地租总是反映着特定生产力条件下的生产关系一样[1]，土地的社会主义公有制总是反映着社会主义初级阶段中国的土地生产关系，总是构成我们分析一切与土地相关问题的逻辑范式或者通用规则。透过这样的生产关系视角，为我们找准土地所有制及其具体形式准备了方法论工具，当然也成为了我们认识不同地租的工具。从实践层面来看，生产资料的社会主义公有制是中国特色社会主义事业建设的根本保证，"以公有制为主体，多种所有制并存"的所有制形式为开辟中国特色社会主义新时代提供了经济基础，自然由此也彰显了制度根本性的战略价值。因此，无论是理论还是实践，都始终要围绕并根本遵从这一制度根基。

在实际操作中坚持治理的制度根本性，就是要"将生产资料公有制当作建构我国土地制度的起点，反映我国土地制度的社会主义宪法秩序"[2]。这既构成了我们分析和认识土地级差收入的理念之基，又成为我们借此彰显和放大社会主义制度属性的唯一源泉，因

---

[1] 马克思认为，土地所有权的正当性，和一定生产方式的一切其他所有权形式的正当性一样，要由生产方式本身的历史的暂时的必然性来说明。参见《马克思恩格斯文集》第7卷，人民出版社2009年版，第702页。

[2] 桂华：《城乡建设用地二元制度合法性辨析：兼论我国土地宪法秩序》，《法学评论》2016年第1期。

而需要始终坚守。

二 明确价值的引领性

价值的引领性是治理土地级差收入的理念前提,强调我们在设计相应治理策略时不能简单地将其作为一般的事物来处理,而是主张以价值为引领、以事实为依托的双重关照。更进一步讲,价值的引领性要求我们把当前及今后的土地级差收入的治理工作进行价值判断和事实考察,并且要把价值判断和引领作为前提。这是立足中国特色社会主义事业应有的逻辑内涵和制度必需。

具体来看,价值引领性要解决两个关键问题,即需要从价值判断的层面回答在中国特色社会主义伟大事业建设进程中如何对"土地"进行价值定位,以及如何对土地相关收入进行价值定位。首先,就土地的价值定位而言,马克思在分析地租问题时就逻辑地将其划分为物理价值和社会价值(更多指资本价值),即土地物质和土地资本[①]。这启示我们在分析土地价值的时候也要做到二维统一,确保在看到土地资产价值的同时,更要看到土地的资源价值,从而启示着我们要用生产要素思维处理土地资产问题,要用资源思维处理土地物质问题,即要有工具价值和制度价值的区分与统合,并以此来确保城镇化进程中"土地"价值定位的完整性,以及相应的兑现机制。坚持土地价值的二维统一是科学进行土地相关收入属性界定的前提,更是其分配和治理的制度根基。其次,就土地相关收入的价值定位而言,需要我们以土地的二维统一价值为基础进行延伸式认知,即在客观尊重土地的工具价值和制度价值的基础上进行土地相关收入的合理分析,更进一步讲是对土地财政的客观定位。尽管当前社会各界对土地财政及其衍生问题多抱持诟病的姿态,但仍不可否认的事实是土地财政的存续有其合理性与积极意义,它毕竟"是中

---

① 土地物质是自然形态的土地的代名词,在《哲学的贫困》中马克思将土地物质等同于土地面积,而土地资本是指投入到土地物质之上的短期资本和长期资本的总称。

国城市化启动的关键制度,对于城市化原始资本的积累起到重要作用"①。土地财政有着重要的积极价值,但同时也随着实践应用的极化而出现一些问题,这些问题便助长了社会对土地财政妖魔化的形象。透过这一事实,我们对土地财政的界定必须有清晰的认知:一是土地财政是中国特色土地有偿使用的收入形式的集合,理论上应涵盖土地资产收入和土地物质收入,以及与土地相关收入相联系的税与费;二是土地财政具有鲜明的工具价值(调节土地利用、促进土地市场发育等)和制度价值(彰显社会主义制度优势、促进收入分配公平等),且工具价值和制度价值不能应用失调;需要指出的是,土地财政价值的发挥需要结合中国城镇化的具体阶段进行调整和转型,不应该简单地废弃。因此,坚持土地及土地财政价值的二维统一是我们科学处理土地及其收入问题的理论前提,任何对土地及其收入价值的扭曲都将会引发我们在治理相关问题上的困难。

三 尊重规律的契合性

规律契合性是指土地级差收入的发展具有一般规律性,这种规律性是由城镇化的规律性派生的,即是由"产业—土地—人口"的三维互动规律派生的。遵守规律性要求我们对土地级差收入的演进规律进行合规律化互动,并注重从反规律中吸取相关经验教训,为及时、科学地推动土地级差收入的转型发展及其治理提供一般依据。总的来讲,遵守规律性需至少把握和坚持三点:一是坚持土地级差收入存在的长期性规律,将土地级差收入与城镇化的内在关联关系进行"绑定";二是坚持土地级差收入的转型化规律,要推动土地级差收入的阶段化形式与未来主要形式对接与适时转型;三是坚持土地级差收入规模不断增长的规律。这些内容是推动土地级差收入治理的核心规律,是有效解决与之相关问题的重要线索。

尊重土地级差收入的内在规律要处理好两项重点工作:一是土

---

① 赵燕菁:《土地财政:历史、逻辑与抉择》,《城市发展研究》2014 年第 1 期。

地级差收入与"产业—土地—人口"的规律性适应；二是要从反面现象的启示中坚守中国特色社会主义的制度优势。首先，在规律性适应方面，针对当前中国城镇化战略及其现实特征，需要从中找寻引发土地级差收入乃至土地财政问题的源头，并从根本上探索扭转造成土地财政问题的产业之路、人口之路。坚持对这一规律的适应性就是坚持对城镇化规律的适应性，需要着重在探寻"产业—土地—人口"的互动中找出土地级差收入的治理之策，需要我们结合不同阶段不同主导产业形态与土地、人口的关系来调整我们对土地的利用与配置关系。其次，在反面规律的观察与启示中进一步理清治理土地级差收入的根本性问题，即从生产关系的作用规律中找寻治理良方。这些反面规律可以从美、英等已高度城镇化的国家及其经验中获得。美国土地财政收入"从中央向地方转移、从土地资产性收益向土地税收收益转移、土地财政收入占总财政收入比例先递减再到基本稳定"[①]，这在清晰地向我们揭示美国的土地私有制向国家纳贡的基本演化路径——国有土地大量私有化后导致土地财政收入从所有权让渡收入不得不转变为土地之上的物业税来涵养税源和促使国家财政的稳健。实际上，这种土地财政收入路径的转变事实也透露出一种制度的无奈——土地私有化后土地的财产收入权自然也转移到了土地所有者手中，此时的政府要想再获得相应的关联收入，也只能向土地上的物业伸手。这种用纯粹产权的方法来处理土地财政收入的做法，只能将其引向税收的途径，并将土地财政的这种基于所有权的收入转向房产物业的持有税赋收入。这种转变的背后我们可以理解为土地制度与土地所有权的失败，这种失败将引发政府对土地整体规制权的式微，并可能引发政府与土地所有者之间的新型博弈关系。这种新型博弈关系在英、美两国实践中其实也得到了印证——在美国一些地方政府的开发规制中"开始出现了以开

[①] 王克强、刘红梅、张璇：《美国土地财政收入发展演化规律研究》，《财政研究》2011年第2期。

发利益公共还原为核心的政策导向，其中主要包括了公共设施的捆绑式开发、开发项目的强制收费等多种形式"①，"其出发点不仅仅是解决现实意义上的公共设施建设资金问题，更深刻的含义还在于通过开发各种规制手段，使得土地开发的收益能够更多、更直接地还原到本地区的公共项目中"②。无独有偶，英国的地方政府也"以规划许可为条件，在不导致协商交涉破裂的前提下尽可能地努力获得更多的规划收益，以缓解公共基础设施的建设压力"③。这种通过开发政府额外规制手段的办法可以看作国家对土地所有权让渡后的辅助手段，是新型政府与土地所有者及其他利益相关者之间的博弈砝码。但从本质来看，这种无奈之举的总的"客观功效"是增加政府执政成本，以及土地利用效率的损失。于是，这种纯粹以产权为媒介的私有化过程便成为我们进行相关治理的"前车之鉴"，是我们引以为戒的反面典型。也正是基于此种事实，也更加坚定了我们关于坚持土地社会主义公有制的制度初衷和自信，也正是这种规律性构成了我们治理当下土地级差收入相关问题的有力参照。

四 坚持视野的宏观整体性

宏观整体性是强调对土地级差收入的认识和治理的视角，不应该是片段化、当前化的视角，而应是系统性、过程性的视角，也即应将土地级差收入问题放置在中国特色的城镇化进程中加以考量，并随着城镇化的时代演变不断调整土地级差收入的治理策略。

坚持视野的宏观整体性要明确两点：一是要力避就土地而谈土

---

① Donald Hagman & Dean Misczynski, "Wind Falls for Wipe Outs: Land Value Capture and Compensation", *American Society of Planning Officials*, 1978, pp. 120–126. 转引自王郁《发达国家城市扩张中的开发规制与规划调控：以英美两国为例》，《城乡规划》2012 年第 2 期。

② 同上。

③ 同上。

地治理的问题,防止碎片化解读和片段式治理;二是要处理好土地级差收入的阶段性主要形式与其他形式土地收入的关系,防止相关范畴之间的属性混淆及其治理错位。

首先,针对土地级差收入的碎片化解读而言,要求我们不仅从土地的视角谈土地级差收入,更主要的是从土地与城镇化的关系视角来认识和处理它,就要求我们结合不同城镇化阶段下土地作用的差异来处理土地级差收入问题,这要求树立动态发展的理念,将土地级差收入进行发展性、过程性分析——当土地利用以增量为主时,土地级差收入表现为土地使用权让渡后的货币化补贴;当土地利用以存量为主时,土地级差收入表现为不同产业间诱发的土地级差收益;事实上,多数情况是两种情况同时共存,土地级差收入也应该是两种形式的有机结合。这个过程其实揭示的就是土地级差收入在不同城镇化阶段下土地使用策略差异所引发的土地级差收入主要形式的差异,这也主要告诉我们土地级差收入是普遍存在的,但具体存在形式是会随着城镇化的演变而发生变化的。与此同时,变化着的土地级差收入主要形式就相应地需要变化着的学理知识作以诠释,因而需要与时俱进的理论知识与之相协调,也即需要发展着的理论知识来解释变化着的土地级差收入形式及其不变的土地级差收入的关系。也就是说,既要将与土地收入相关的一般原理和范畴与时俱进化,又要分析具体阶段、具体表现形式与土地级差收入的关系,做到一般与特殊的有机结合,并确保在属性认知层面二者之间的有机统一。

其次,在土地级差收入的阶段性主要形式与其他形式土地收入的关系方面,重点是要厘清属性边界和"归队"工作。当前以土地出让金为主要形式的土地级差收入就面临这样的风险,并引发了土地租、税、费之间相互混淆替代的现象。一种典型的观点是将其归属于土地税费的形式,甚至提出以"税费代租"的方案[①]。这种提

[①] 持此观点的学者有钟大能(2013)、胡洪曙等(2008)、顾书桂(2015)等。

议在形式上表现为对土地出让金的误解误用，而实质上却是对与土地相关联的租、税、费体系的模糊处理，其根源还在于对土地租、税、费属性认知的偏差与混淆。但在严格意义上，作为租金形式的土地出让金，是一种土地所有权的经济表现形式，与土地税费的政治权力属性存在本质差异，因而"二者的转化是存在深层次的理论依据障碍的"[1]，不应该出现属性等同和实践混用的局面。这种"税费代租"的混淆替代方案不仅不利于我们对土地级差收入属性的区分，还容易引发我们治理土地级差收入方案的方向性偏离。最根本的做法是用"尘归尘、土归土"的方法让与土地相关收入属性"归队"，即：在坚持土地级差收入租金属性的前提下，正视和恰当处置好土地税、土地费的关系。这一改革的宗旨是既不抹杀土地租、税、费的客观属性，又能有效发挥各自的机能，进而摒除将租、税、费简单地化简归并的认知错误。这要求我们在治理相关问题时切勿"头痛医头、脚痛医脚"，而应该从整体上和系统上思考和改革土地的租、税、费问题，并从理论属性和实践操作的双重视角来建构租、税、费的综合改革方案，这从而也更考验我们的治理智慧，但这也恰恰反映了宏观整体性的内在诉求。

综合来看，四性统一是我们治理土地级差收入问题的理念前提，其中：制度根本性突出了治理的中国特色和制度优势；价值引领性突出了治理的价值先导和基本遵循；规律契合性突出了治理的过程思维和先验路径；宏观整体性突出了治理的发展主线和当下重点。

第二节　土地级差收入的治理导向

坚持土地级差收入治理的四性统一，最关键的是将其内在要求

---

[1] 胡洪曙、杨君茹：《财产税替代土地出让金的必要性及可行性研究》，《财贸经济》2008 年第 9 期。

有机糅合并体现到治理的全过程之中,将其理念精髓体现到治理的目标之中。具体来讲,需要在明确"渐进式改革"的路径,倡导"利益共同体"的思维,坚持法律、政策、实践的方法等基础上,形成治理土地级差收入的新型目标导向。

一 树立"渐进式改革"的治理思维

总的来看,土地级差收入是城镇化的伴生物,作为土地价值的实现形式,尽管不同城镇化阶段下土地级差收入的主要形式有所侧重,但仍无法回避和改变的事实是——土地级差收入存在并贯穿于城镇化的始终。从这个层面来看,土地级差收入的治理就不应该是"治标"式治理,而是要"标本同治"式治理,这透射出土地级差收入治理的复杂性和艰难性。因而,当下有关土地财政的诸多碎片式解读和片断式治理方案从表面上看是科学的,但放到整个系统加以考量却难免黯然失色。

改革是治理土地级差收入相关问题的唯一途径,是从长远上破解土地财政困境的不二法门。在诸多改革方式中,"积小改为大改"[①]的渐进式改革最符合土地级差收入治理的诉求,原因如下:一是土地级差收入(当下是以土地出让金为主要形式的土地财政)的治理并非朝夕之为,而是长久之功。正如同上文我们所指出和强调的那样,土地财政将永恒伴随城镇化而存在,但伴随城镇化永恒存在的土地财政形式却不是当下的土地出让金形式,而是真正实现了"产业—土地—人口"有机互动的"土地出让金+级差收益"的组合形式。正是基于这一判断,我们当前及今后所要推动的土地级差收入的治理改革的核心就在于推动土地级差收入的主要形式转型,即从一次性收入转为"一次性收入+级差收益"。要实现这种转型,就需要改变当下土地出让金的计算及缴纳方式、土地租税费的归整、土地出让收入的分配机制等一连串关联机制,从这个角度而言我们

---

① 赵燕菁:《土地财政:历史、逻辑与抉择》,《城市发展研究》2014年第1期。

便可知道土地级差收入治理的复杂性,可谓"牵一发动全身"。这种改革难度决定了我们在设计相关治理路径时必须以稳定为前提,必须采取长线改革策略,确保在不破坏发展基础的前提下实现土地治理的有效化。因而,这种改革必须是深思熟虑、有谋有智的改革,必须有完整的方案和充足的预案的渐进式改革。二是当前以土地财政问题为主要表现形式的土地级差收入问题,其治理更是需要战略智慧。当前土地财政问题的直接表现是地方政府靠卖地的一次性收入来支持地方经济社会发展,更深远的影响是以土地为资本大肆进行举债融资,在推动实现快速繁荣的同时也极大地积累了未来的不可持续风险,并由此形成了以地生财的快速资本积累循环。而这种资本积累循环在缺乏稳定的产业和人口所带来的地租红利的条件下,很容易构成可持续发展危机,纵向府际公平横向社会分配公平、代际资源公平等问题也会越积越重,越来越为新型城镇化积累与日俱增的成本和风险。我们虽然越来越清醒地看到这种土地财政带来的风险,但我们却尚未拿出更可行的替代当前土地财政的方案,毕竟土地财政收入规模已足够引发更大的影响,与土地相关联的税、费等收入形式仍未改革到位,未能发挥对土地使用权流转的一次性巨额收入的替代,等等,这些问题直接制约着我们不能采取"疾风骤雨式"改革,而只能理性地选择渐进式改革方式,以逐步形成替代不理性土地财政的良方。

二 体现"利益共同体"的新型利益观

土地级差收入的治理问题不仅仅是针对政府部门的一方治理,而是涉及政府、土地使用者、农村集体、农民的多主体治理工作。与土地级差收入分配相关联的治理也不仅仅是少数直接利益相关者的治理,而应该是面向利益共同体的综合治理。坚持"利益共同体"的新型利益观就是要打破束缚在土地直接利益关联方的狭隘思维,是将"土地问题"上升到战略高度的必然要求,是将土地相关收入纳入国民收入分配序列的必然要求,更是土地的社会主义公有制属性的必然要求。

对土地级差收入的治理，核心是打破传统的利益格局，这就需要结合制度属性和现实诉求做好统筹与平衡。坚持"利益共同体"思维就是致力推动二者统筹与平衡的最佳理念，也是从思维层面打破现有利益格局的理念支撑。诚如上文所说，土地级差收入治理的唯一途径是改革，这意味着在治理的过程中必须调整利益分配关系，而以新的小范围利益分配关系替代旧的小范围利益关系的方法显然不具有可行性（无论是制度上的可行性，还是实践上的可行性），最为理想的方式、最为科学的治理就是让属于全体国民所有的土地及其收入回归到全体国民的收入分配序列中去，用更大多数人的利益共享来替代小范围利益群体的利益独享，这便是"利益共同体"思维的内在原则。当然这种"利益共同体"思维及其原则并不是要求与土地直接相关联利益方（特别是农村集体和失地农民）的利益放弃，而是在坚持公有制前提下重新调整直接利益相关者与非直接利益相关者的分配关系，并有机糅合"劳动价值论"主张，让直接利益相关者既获得土地使用权让渡的合理财产性收入，又能够有机融入城镇化了的新工作和新生活中去；同时，让非直接利益相关者分享土地的资源收入以及未来的土地增值收入。这种直接利益相关者的"效率+公平"分配，以及非直接利益相关者的"公平"分配，使得与土地相关联的"利益共同体"成为可能。当然实现这一过程也即实现了对新型土地利益关系的塑造，这也便是"利益共同体"思维的现实旨归和科学性所在。

三 坚持法律、政策、实践的三位一体方法

土地级差收入治理工作需要一系列环环相扣的工作顺次推进，具体来讲就需要形成自治理根本至政策机制及实践应用的一体化方法，这是推动治理创新所必须的支撑要素。任何治理方法的选择都应坚持问题导向，都必须具备实践操作的可行性。对于土地级差收入的治理而言亦是如此。坚持"法律+政策+实践"的三位一体即

是贯彻上述两原则的具体做法。(一)从法律根本来看,土地级差收入的治理须首要具备法理基础,这意味着治理土地级差收入的所有元命题都要得到法律的确认。我国《宪法》明确规定了土地的社会主义公有制,这既体现了我国对"土地制度社会主义宪法秩序的坚持"[1],又表明了我国进行土地领域相关治理工作的根本原则是土地的社会主义公有制,所有与之相关的问题都必须在此前提下展开治理探索。《宪法》作为根本大法对于土地生产资料所有制形式的终极确认,同时这一法律秩序也得到了以《土地法》为代表的部门法的强化,从而形成了上至《宪法》下至具体部门法的较为健全的法律依据。(二)从政策机制来看,政策是将法理精神和规则落实为具体行为规范的手段,是对特定时期特定阶段治理理念和重点的具体化。对于土地级差收入的治理而言,就是通过调整相应的土地权能政策、土地收入分配政策等方式来缓解或处理相应问题,并将土地级差收入所期望的理想状态借助相应公共政策的方式引导实现。借助政策机制来调整土地级差收入领域的利益关系也便成为治理土地级差收入的关键手法。(三)从实践应用来看,治理工作最终需要落实到具体行动上,这也是不断地将治理政策应用到实践和在实践中不断检验优化的过程。因此,治理之效最终也需要在实践层面彰显出来。落实到具体操作层面就是需要将土地承包经营权、土地出让金的计算方法、土地出让金的分配政策进行试点改革,以率先改革的方式既为后续全面改革积累经验,又可以通过不断地修正试点做法来优化治理方案,以使改革和治理工作实现效能最大化。可以说,坚持"法律+政策+实践"的三位一体不仅为治理土地级差收入的相关问题提供了科学方法,也反映了土地级差收入治理工作的系统性和实践性。

---

[1] 桂华:《城乡建设用地二元制度合法性辨析:兼论我国土地宪法秩序》,《法学评论》2016年第1期。

四 建构系统的土地级差收入治理目标

以马克思地租理论的科学方法论为指导，以中国特色社会主义为出发点和落脚点，本书建议在适应土地级差收入发展规律和趋势的基础上，形成新型土地级差收入范式。这一范式成为我们对土地级差收入治理目标的集中表达（见表7-1）。

表7-1　　　　　　　　　　土地级差收入的目标体系

范式 类别	传统土地级差收入	新型土地级差收入
价值追求	土地的经济价值	土地的综合价值
主导规律	土地城镇化为主导	"产业—土地—人口"有机发展的城镇化
现实情境	加速城镇化 土地资本化 土地财产的效率化	提高新型城镇化质量 土地的人本化 土地收入的效率与公平兼顾
土地级差收入的主要形式（分配对象）	土地出让金	土地出让金+土地级差收益
分配主体	直接利益相关者	"利益共同体"
分配原则	按生产要素分配	按生产要素分配+按劳分配
分配方式	直接现金分配	现金分配+综合保障+社会公共支出+劳动就业

通过表7-1我们可以看到，作为土地级差收入治理的目标，新型土地级差收入的诸多特征与传统土地级差收入表现出了鲜明的差异。具体有六个方面：

（一）在价值追求上，新型土地级差收入以追求土地的综合价值为目标导向，即既要追求其在市场经济条件下的要素价值（经济价值），又要体现其作为全民公有共享的资源价值，因而价值追求更具可持续性。

（二）在主导规律上，我国当前的城镇化已进入快速发展期，并已完成了相当数量的资本积累，对土地要素的需求不仅仅是增量需求，同时也伴生增量需求与存量需求共同增长的特点，简单的土地城镇化已不能满足可持续发展的诉求，转而对城镇化动力的需求更多地转型到城镇产业部门和城镇居民的生活消费领域；土地生产要素的驱动作用须与产业发展、人口规模等共同发挥作用，共同涵养城镇发展的可持续根基。

（三）在现实情境上，我们在这一阶段城镇化过程要追求土地收入的人本化而非土地收入的资本化，土地不仅要为我们更优的生产服务（产业用地不断集约化），还要为我们更好的生活服务（用于生活和生态环境的土地比例也随之增多）；而且土地相关收入用于保障我们生活水平的比例也随之增多。土地越来越在公共政策的引导下，成为促进产业发展、人民生活幸福的重要载体，土地的人本化价值也因此彰显和强化。

（四）在土地级差收入的主要形式（也即分配对象）上，土地出让金与土地级差收益共同构成了土地级差收入的形式，但随着土地利用策略向存量土地转变之后，土地级差收益将无可替代地成为土地级差收入的主要形式。

（五）在分配主体上，新的土地级差收入范式的分配主体是与土地相关联的利益共同体，其中既包括与土地直接关联的直接利益相关者（农村集体、失地农民、地方政府、中央政府），也包括全体人民（以社会保障、资源可持续保障等形式关联在一起的所有部门和人员），从而形成了社会主义公有制条件下的全民公有共享机制。

（六）在分配方式上，实现了按生产要素分配与按劳分配的有机结合，既授人以鱼又授人以渔，既要让直接利益相关者得到合理的生产要素补偿，又要让有能力劳动者更好地融入城镇的生产生活，推动"产业—土地—人口"的有机衔接与互动；同时，还要借助社会保障系统公平地为他们配置相应的社会保障，真正让他们成为新型城镇化的参与者、贡献者、共享者。

新型土地级差收入构成了我们治理土地级差收入的未来追求，我们随之而探索的关键路径和政策措施也都是在这一目标导引下的具体设计。

第三节 治理土地级差收入的关键路径

土地级差收入治理的根本问题并非土地级差收入本身，而是产生土地级差收入的背后因素。从本源上来看，这些背后因素是我们对土地的认知问题，是对土地级差收入的属性定性问题，是对土地级差收入的当代转型问题。对这三个主要问题的回应构成了我们完善土地级差收入治理的关键路径。

一 从"土地"功能的再认知中巩固治理之源

对"土地"功能的认知差异决定了我们对待土地的价值和取向，因此，治理土地级差收入问题的首要工作就是完成对"土地"功能的科学认知。完成这项工作需至少解答两个问题：一是"土地"的最完整功能是什么。二是"土地"到底为谁所有、为谁所用。前者是对土地实然功能的当代界定，后者是对土地实然价值的制度附加，二者相互关联、互为映衬，共同构成了我们科学认知"土地"功能的核心内容。

首先，在对"土地"完整功能的界定上，土地是土地资源和土地资产的复合物，正如马克思在分析资本主义地租时将土地划分为"土地物质"和"土地资本"[①]一样，我们也须对土地的全部形式作以考察、归类，毕竟这是解答我们对于土地级差收入的基础性问题。总的来看，土地作为资源的功能和土地作为资产的功能二者并不具有对立性和矛盾性，恰恰是二者的有机融合才构成了我们正确认知和定位土地功能的全部条件。从这个角度来理解，我们便可得到土地功能更为全面的认知，即土地的功能集中在土地承载人与自然的生产与再生产功能，以及土地承载人类社

---

① 《马克思恩格斯文集》第7卷，人民出版社2009年版，第698页。

会集聚发展和文明进步的资本积累功能。（1）就前者而言，土地的资源功能贯穿于人类社会和自然界的始终，是包括人类在内的一切生物的第一生活空间，没有离开土地的生物，这反映了土地资源的基础功能；也只有在土地上不断加以实践改造，才会有后来的土地资产价值，从而土地资源构成了土地功能中最自然、最基础的部分，任何生物都无法脱离这一基础功能，这也使得土地的资源功能存续在所有其他土地的功能之内。（2）就后者而言，土地的资产功能伴随着人类社会的延续与进步而得到了无以附加的强化，因此它也被作为永恒财富而传递至后世，并可以通过垄断来获得更多利润，可以通过市场化手段将其产品化（土地市场）、虚拟化（土地产权的分割）、延展化（土地之上的建筑物）等，这一切都使得土地的财产功能被放大，都反复地用事实在强调土地作为生产要素在商品经济条件下的资本积累功能。土地资产的资本积累功能可以看作土地经济功能的集中表现，与土地作为生产要素参与市场经济具有根本一致性。

可以说，土地的资源功能和资产功能是理解和定位当下土地功能的两个核心维度，不论何种制度形态、何种社会发展阶段，土地的这两种功能都会得到不同程度的彰显，当然也会在特定条件下表现出两种功能的侧重，而偏重于哪一功能则需要结合具体社会的生产力与生产关系的规律来具体考察。因此，从这一角度出发，土地的两种功能是我们分析和判断所有与土地收入相关范畴的元问题，也即我们当下探讨和治理土地级差收入的元问题。

其次，在对"土地到底为谁所有、为谁所用"的命题上，构成了我们界定土地功能的社会条件。如果说对土地最完整功能的概括是对土地的自然功能的解析的话，对土地的所有制和所有权的考察则是定位当前土地功能的最大的社会实际。因为，从根本上来看，生产关系对生产力的反作用恰恰构成了我们分析土地全部功能的唯一方法论，甚至是判别土地功能的决定性依据。对土地功能的不同社会条件的剖析就构成了土地功能及性质界定的关键，这其中所有制和所有权问题最为根本①。土地为谁所有不仅揭示其产权关系，更为关键的是折射出不同的制度形态，以及不同制度形态下与土地相关的生产关系——封建社会和资本主义社会土地归统治者所有和支配，土地私有和少部分人的垄断成为维护统治秩序的物质基础，成为剥削劳动者的工具。社会主义社会条件下的生产资料公有制则彻底打破了土地的私有制关系，实现了土地的全民所有或集体所有，即公有制；从而社会主义条件下土地的公有制也打破了狭隘的土地为少数人谋利益的所有制局限，并将土地本身及土地相关的一切因素都制度化地分享到国家的所有成员，这正是生产力与生产关系相互运动规律的具体呈现。由此，我们便不难得出这样的结论——在中国特色社会主义条件下土地的社会主义公有制构成了当下土地功能的全部社会条件，构成了我们科学界定土地级差收入的核心制度依据。

土地的功能定位与土地的价值实现在本质上是互契共促的，也是相互彰显的。更进一步而言，土地的功能内涵决定了土地的价值关怀与最终旨归，土地的价值实现也反映土地的真实的功能状态。结合上文我们对土地最完整功能与土地所有制所有权关系的考察，在中国特色社会主义条件下处理土地级差收入问题就必须坚持这样的前提，即：(1) 土地的功能与土地的价值要保持内在匹配，从而需要在兑现土地价值时综合统筹到土地的资源价值和资产价值，不能有所偏颇、只顾一头；(2) 土地价值的分配应坚持最大利益原则，这是由土地的社会主义公有制所决定的，因此土地价值的分配必须

---

① 马克思认为："从一个较高级的经济的社会形态的角度来看，个别人对土地的私有权，和一个人对另一个人的私有权一样，是十分荒谬的。甚至整个社会，一个民族，以至一切同时存在的社会加在一起，都不是土地的所有者。他们只是土地的占有者，土地的受益者，并且他们应当作为好家长把经过改良的土地传给后代。"这意味着土地所有制与所有权的最终归宿，但受到特定生产关系影响，现实中的土地的所有制和所有权有其正当性，这种正当性正是我们考察土地为谁所有、为谁所用的现实基础。参见《马克思恩格斯文集》第7卷，人民出版社2009年版，第878页。

不是少数直接利益相关者的分配，而是兼顾少数直接利益相关者和全体人民利益的公平分配。当然，这种公平分配既需要引入和体现劳动价值，又要有对直接利益相关者的"兜底"功能，因而其本身也是具有综合性和可持续性的。

二 从土地级差收入的属性确认中厘清治理之惑

对土地功能的科学界定为确认土地级差收入的属性提供了前提，并为治理土地级差收入相关问题提供了线索和依据。当前学界在设计土地出让金（土地级差收入）的治理路径时往往表现出"去租改税"的倾向，将操作层面具有准财政功能的土地出让金与"土地资本"所缴税收的财政功能等同起来，以至于蒙蔽了土地出让金（土地级差收入）的科学属性，使得土地出让金（土地级差收入）的治理工作片面化、简单化。显然，这种方案不符合中国特色社会主义实际。真正科学的治理之道是"租税并举"，而非"去租改税"；是承认土地级差收入的结构多元性，而非狭隘产权视野下的单一权利让渡产物。因此，我们需要在完成土地级差收入本质属性确认的基础上"祛昧"，以纠正理论之惑。总的来看，这个"祛昧"工作须包含三项工作：一是回归土地级差收入的"社会主义租金"本质；二是承认土地级差收入的结构多元性；三是明确土地所有权与其他权利对土地级差收入分割的正当性。

在土地级差收入本质的回归上，我们在第三章已对土地级差收入的本质属性做了明确而详致的论证，此处不再赘述。此处仅作三点重申：（1）土地级差收入是土地所有者凭借所有权向土地经营者和使用者收取的货币总和，是对马克思地租规律——土地所有权的经济形式的集中体现，这是我们明确其反映社会主义生产关系本质的核心依据。（2）土地级差收入具有财政收入的功能，无论是一次性收取的土地出让金，还是定期收取的土地级差收益，只要存在以市场方式使用土地的条件，都会产出土地级差收入。这种土地级差收入与土地有偿使用方式的结合为不断积累财政收入创造了条件，这种具有财政收入功能的土地级差收入不仅在我国经历了近40年的发展，时至今日也在欧美等发达国家的财政收入中扮演着极其重要的角色，是推动各国城镇化发展的重要资本积累手段。依靠土地来获取财政收入的方式在全世界具有共通性，只是具体形式和本质属性各有差异而已。这启示我们，土地级差收入作为土地收入形式而存在的客观性、合理性及长期性。(3) 将土地级差收入与土地资产所缴纳税收的财政功能等同起来是错误的，尽管二者都具备财政收入功能，但不能将二者简单地归并。当前学界提出的"去租改税"主张，抹杀了二者的本质区别——土地级差收入是对转让的土地资源和土地资产的使用权而收取的经济收入，是经济权的具体表现；而土地资产所缴纳的税收是法定的义务，是国家凭借政治权而对土地直接利益相关者特别是土地资产持有者收取的收入形式，无论是收取的权利依据还是收取的对象，二者都不具有共通性，因而二者之间的"去租改税"是存在天然的鸿沟的，既不能简单化归一用房产税替代土地级差收入，更不能照抄照搬西方做法[①]，最科学的做法便是"租税并举"，既要对有偿使用的土地征收级差收入，又要对使用权让渡后形成的新的资产征收税赋，只是需要在租、税的征收数量上做好平衡而已。

在承认土地级差收入的结构多元性上，时刻要求我们在确定土地级差收入的分配机制时，都必须均衡考量土地的资源功能和土地的资产功能，都必须从长远角度明确土地级差收入的有机构成。其

[①] 美、英等国征收房产税有其自身的制度特征（即受自身的生产关系所限），其最大的约束便是土地的私有制，土地级差收入只能以地租形式流转至土地的所有者（不是国家），要获得土地的增值收入也只能从新增的土地资产中征税。因此，从根源上来说土地私有制限制了国家同时征收地租、税收的能力，而这种情况在我国则不同，我们最大最重要的特征是土地的社会主义公有制这一特征具备同时收取租和税的所有条件，因而也必须是"租税并举"，不能是"去租改税"。

中，土地的资源功能要求我们"应当作为好家长把经过改良的土地传给后代"①。因而，需要我们在进行城镇化土地资源配置时充分考虑到土地资源的可持续性，并从土地级差收入中开辟出有利于土地资源可持续利用的经济机制，即在土地级差收入分配中将土地整理与保护经费、土地的全民公有共享经费等列入分配考量之中；而土地的资产功能则需要从多方面来进行分割，既需要有原土地使用者投入资本的折旧补偿，又要有原土地所有者的改良成本补偿，还要有原土地使用者的综合保障经费等。从当前我国土地出让金的分配理念来看，总体是合理的并主要考虑了土地资产功能的价值主张，也部分涉及了土地资源功能的价值主张，尽管仍有不足（对土地增值诉求缺乏更为合理的分配等），但基本上遵从了土地级差收入结构的多元性特征。逻辑与事实上对土地级差收入结构多元性的确认，使得我们进一步明确了土地级差收入分配的总体恰当性，并指导我们在今后的治理工作中增加和强化土地级差收入的全民公有共享机制和原土地使用者的综合保障机制。

在明确土地权利对土地级差收入分割的正当性上，需要我们彻底弄清土地所有权与土地承包权之间的理论逻辑。在土地权利束中，土地所有权、土地承包权、土地使用权（经营权）是核心内容，其中土地所有权与使用权的关系、土地承包权与使用权的关系相对规范和明确，彼此之间的权责也较为清晰，而唯独土地所有权与土地承包权之间存在诸多模糊不清的交叉，特别是在对土地级差收入的分配主张上，一直引发社会各界的不同声音。这一问题也是当前及今后我国推行土地"三权分置"改革的核心问题，需要我们从理论上加以明确。实际上导致土地所有权与承包权边界模糊的直接原因是未能形成所有者与土地承包者的利益分配规则共识，核心问题是没有处理好土地所有制与土地实际占有权（也可理解为狭义所有权）的关系，从法学角度而言是没有处理好所有制与所有权的关系，即

---

① 《马克思恩格斯文集》第 7 卷，人民出版社 2009 年版，第 878 页。

"忽视土地作为基本生产资料具有的所有制内涵,致使……'国家所有'与'集体所有'被单纯解释为民法所有权"①,导致"单纯民法物权话语不能解释我国土地制度,我国土地制度也不能按照单一物权原则设置"②。这种现象往往表现出针对土地级差收入的分配分歧,一方面国家作为城镇土地所有者理应凭借所有权取得相应收入,另一方面原土地承包者希望尽可能多地占有土地使用权让渡的收入,从而形成了针对土地级差收入的分配价值差异。导致这种分歧的背后因素恰恰在于国家所有制与土地实际占有权之间缺乏明晰的理念共识,缺乏土地所有制的宪法秩序与土地权利的物权秩序之间的平衡机制,表现在事实中就是缺乏针对土地级差收入的公允的分配制度。解决这一问题就需要做好两个理论工作:一是明确国家所有与实际占有之间的共同分配原则,并强调国家所有的宪法秩序性和第一性;二是确定两类主体间共同分配土地级差收入的公平原则,这个原则包括"国家不能借'公共利益'之名侵占私人利益",也包括"私人不能获得超过公平补偿之外的利益"③,即规定了两类主体分配土地级差收入的上限和下限。只有达成理论上和原则上的共识才能有实际分配机制上的行动一致。因此,通过明确土地相关权利方对土地级差收入的分配正当性,才是构筑利益共同体的前提,才是确立国家所有与实际占有之间正当分配理念的前提,才是强化国家所有制在分配土地级差收入中的权威性、公平性、主导性地位的前提。从这一角度而言,这是树立国家支配土地级差收入主导地位、构筑社会共识、彰显制度特征的必然要求。

归结起来,土地级差收入的反映社会主义生产关系的属性发轫于我国土地的社会主义公有制,这是回归其本质属性的制度依托,也是区别于其他土地收入的重要依据。但也正是由于土地的社会主

---

① 桂华:《城乡建设用地二元制度合法性辨析:兼论我国土地宪法秩序》,《法学评论》2016年第1期。
② 同上。
③ 桂华、贺雪峰:《宅基地管理与物权法的适用限度》,《法学研究》2014年第1期。

义公有制，使得土地的资源价值、资产价值都内在统一于具体的土地级差收入之中，因而要求我们在尊重公有制这一宪法秩序的前提下，明确土地级差收入有机结构的多元性，以及国家的权威主导性和分配的正当性与公平性。这才应是我们分配土地级差收入的核心方法。

三 从土地级差收入的转型中找寻可持续路径

当前以土地出让金为主要形式的土地级差收入已陷入土地财政的批评旋涡，未来该如何推动其发展已成为影响土地级差收入相关治理工作的难点。在众多批评声音中较为主流的观点是放弃"土地财政"这条路，转而走向税制改革之路，但根据上文可知这种改革方案不符合我国国情，短时间抛弃现有的土地财政模式更是危险的，正如赵燕菁所言："没有准备的税制转型，无异于政治自杀。"[①] 显然，这也不是我们寻求土地级差收入治理的良策。真正的出路则是结合时代发展趋势助其转型——"租税并举"，推动当前的不可持续土地财政向可持续土地财政转换，以突显中国特色政治经济学的内在要求与智慧。

不可否认的是，当前土地财政的收入模式具有短期性，而导致这种短期性的根源就是我们对土地及土地级差收入属性认识的偏差。而我们促使其向长期可持续性转型的重点则是回归其社会主义租金本质，并配合使用税收模式，即租税并举的方式，使其更久远、更可持续。总的来看，促其转型至少有三个核心做法：一是坚持恰当的土地出让金制度，使其作为土地资源价值和土地前期资产价值、土地综合保障价值的来源；二是征收土地级差收益，对依法有偿使

[①] 根据赵燕菁的研究，放弃土地财政而转到税收财政上来是有条件的，即经济领域的税收与政治领域的民主改革也会随之发生，英国、德国、美国在推行其直接税收改革时都有些规律。因此，他认为在放弃土地财政而转向直接税财政的过程中，竞争性民主就会成为不可逆的趋势，并有可能带来政治方面的风险。参见赵燕菁《土地财政：历史、逻辑与抉择》，《城市发展研究》2014年第1期。

用土地者按年征收一定比例的级差收益，以获取土地的部分增值；三是开征房产税，对房地产所有者有偿租赁（而非持有）其房产所得征收一定比例税收，作为政府公共服务的成本补偿机制。

首先，在坚持土地出让金制度方面，须兑现土地的资源价值和资产价值。这里我们始终不放弃对土地出让金的合理运用，但需对土地出让金作以新型评估。新型评估的主要考量因素便是土地的资源价值、土地前期资产的价值、土地的综合保障价值，其中土地的资源价值可按照一定比例固定收取并纳入土地保护利用专项基金中，专款用于土地资源的保护与可持续开发；土地前期资产的价值则在当前土地综合区片价格的基础上核算，在适当考虑土地转换前后两种土地用途成本和收益的基础上，一次性支付给土地直接利益相关者；土地的综合保障价值包含社会保障价值和风险保障价值，其中的社会保障价值则根据土地直接利益相关者所在地的社会保障水平按人数测算形式，统一从土地出让金中划转至政府社会保障基金中，并由政府部门逐年划拨到失地农民的社保账户；风险保障价值则按照社会保障价值的一定比例收取，用于风险发生时对失地农民和农村集体的风险救助。当然，如果土地由集体经济组织流转出去，除了缴纳社会保障经费、社会保障综合资金外，也可鼓励其探索包括土地入股在内的多种产权运作方式，以增加土地直接利益相关者的综合收入。

其次，在开征土地级差收益方面，向转换用途后的土地使用权人征收一定比例的租金，这种租金就是土地级差收益。我国香港特别行政区向土地承租人收缴的土地年租金即为此种做法。中国大陆的土地批租制度是从中国香港学习借鉴而来的，香港自1985年起实施的"土地出让金＋土地年租金"制度成为以土地为要素积累资本并收取土地增值收益的组合机制，这种机制值得中国大陆借鉴习用。从具体操作而言，在有效合理坚持土地出让金制度的前提下，对土地使用权人征收级差收益，征收比例由国土资源部门以法规形式确定，并参照香港政府的做法，每年进行房地产租金市值评估，并确定相应的年租金额度。在征收所得的土地年租中，国有土地年租金收入纳入国家财政序列，用于支持国家各项建设；集体土地年租金则归入集体组织所有，用于支持和鼓励集体经济和社会各项事业。可以说，土地年租金制度既是对土地所有权的确认（对于我国而言就是对土地的社会主义公有制的确认），又是获取土地增值收益的正当渠道，最关键的是畅通了土地有偿使用与土地所有权之间的可持续收入获取机制，只要存在土地有偿使用就有土地收入，只要有土地增值收入，就会有相应的土地财政收入。从此，土地与土地经营之间便建立起了天然的经济联系，其可持续性也便获得了天然的保障。

最后，在开征房产税方面，形成与土地级差收入相衔接的土地资产税收机制。在国际上，房产税有两种内涵：一是面向评估的不动产市值而征收的税种[1]，以美国的房产税为代表；二是面向不动产出租收入而征收的税种，以中国香港的房产税为代表。本书这里所指的房产税为后者，是面向土地资产的实际租赁收入而征收的房产税，是面向土地资产的使用权流动而征收的税种。在我国不具备征收类似美国房产税的条件，因为我国既不具备类似美国土地私有制的所有制前提，也没有相应的宪法秩序和法理规则，更不需要效仿英美增加繁复的捕获增值收益机制（Value Capture）的方式来获取可持续收入，我国最大的实际和最核心的制度优势——社会主义公有制——为实行后一种房产税提供了天然的前提和基础（当然，从实操层面来讲后一种房产税在现实中也更容易为社会所接受，因而具有长期稳定性特征）。作为与土地级差收入相衔接的土地资产税收机制，本书建议我国将所实行的房产税作为政府公共服务成本补偿机制，作为弥补城镇化进程中政府不断增大的公共财政开支的有效渠道，毕竟征收房产税的来源是在市场中流转的不动产的经营收入，而非不进入流转市场的不动产。

---

[1] 骆祖春：《中国土地财政问题研究》，经济科学出版社2012年版，第208页。

综合来看，土地出让金、土地级差收益、房地产税构成了未来土地财政收入的"三驾马车"，其中的土地出让金用以兑现土地资源和资产价值，土地级差收益用以获取土地增值收益，房地产税用以补充公共支出，三者各行其道，合作互济，共同构成了科学配置、可持续保护和利用土地的经济调节机制。坚持向三种土地财政收入的转型，才是我们设计当下土地财政模式替代物的正确路径。

第四节　治理土地级差收入的政策建议

理论指导实践，实践升华理论。土地级差收入治理的理论既指导改革实践，又需要得到改革实践的支撑，在进一步明晰和坚持土地级差收入治理的理念前提、治理目标和关键路径的前提下，仍需政策实践的跟进，以契合与助推土地级差收入转型。总体来看，推进城镇化进程中的土地级差收入的治理工作急需三个层面的政策优化，即一是促进"产业—土地—人口"有机融合的政策，二是促进政府土地管理职能转变的政策，三是面向土地管理的全链条政策体系。

一　促进"产业—土地—人口"融合的政策建议

按照诺瑟斯的城镇化 S 型曲线理论，我国当前正处于城镇化的加速上升期，今后较长一个阶段都处于不断上升的周期，这反映了我国当前及今后城镇化的主要阶段特征。结合我国当前的城镇化现实来看，最核心的使命是促进新型城镇化协调发展，尤其是注意处理好"产业—土地"维度、"人口—土地"维度的协调发展。这始终是实现我国以人为本的新型城镇化的核心使命。有鉴于此，我们也逻辑地将促进三者间有机融合的政策建议划分为"产业—土地"维度的政策建议和"人口—土地"维度的政策建议。

在"产业—土地"维度的政策建议中，我们应该秉承分类发展的原则来推动不同地域不同规模的城市与产业的互契互补,并应以"产业兴地"的理念作为具体指导。具体来看:(1)"产业兴地"理念才是促进城镇可持续发展的关键理念,城市中有地无产抑或是无地无产都不具有可持续性,唯有产业兴地才是长久之计。其中的道理我们也不难理解,产业是支撑城镇发展的命脉,无论是对于公共财政,还是百姓民生,唯有健全的现代化产业体系才能支撑城市自身的发展,并带来源源不断的生机和活力。对于政府而言,其背后的保障便是产业兴发所带来的税收财政和理性土地财政的繁荣,这对于现代服务型政府而言尤其重要,这也便是"产业—土地"维度相互融合的规律所在。然而,从当前的整体情况来看,我国的城镇化尚没有整体进入产业兴发的良性阶段,还处于主要以土地为撬板进行城镇化的资本积累阶段——政府靠土地财政招商引资并补贴落户到本地区的产业和企业的模式仍未发生根本性转变,可以说还整体处在以地养产的阶段(全国只有少数特大城市已摆脱这一阶段),这充其量只完成了"产业—土地"维度的前部分工作,而真正"以产兴地"的阶段则处于培育期,我们今后针对该领域的政策重心恰恰在于促进"产业大发展大繁荣"上,恰恰在于尽快用土地财政之红利尽快转化为产业发展之红利上。其中与产业相关联的创新创业、财税政策、科技研发、人才支持、项目孵化、对外贸易、集群发展等全产业链式的公共政策都亟须跟进,与产业相关联的重点产业培育政策、特色和优势主导产业的培育政策,也都需与时俱进。(2)分类促进"产业—土地"的互契互补。在我国的新型城镇化体系中,超大城市、特大城市、大城市、中小城市和小城镇各有侧重,在促进"产业—土地"之维的融合发展中也需分类施策、精准推进。在我国整体加速新型城镇化的当下,以超大城市、特大城市和大城市为主力的国家和区域性中心城市正在加速布局和成长,中等城市和小城市在加快自身的规模扩张速度,小城镇也正以雨后春笋之势不断涌现(当然也体现出了典型的东、中、西部特征),可以说也是各有千秋、各具特色。在此种情形下,"产业—土地"维度的有机融合政策，应坚持如下策略：对于超大城市、特大城市和大城市而言，要谨慎对待城市土地和空间的扩张，其土地利用的主基调是以土地存量利用为主、土地增量扩张为辅，在此前提下重在做好这类城市主导产业的升级和战略产业的培育上，并不断推动各产业在土地空间利用上的"腾笼换鸟"，以市场手段为主让优势产业、高级产业占用条件最佳的土地（含土地资产）；对于中等城市和小城市而言则适当扩大其城市土地和空间，不断推动其向以产兴地的阶段跨越，以壮大其城市集聚和辐射功能，针对此类城市的"产业—土地"维度的政策重心则在于培育特色优势产业门类上，自然土地利用策略上也更侧重向特色优势产业门类领域倾斜，这在今后较长时期内将成为主旋律；对于小城镇而言，则需要在城镇规模和主导产业间，以及特定的地理区位上做好均衡，总的基调是"精、特、美"，充分发挥其就地城镇化的功能，使得小城镇居民既守土留乡，又分享城镇发展成果。因此，从宏观视野上看，我国的新型城镇体系有如一个分类机制，在彼此的分工中明确各自的功能定位，并形塑着各自的土地利用格局和产业发展之路。

在"人口—土地"之维的政策建议中，也并非仅谈土地与人口的政策，其背后真实隐藏的则是"产业—土地—人口"之间的互动问题。本书认为，在促进"人口—土地"维度的有机融合中，也少不了解决两类问题，一是人口规模问题，二是人口的资产问题。之所以要关注这两个问题，背后的潜台词便是"产业—土地"维度的城市可持续发展问题，毕竟只有解决了城镇人口的规模问题，城镇化才有了主体和支撑，只有解决了城镇人口的资产问题，城镇化才有了可持续发展的源头，这与民富国强是一个道理。首先，在城镇人口规模的政策上，需要进一步明确城镇人口的政策走向，既要保障人口从基层向超大城市、特大城市、大城市的流动和汇聚的通道，又要设立中小城市和小城镇的汇民、聚民机制，从根本上来讲尤其要解决好不同层级城镇居民的经济和民生问题，让他们不仅自愿留下发展，还能体面依法致富。这里尤其要解决这一类人的安置问题，即因土地使用权转让后失地农民的安置问题，以往的安置策略主要是货币化补偿，使得失地农民凭借土地的一次性补偿而"坐享其城"，实际上这种安置方式尽管较高效率地实现了失地农民的城镇居民身份转换，但却带来了一系列不和谐隐患，既不利于共同富裕的实现，更会对社会秩序及高质量城镇化带来新的风险。而按照我们"财产性收入+工资性收入"的改革方案，我们在给予这些失地农民恰当的财产性货币补偿的同时，更应在他们的就业安置上做出妥善解决，或者说将他们的劳动力与城镇产业培育、城镇居民生活方式做好衔接，从而保证他们在享受城镇化成果的同时既有"鱼"又有"渔"，以促使他们不断获得更高质量的城镇生活。同时，这一做法的另一功效便是发挥和强化了农业转移劳动力的作用，使城镇的产业发展有了更为充足的人力资源供给。其次，在城镇人口资产的政策上，则致力于培育可供纳税的有产一族。在这一政策建议上，赵燕菁（2014）为我们提供了较为系统的观点，认为在城镇化过程中，"要缩小社会财富差距，最主要的手段……是要让大部分公民，能够从一开始就有机会均等地获得不动产"[1]，为此提出了保障房"先租后售"[2]的建议，该提议可借助保障房的"广覆盖"特点，使得城镇居民以较低成本获得不动产，此举既能发挥"社会稳定器"的作用，让所有人有机会分享城镇化带来的发展红利；更为关键的是，还可以有效降低城镇企业的劳动力成本，从长远来看其产权完整性又能保证继承者对财产的增值权益，是一个容易被社会接受的方案。当然，此举的深层价值便是涵养了房地产领域的税源，即从长远上通过增加房地产数量的方式扩充了不动产市场的基数，进而为开征相关税收提供了房产条件，因而对于涵养税源而言具有长期的积极

---

[1] 赵燕菁：《土地财政：历史、逻辑与抉择》，《城市发展研究》2014年第1期。
[2] "先租后售"的保障房是与商品房相区别的具有家庭劳动力资本化特征的提议，该提议主张公民先逐年以租金形式缴纳房屋的使用权，到一定年限后补足保障房差价（建房成本）即可获得完整产权，这是城镇居民以较小成本获得政府性不动产的渠道。参见赵燕菁《土地财政：历史、逻辑与抉择》，《城市发展研究》2014年第1期。

效应，同时也有利于城市财政向税收财政的跨越。

"产业—土地—人口"是新型城镇化的三维立体表达，也是新时代推动中国特色新型城镇化进程的抓手。通过对"产业—土地"维度、"人口—土地"维度的政策创新，宏观上有助于促进土地级差收入向可持续方向转型，并能为新型城镇化的高质量发展提供要素和产业支撑。但由于政策导向的宏观性，本书所指的政策仍然宏观而抽象，仍需各城镇结合自身实际向这一趋势做具体化探索。

二　转变政府土地管理职能的政策建议

政府是推进土地级差收入治理的核心力量，其自身的权威性、服务性、创新性特征也规约其必须具备科学、合理的角色和职能定位，这是使命所在和时代所需。总体上，转变政府土地管理职能的关键是科学界定政府的角色关系，以及建立多元复合型政府土地管理职能体系，以政府为主导在全社会形成土地级差收入公有共享的共识也至关重要。

推动政府职能优化的首要工作是明确政府的角色定位及其与其他主体间的关系。在处理土地级差收入相关问题时，优化政府职能的前置工作便是厘清政府内部层级关系，以及政府与土地所有者、使用者等主体的关系。为进一步弄清政府在其中的角色差异，本书将政府在土地领域的"所有者"身份和"管理服务者"身份分开考察，并明确其土地市场的产权界定者、公共利益的捍卫者和公共服务提供者[1]的角色，以兼顾政府角色的多元复合性。（1）政府作为国有土地所有者，与国有土地的有偿使用者、地方政府（代理者）之间的关系。在考察这几对主体间关系之前，我们必须重申，政府（专指中央政府）作为国有土地所有者在获取土地级差收入方面的天然和必然基础是经济上的所有权而非其他，这是区隔本部分几对主

---

[1] 李丹：《城市扩张中地方政府征地行为的角色定位研究》，《中山大学研究生学刊》（社会科学版）2013年第1期。

体间关系的主要依据。言外之意，需要我们从产权及与其相关的经济权利的角度来分析中央政府与国有土地有偿使用者、地方政府之间的关系，具体是：中央政府与国有土地有偿使用者之间的关系是典型的契约关系，双方以协议或合同的方式明确各自在土地使用权流转期间的权利、义务关系，这样中央政府凭借所有权依法依约形成对特定土地级差收入的索取权利，相应地，国有土地有偿使用者便具备缴纳契约存续期间土地级差收入的义务，调节双方关系的核心凭据便是契约，此时中央政府的角色是土地所有者；在这一维度之下，中央政府与地方政府之间的关系也是经济范畴上的"委托—代理"关系（维系二者"委托—代理"关系的条件有二：一是地方政府对土地的实际管控权；二是我国自上而下的垂直化行政体系），也正是这种"委托—代理"关系使得中央政府与地方政府之间围绕土地使用权的经济收入而形成了共享关系，从而使得中央政府与地方政府之间具备了共同分割土地级差收入的经济关联。通过经济层面的考察，我们明确了两个正当性，即中央政府索取土地级差收入的正当性和中央政府与地方政府共同享有土地级差收入的正当性。然而，仅从经济层面考察不足以解释我国土地级差收入的特性，仍需要第二个层面的辅助。(2) 政府作为管理服务者，与土地所有者、使用者的关系。第一层面是对土地级差收入关系的一般性考察，第二层面则是对土地级差收入的特殊性考察。一方面，在政府管理者与土地所有者的关系之中，仍有两层含义：一是政府管理者与政府所有者（含中央政府与地方政府）的关系；二是政府管理者与农村集体的关系。就前者而言，这两类主体关系涉及的是政府的自我管理、自觉约束问题，即政府的自身治理问题，所涉及的内容也是多方面的，主要包括处理好管理服务者与自身利益所有者的关系、不同层级政府管理者合理分配相关利益、本届政府与未来政府共享土地级差收入、政府土地级差收入分配的科学性与公平性、政府土地级差收入与分配的规范性等，都是政府"管理服务"身份必须要处理的关键问题，自然所形成的解决方案也成为彰显政府所有者与政府管理服务者有机统一关系的窗口；就后者而言，政府管理服务者的职能则相对清晰，其管理服务的重心，则停留在如何公平对待两种公有制差异、如何做好集体所有土地的规划经营与监管服务等方面，是政府履行土地管理职能的常规形式。另一方面，在政府与使用者的关系中，政府要扮演的角色则是对土地使用者的土地利用行为的引导与规范监督上，具体表现为对城镇土地用途的规划控制，对土地使用者相关权利的规范、保障与监督，对土地使用效能与法规执行情况的监督问责等，是对土地行政管理职能的具体履行。综合而言，政府作为土地所有者和管理服务者的双重身份，才是科学界定政府角色和职能的方法，才是探索中国特色社会主义条件下政府土地管理职能特色的关键。这种对双重身份的综合分析为优化其职能提供了线索和依据。

在优化政府土地管理职能的问题上，我们既已弄清了政府的多重角色定位和相互关系，接下来的重点工作是聚焦在政府的核心职能上，本书认为，当前阶段政府的土地管理职能应优先聚焦在强化管理服务职能、规范自身经济诉求、优化政府间行政生态三个主要环节上。（1）在强化管理服务职能方面，旨在提升政府作为土地管理者角色的功能，上至中央政府下至县级政府的土地行政管理部门都须在土地管理服务环节做好相应的职能优化工作，尤其是需要做好土地资源的战略配置（土地资源的保护利用战略、土地资源中长期开发战略计划、土地资源鼓励及限制开发导向等）、土地管理政策体系的优化完善（土地征收征用政策、土地市场的开放政策、土地开发模式的引导性政策、土地融资政策、土地流转政策等等），土地资产的管理政策（土地批租与年租政策、土地和房地产领域税费政策等等），以及土地利用的监督管理政策（土地资源合理合法利用监督政策、土地市场投机监督管理政策、土地行政管理环节寻租腐败监督政策等等），并通过不断健全的政策执行体系，强化政府的管理和服务职能。（2）在规范自身经济诉求方面，旨在明确政府作为土地所有者获取土地相关收益的边界及其支出范围，避免政府土地经济利益的获取不当（获取过多或获取不足）。正如前文所述，政府的土地经济收益集中在土地出让金中的综合保障资金、土地资源资金以及土地级差收益上，其中综合保障资金用于土地直接利益相关者的风险保障，土地资源价值用于后续土地整理、保护、再开发使用，土地级差收益主要用于弥补前期土地开发成本，以及政府其他领域的公共支出，当然为凸显土地级差收入的公共性，建议在优先支持农业土地开发、廉租住房保障、教育资金、农田水利建设四项法定支出的基础上，不断优化土地级差收益（不是土地级差收入）的支出结构，以推动新型城镇化的高质量实现。与此同时，仍须做好政府土地级差收入（含土地级差收益）及支出的监督机制，通过探索向本级权力机关定期汇报与公开机制来接受监督，确保土地级差收入取得和支出的透明性与规范性。（3）在优化政府间的行政生态方面，旨在解决纵向垂直政府间土地级差收入的分成问题，归根结底是解决中央政府与地方政府在相关权利的分享与合作问题，我们的主张是以规避央、地政府间纵向博弈为关键，以优化调整央、地财权事权为手段，打造形成土地级差收入的新型共享分配关系。具体来讲，一方面，启动新一轮税制改革以增加地方税种的方式增强地方政府的财政收入渠道，逐步摆脱地方政府对土地出让金的过度依赖，消除央、地政府博弈的源头；另一方面，改革现行土地出让金的"存量归地方，增量分享"[①]的分配格局，变为"存量增量共享，级差收益共享"的三分享机制（实行这一分享机制既有利于化解地方政府的土地财政动机又有利于巩固和强化中央政府对土地的集权控制，对当下及今后扼制地方政府的债务风险也具有一定的防范价值），使得地方政府在既有分配格局中不受根本影响的前提下，稳步形成新型的土地级差收入分配关系，进而为实现更高质量的新型城镇化奠定物质基础和行政条件。

---

① 张立彦：《中国政府土地收益制度研究》，中国财政经济出版社2010年版，第180页。

在宣传和巩固土地级差收入的公有共享机制方面，这是更好履行政府土地管理职能的前提，特别是在确立新型分享分配关系方面更具影响力。当前土地级差收入存在的问题最主要的还是集中在分配领域，因此无论是其治理的重点，还是政府相应职能优化的重点，都无可回避地要解决分配这一问题，毕竟只有将这种公有共享的理念发展成为社会共识，土地级差收入的新型分配关系才能具有广泛的社会基础。因此，宣传和巩固土地级差收入的公有共享理念已成为政府土地管理工作的重要方面，已成为政府优化土地级差收入治理政策的重要方面。做好这一宣传和巩固工作，至少要向全社会公开阐明下述两个观念：一是土地的社会主义公有制是土地级差收入公有共享的宪法前提和经济基础，是中国特色社会主义经济的重要组成部分；二是土地级差收入的分享主体是全社会，并不局限在土地的直接利益相关者；更确切地讲，土地级差收入的分配应是兼顾直接利益相关者的贡献和全社会公有制度的公平的共享型分配关系。前者是对中国特色社会主义政治经济思想的具体化，后者为包括政府在内的多主体合理诉求进行了确认，综合来看这种公有共享关系体现了法理前提、经济条件、制度优势、公平价值和发展导向，是我国治理土地级差收入的必然选择。

政府土地管理职能的转化是治理土地级差收入的内在要求，通过厘清政府与其他主体间的角色定位及相互关系、聚焦政府土地管理和服务的核心职能、营造全社会的共识等方法，有助于塑造服务型政府的新形象，并根本上有助于解决土地级差收入诸环节的管理乱象。同时，也为下一步优化具体的土地管理政策提供了内在依据。

三 优化土地管理工作的政策建议

土地级差收入的治理工作表面上是收入分配问题，但实质上却牵涉土地管理和利用的全部环节，"牵一发动全身"。探寻其治理之道的理性路径便是将与之相关的管理环节和政策内涵进行具体优化。具体来看，尤其有必要对包括土地产权管理、土地收储、土地市场、土地级差收入收支管理等在内的一揽子政策加以调整。

在土地产权管理政策方面亟须做好三项工作，即土地所有权及相关权能的"入法"工作、土地产权的确权工作、"三权分置"的政策细化。其中：（1）土地所有权及相关权能的"入法"工作，是指将与土地相关的权利和权能借助法律法规的形式确定下来，具体而言是在坚持土地"社会主义公有制"的宪法秩序下，将土地所有权、土地用途转换过程中相关主体的权利及权能明确下来，即将土地级差收入的公有共享理念，国家和集体参与土地级差收入分配权利等写入《土地管理法》《物权法》，以及部门规章、行政法规和政策之中，明确土地所有权、使用权、承包权、经营权在相关环节的价值兑现依据。（2）土地产权的确权工作，即尽快完成每一块土地的产权确权工作，做到地幅、地证、地权的三个明确，无论是国有土地还是集体土地、无论是已有明确的使用权人的土地还是尚未批租出去的土地，都应尽快实现确权，为推进土地的依法流转和兑现相关土地权利价值提供产权凭据。（3）"三权分置"的政策细化工作，这一政策是土地确权工作的延续，"三权分置"政策是国家新一轮深化土地管理体制改革的重要创新，是针对农业现代化而提出的农地产权创新，细化"三权分置"政策也可间接地为城镇化进程中农地转换为非农用地提供衔接机制，为今后土地级差收入的确定及分配提供制度支撑。

在土地收储政策方面，土地征收征用依据、征收征用标准差别、储备职能、土地级差收入的计算方法等政策仍需优化。（1）在土地征收征用依据方面，《宪法》《土地管理法》《物权法》均明确规定"国家基于社会公共利益需要并依法定程序，在做出适当补偿的情况下可将集体土地征用转为国有土地"，这既为集体土地转为国有土地提供了法律渠道，但同时由于对"公共利益"界定的模糊不清，导致地方政府较大的自由裁量权，也一度使得土地征收工作乱象百出。有鉴于此，须经由国家法律部门进一步明确"公共利益"的外延，建议在现有《划拨用地目录》的基础上，将国家基于"公共利益"

需求的征地工作细化到具体的类别，消除基层滥征农地的自由空间。（2）在土地征收征用的补偿差别方面，建议采取较为一致的补偿标准来替代当前的差异化做法，由于征用的"公共性"导致被征土地日后增值受限，因而所能提供的补偿有限，这是土地征用补偿的内在逻辑；而一旦土地被征收，则意味着土地征收补偿的成倍数增加。两种补偿标准固然有其客观合理性，但其也导致了诸如收入不平衡、社会矛盾加剧等问题，既然同样是土地就应该坚持同样的标准予以补偿，单纯的市场导向是不符合我们的国情的。为此，本书建议征收征用方式上可以有市场或公共利益的区分，但补偿标准上则要一致而非有所区别，其核心要义有二：一是为同地方同样规模土地用途转换提供相对一致的标准，做到同地同价，以兑现其资源价值，同时也有利于社会公平；二是借助必要的经济门槛抬高"公共利益"的征地成本，并一定程度挤压非理性的公共用地。（3）在土地储备中心的职能调整政策方面，要做"减法"，回归其初衷，将现有土地储备中心中的非事业发展需要的市场化职能，如政府融资、土建、基础设施建设、土地二级开发业务、城镇保障性安居工程建设等剥离出去，真正强化土地储备中心的事业身份和土地征收、收购功能，以及相关土地的前期开发工作，进而规避借土地储备之名放大土地经营，甚至侵占主业的问题。（4）在调整土地级差收入计算办法方面，就需要结合土地的功能及土地级差收入的属性进行调整，具体来看，就是变现有的以农业收入为基准的补偿计算办法为"农业＋新用途行业"相结合的补偿计算办法，以此来确定区片综合价格；同时还须加入土地资源价值、土地综合保障价值，从而将土地级差收入的第一个部分计算办法进行了回归属性的优化；而针对土地级差收入的第二个部分——土地级差收益的计算办法，则可参照香港的做法，以土地及资产的年度市价为基数按一定比例来征收（这一比例须经法定程序确定），以补充公共支出。

在土地市场政策方面，需要对土地市场一体化、土地市场化出让方式、土地及资产市场价值的定期评估、土地资产租赁市场监管等政策进行具体优化。(1) 在土地市场的一体化方面,包含两个方面:一是城乡建设用地市场的一体化;二是土地一二级市场的简化。就城乡建设用地市场的一体化而言,需要全面打破国有土地垄断城市用地的格局,并在产权明晰和依法流转的前提下,逐步放开集体建设用地的入市条件,不断从土地市场供给端优化土地的供应规模,并从起始点上规避行政垄断所带来的地价与房价(房租)的高企现象;就土地一二级市场的简化而言,是对城乡建设用地统一入市的延续,其简化的重心在于对土地储备中心的治理上,结合当前国家有关部委对土地储备中心的调控,本书认为下一步简化土地一二级市场的重点就在于回归土地储备中心的事业功能,且其事业功能更主要集中在"公共利益"层面,至于土地市场的问题则由土地所有方与相关各方在公平的市场条件下谈判解决,由此也便自然废除了过往土地储备中心在一二级市场的"买卖双边垄断"地位。(2) 在调整土地出让方式的政策方面,建议以市场方式配置作为生产要素的土地(政府划拨的公益用地除外),因此在政策层面建议有偿用地方式逐步限定在"招拍挂"上,对现行的协议出让方式附加更多规制和限定条件,以避免地方政府借机以地价补贴企业的短期招商行为,从而使得土地市场的交易更公开、更透明。(3) 在土地及资产市场价值的定期评估方面,这是一项新的功能,是为计算和收取土地级差收益而必需的机构和机制。在这方面,建议直接效仿香港的"差饷物业估价署"做法,专门在国土资源管理部门下设土地及资产评估中心,专门为本地区土地及房地产的市场价值定期作科学评估,以收取相应的级差收益。(4) 在土地资产租赁市场监管政策方面,也是新增的政策,是专为征收土地资产的房产税而设立的相应机构和机制。正如前文所论述的那样,我国的房产税不同于欧美的物业税或财产税,应税对象应界定在租赁环节的房地产租金收入(当然也有其他房地产税种配套存在),因此需要面向这一领域设立区域性的租赁市场监管平台,并规范租赁链条各方的交易秩序,以完成房产税的征收。这一做法也是"租税并举"的有机组成部分。

在土地级差收入的收支政策方面，着力调整土地级差收入的实际结构，并做好相应收支的规范管理以及分配政策。（1）在调整土地级差收入结构方面，需要在相应的法律文本中明确土地级差收益的地位和作用，并将"土地出让金+级差收益"相结合的结构作为土地级差收入的实际结构来加以完善，并作为今后界定和开展土地级差收入相关工作的操作依据。（2）在土地级差收入的收支管理政策方面，主线是坚持和强化当前国家关于土地出让金的收支管理办法，但同时建议在现行的收支管理序列中，开增"土地收益基金"，以作为后续阶段（即基本完成土地城镇化阶段）公共支出保障和未来政府部门分享土地收益的机制，从而使得这种土地经营机制多了一重风险保障和公平内涵。（3）在土地级差收入的分配政策方面，应总体按照"直接利益相关者+全社会"的共享理念，优化土地级差收入的分配关系。特别是针对土地直接利益相关者，除了按照调整后的政策获得经济补偿之外，更重要的是做好社会再就业和综合保障政策，以促使其身份、生产和生活的城镇化，从而实现"财产性收入+工资性收入"的有机结合；而针对全社会成员，借助公共财政支出的方式从土地级差收入中获得一定的公共福利，从而实现共享。

第 八 章

结论与展望

城镇化关乎国家经济发展质量、关乎土地的可持续利用、关乎以人民为中心发展思想的实现。站在新时代新起点上，以中国特色社会主义政治经济学为导向，对城镇化进程中的土地级差收入进行马克思主义视角的审视和论证，不仅能为解释和论证土地级差收入问题提供理论支撑，还能为坚定中国特色社会主义制度自信提供有益启示。本书正是基于这一研究使命，以土地出让金所引发的土地财政为切入点，对土地级差收入的内涵外延、本质属性、生成与发展机制、量的理论测度、分配机制、治理体系等关键内容展开研究，初步形成了与中国城镇化相契合的土地级差收入分析框架。

第一节 主要结论

马克思地租理论对于认识和治理土地级差收入问题具有科学的方法论价值。从经典作家的文本来看，马克思地租理论是对资本主义农业地租的具体分析，其地租体系中的绝对地租、级差地租、垄断地租内容也都是对资本主义农业地租及其所反映的剥削关系的具体论述。但实际上，马克思在揭示资本主义农业地租的过程中就已经完成了对地租产生的一般规律的揭示，即认为土地所有权与土地经营权的分离、围绕土地形成了三大阶级、土地经营权租赁市场的存在与发展，为土地所有者凭借土地所有权获得地租准备了条件，这也恰恰是马克思地租理论的科学性所在，是马克思地租理论对一切社会形态下地租及其属性问题具备科学解释能力的核心依据。

通过系统地梳理和研究，本书认为马克思地租理论的科学方法论有三重内涵，分别是：(1) 以生产关系为根本的唯物主义方法论，主张要从特定的生产关系中找寻地租的产生逻辑，并提出要以特定历史阶段为视角对地租的现象和本质进行辩证把握、要以生产关系为根源进行地租生成机制的考察、要透过具体的地租来认识不同的生产关系及其性质；(2) 工具价值与制度价值对立统一的地租功能方法论，主张通过对特定生产关系下地租的制度考察来界定地租的具体价值，提出工具价值与制度价值共同构成了地租价值的两个维度，指出地租的工具价值是对调节不同行业用地功能的集中概括，地租的制度价值是对不同社会制度下土地利益关系的集中概括；(3) 整体性与结构性相结合的地租结构方法论，主张要对"真正的地租"和"租金"，以及绝对地租、级差地租、垄断地租等地租形式进行整体区分和定位，并主张从马克思关于地租构成条件和内在形式的角度对土地级差收入进行结构分析。

在分析和处理社会主义条件下土地级差收入问题时，马克思地租理论的方法论意义给我们以四方面启示：其一是要以生产关系标准来分析土地级差收入的全部内容，从所有制关系、分配关系等角度，对社会主义土地制度进行历史性分析，对我国土地级差收入进行属性归位，明确其本源、历史和发展规律，并结合城镇化趋势探索土地级差收入的治理路径。其二是要以工具价值和制度价值的二分法来解析土地级差收入的属性，对我国土地级差收入的工具价值和制度价值进行具体解析，并从二维价值统一的视角对我国当前土地级差收入的政策理念进行分析、从土地社会主义公有制的制度属性对其分配机制进行合理化论证。其三是要以整体性和结构性相统一的方式来推动土地级差收入良性发展，在借鉴马克思地租理论结构方法论的基础上，既要在理论上对土地级差收入的结构作以区分，又要在实践层面对其进行整体性把握，既要从现实中厘清土地级差收入的内在结构关系及其数量关系，又要在实践层面为优化土地级差收入的发展趋向提供治理方案。其四是要以辩证原则运用好相关范畴和命题，既要突破马克思关于资本主义农业地租的历史和阶级局限，合理运用马克思关于地租产生的一般条件、地租结构的存在和发展规律、地租功能的二维统一关系等科学内涵，又要彰显中国特色，以土地级差收入、级差收益等范畴取代地租范畴，为马克思地租理论科学内涵的中国化、中国特色政治经济学命题的理论化提供恰当条件。

土地级差收入本质上是反映社会主义生产关系的土地有偿使用收入，核心特征是公有共享，它内涵着中国特色的制度属性，当前土地出让金是其主要形式。从内涵来看，土地级差收入是我国土地有偿使用收入的理论范畴，是对土地有偿使用的资本化表达，是贯穿于土地有偿使用全过程的经济产物，属于典型的租赁性收入、产权性收入、经济性收入。从外延来看，作为土地所有者凭借土地所有权而获得的收入形式，土地级差收入逻辑地包括一次性收入和级差收益两个部分，但事实上，以土地出让金为代表的一次性收入构成了当前土地级差收入的主要形式，级差收益整体未能纳入土地级差收入的范围。值得注意的是，土地级差收入与马克思所揭示的资本主义地租（含级差地租）、土地收入、土地纯收益、土地税费、土地出让金之间存在本质区别和联系，但马克思地租理论的一般规律对于土地级差收入具有科学指导价值。

新中国成立以来，我国土地级差收入与土地权属制度呈现出一致性，它随着土地权属的制度变迁（即个体所有—社会主义集体化—社会主义公有制的变迁），而呈现出从没有土地级差收入到有土地级差收入再到重视土地级差收入的演进轨迹。

进入21世纪以来，以土地出让金为主要形式的土地级差收入不断壮大，它在为中国城镇化不断积累资本的同时，也引发了诸多问题。为了从根本上弄清楚以土地出让金为主要形式的土地级差收入的本质属性,进而提出科学的治理方案,本书对城镇化进程中的土地级差收入属性进行了详细论证,认为:(1)公有共享性是土地级差收入对土地领域社会主义生产关系的最集中概括,有两层内涵,即:一方面,土地级差收入是反映社会主义生产关系的土地有偿使用形式,是对土地社会主义公有制的所有制形式、土地级差收入所反映的社会共享关系的综合反映;另一方面,土地级差收入是彰显社会主义制度优势和制度自信的土地收入形式,是对土地级差收入增进社会效益、促进土地的可持续利用、实现土地级差收入代际公平的综合反映。(2)土地级差收入的工具属性和制度属性,其中工具属性强调以土地出让金为媒介来调节和配置土地资源、影响国民收入分配关系,而制度属性则强调土地级差收入应该成为彰显中国特色社会主义制度优越性的重要手段。(3)土地级差收入贯穿于城镇化始终,具有客观性、增值性、长期性、衍生性、当下性和转型性特征。

我国土地级差收入具备独特的生成条件和生成过程,并在经济层面、行政层面和法治层面客观形成了土地级差收入的强化机制,引发了"土地财政"现象,并使得土地级差收入的工具价值与制度价值失衡。当前我国土地级差收入正面临增长压力,亟须转型以更好地适应我国的城镇化建设规律。土地出让金是当下我国土地级差收入的主要形式,其生成逻辑、生成条件和生成过程如下:(1)土地的资源资产属性得到市场的认可、土地权利实现分化并形成了土地权利束、土地出让行为得到合法保护,构成了我国土地级差收入的生成逻辑。(2)土地资源的资本化转向开辟了土地市场空间,土地的社会主义二元公有制决定了土地所有制的可转化性以及其在土地市场上的价值兑现差异性,一级市场垄断、二级市场竞争、一二级市场并存的独特土地市场体系,为土地级差收入的生成提供了现实条件。(3)土地所有权的制度性转换(从集体所有到国家所有)、土地使用权的市场化让渡、土地收益权的统筹配置构成了土地级差收入的"三步走"生成过程。

在土地级差收入的生成机制中，原土地所有者、城市政府、新的土地使用者存在不同的利益偏好，这些利益偏好激发了对土地出让金的热情，并形成了土地级差收入的强化机制。概括起来，强化土地级差收入的动力机制来自三个方面：（1）地方政府为纾解财政压力、以土地为工具招徕产业落户和提升区域竞争力等因素，成为强化土地级差收入的经济动力；（2）中央、地方博弈关系，唯 GDP 政绩考核制度，地方政府多角色合一的职能紊乱等因素，构成了强化土地级差收入的行政动力；（3）土地权利、土地权利主体、土地征收目的等关键法治范畴的模糊性，农地市场化渠道的封闭性设置、土地财政收支的结构性减弱等法制设置的不科学性，以及土地储备机构、功能和价值异化导致的法治执行的自由性等因素，构成了强化土地级差收入的法治动力。对土地级差收入的强化，直接引发了"土地财政"现象，导致土地级差收入的工具价值超越于制度价值，引发了社会对土地级差收入的种种诟病。

土地级差收入与城镇化相伴相生，从长远来看，规模扩大化、发展可持续化、结构转型化是我国土地级差收入总的发展趋势。但仍然需要明确的是，我国当前的土地级差收入模式正在进入转型时期，18 亿亩耕地红线、土地级差收入新形式的发展壮大、中央政府对土地级差收入治理力度的日趋强化，都带来了土地级差收入的增长压力，向"土地出让金 + 级差收益"组合形式的土地级差收入转型成为必然。

土地级差收入量的变化发展与中国城镇化进程密切相关，从现实层面对土地级差收入量计算办法的演变可以透视中国城镇化的阶段特性。这也昭示我们注重顺应城镇化发展和转型的新趋势，并以此为依据探索土地级差收入的新发展方向。进入 21 世纪以来，我国土地级差收入量伴随着城镇化的不断推进，总体上呈现出不断增长的态势，主要变化特征如下：（1）从土地级差收入量的规模变化特征来看，土地级差收入量保持稳定上扬趋势；从土地级差收入量占比来看，土地级差收入量构成了地方财政的近乎"半壁江山"；从土地级差收入量的分地区变化特征来看，东部地区土地级差收入量极高，中部、西部地区占比情况整体稳定，东北地区土地级差收入量则趋于下降。(2) 从土地级差收入量的变化特征中可以透射出中国城镇化的阶段性特征，主要表现为：土地城镇化增速显著高于人口城镇化，土地城镇化与人口城镇化发展失衡，这种土地城镇化的"偏好"不断刺激着土地级差收入量的持续增长，土地城镇化与土地级差收入量呈现出"双增长"的态势。

土地级差收入量是土地资源价值和土地资产价值的综合体现，这应该是科学认识土地级差收入量的逻辑所在，本书以此为依据对城镇化进程中土地级差收入量进行了理论测度，并将其与马克思地租理论的关系进行了区分。(1) 土地有偿使用方式、计划用途、前期及后期投入规模、土地所处的交通区位构成了影响土地级差收入量的主体因素。(2) 从实践运行来看，征地费用和土地开发收入构成了实操层面土地级差收入量的计算结构，而不同的土地级差收入量的计算方法又是对不同土地价格理念的反映。从宏观历史视野来考察，我们会发现农地补偿从农业生存型向保障发展型转变、农地价值从资源价值向资源和资产的双资价值转变、补偿形式从单一货币化向多元化转变，构成了新中国成立以来我国土地级差收入计量理念的形式变化。(3) 马克思地租理论中关于地租量的计算办法为我们计算土地级差收入量提供了借鉴，更为我们合理区分土地级差收入与地租关系提供了科学依据。在理论测度城镇化进程中土地级差收入量需要克服将土地级差收入量仅当作数字来看待、从单一学科单独解释土地级差收入量和教条式挪用马克思地租理论简单化处理土地级差收入量三个认识误区，确立"为什么要理论测度土地级差收入量""土地级差收入量的实体来源是什么""土地级差收入量如何进行客观评价"三个基本前提，构建合理性维度、公平性维度、效率性维度和发展性维度"四维一体"的指标体系。

中国城镇化是一个不断渐进的过程，土地级差收入量作为其典型产物也呈现出与城镇化发展过程相匹配的契合性。当前，我国以增量土地发展城镇化的模式已进入转型期，传统的土地级差收入获取方式也面临着转型，因而今后我国土地级差收入量的整体走向集中表现为：土地级差收入量将在地租属性的回归中更契合经济发展规律，土地级差收入量将呈现双向阶段化特征，即传统形式土地级差收入量"先增后减"、新形势土地级差收入量"先少后多"。这应该成为我们设计今后土地相关收入政策的重要依据。

中国城镇化进程中土地级差收入的分配机制体现了中国特色社会主义的生产关系，这种分配机制在中国城镇化起步阶段发挥了重要的积极作用，但在土地可持续利用背景下，这种分配机制也需要优化调整，以适应新时代发展需求。土地级差收入的分配不是简单的数量划分问题，而是一道复杂的政治问题，考验着地方政府的治理智慧，因为土地级差收入的分配工作关乎社会公平、关乎发展稳定、关乎制度伦理，任何时候都要高度重视。本书从应然逻辑出发，结合土地级差收入的"公有共享"特征，主张以利益共同体理念为观照，以"影响力—利益"矩阵为方法，将土地级差收入的利益相关者划分为四类，分别是：以中央政府为代表的"高影响力+低利益性"利益相关者；以地方政府为代表的"高影响力+高利益性"利益相关者；以被征地农民、农村集体和纵向群体为代表的"低影响力+高利益性"利益相关者；以其他部门和人员为代表的"低影响力+低利益性"利益相关者，并倡导在土地级差收入的分配过程中须充分体现利益共同体的合理诉求。

现实层面的土地级差收入的分配机制有动态和静态之别：（1）动态分配机制与土地的两次增值环节密切关联，动态分配关系具有狭隘性，其中：第一次增值所形成的土地级差收入（土地所有权转换所形成的对土地使用权让渡收入），其分配权掌握在地方政府手中，原土地直接利益相关者被排除在外；第二次增值所形成的土地级差收入（土地使用权人经营产生的产业收益），其分配权掌握在土地使用权人手中，其他利益相关者被排除在分配范围之外。（2）静态分配机制在分配关系相对合理性，现行分配机制不仅将被征地农民的合理诉求作为优先考虑因素，而且还将土地的社会公共价值体现到了分配关系中。综合分析当前土地级差收入的动态和静态分配机制与关系，本书发现我国土地级差收入现行分配的两个理念错误，即仅把土地级差收入当作产权标的物而不是产权和社会公共价值双重逻辑下的综合体，仅把土地级差收入定位为一次性收入而非可持续性的土地收入。现行分配机制在事实上形成了"城市优先"的分配格局，其积极效应是为中国城镇化提供了资本积累，但其消极效应也不断显现——地方政府过度依赖土地财政、逆向收入分配问题突出、城镇化失衡局面加剧。

这种分配效应迫切需要我们对当前的土地级差收入分配机制进行改革，其中：（1）改革的重点是扭转当前我国土地级差收入分配中的四重悖论，分别是：分配关系扭曲化（不同主体适用不同的分配规则，缺乏一致和公平的分配规则）、分配实体蒙昧化（包含土地级差收入形成的"非市场化"与土地级差收入分配实体的有限化两层内涵）、分配过程竞争化（利益相关者之间的博弈关系）和分配结果短期化（短时间内对土地财政的过分追求、对城乡一体化的漠视）。(2) 改革的趋势是实现三个回归，即实现分配关系的市场化回归（以平等产权为基础，按照市场规律获取公平的土地级差收入）、分配主体的利益共同性回归（以利益共同体为着眼，建立全民共享机制、规避主体间的博弈关系），以及分配结果的可持续性回归（土地级差收入分配实体的可持续性、分配机制的可持续性）。(3) 分配的方案要实现三个突破，即：实现土地级差收入分配实体从一次性获取到可持续性获取（主要是级差收益）的突破、实现土地级差收入分配的价值导向从单一生产要素价值到双资价值（资源价值和资产价值）的突破，实现土地级差收入分配方式从一次性分配到一次性分配与多元多次分配相结合（资源价值是一次性分配，资产价值是一次性分配与多元多次分配相结合）的突破。

在推动中国城镇化进程中土地级差收入转型发展的过程中，需要我们站在彰显中国特色社会主义制度特征的高度，对土地级差收入的治理体系进行整体性和全局性建构。在土地级差收入的治理理念上须做到"四性统一"，即：做到坚守制度根本性（坚守土地的社会主义公有制）、价值引领性（坚持把对土地、土地相关收入的价值定位作为治理的前提，作为彰显中国特色社会主义制度优越性的依托）、发展规律性（契合中国城镇化进程中"产业—土地—人口"的三维互动规律）和视野整体性（从长远和系统角度对土地级差收入问题进行本质定位和阶段式把握）。这"四性统一"的治理理念是推动土地级差收入可持续发展的核心理念。

在设定土地级差收入的治理目标时，需要我们坚持"渐进式改革路径"，坚持"利益共同体"的治理思维，坚持法律、政策、实践的三位一体方法，以及建构新型土地级差收入范式。

在探索治理土地级差收入的路径时要抓住三个关键，即：（1）从"土地"功能的再认知中巩固治理之源，首先，要求我们必须坚守土地收入的元命题——坚守土地的两种功能，即资源功能和资产功能，这是探讨土地所有问题的前提；其次，要求我们对"土地到底为谁所有、为谁所用"进行制度和价值附加，也即对土地及土地级差收入赋予中国特色社会主义制度属性，这是探索土地级差收入治理的制度前提。（2）从土地级差收入的属性确认中厘清治理之惑，即：一是要坚持和强化土地级差收入这一反映社会主义生产关系的租金本质，划清与土地税、费的界限，并倡导"租税并举"的宏观土地收入机制；二是承认土地级差收入的结构多元性，厘清和兑现土地的资源价值和资产价值，强化土地级差收入中的主体公平和代际公平；三是明确不同土地权利对土地级差收入分割的正当性，承认各类利益相关者对土地级差收入的合理利益诉求并划定利益诉求边界。（3）从土地级差收入的转型中找寻可持续发展路径，也即在回归土地级差收入租金属性的基础上，从土地可持续性角度找寻当前"土地财政"的替代方案，具体有三个主张：一是坚持恰当的土地出让金制度，使其作为土地价值兑现的实体来源；二是开征土地级差收益，对依法有偿使用土地者按年征收一定比例的级差收益，捕获土地资产的部分增值；三是效仿香港做法，开征房产税（此房产税与欧美国家的房产税不同，是对房地产所有者有偿租赁收入征收的税），作为政府公共服务的成本补偿机制。

在土地级差收入治理工作的政策建议上，建议做好三类政策的优化工作：(1) 优化"产业—土地—人口"相融合的新型城镇化政策，其中：在产业现代化方面，须着力创新好"产业兴地"政策，以产业高级化涵养土地税源，减少地方政府对土地出让收入的不理性欲求；同时，按照新型城镇化的多元层次来分类设置产业用地政策，规避不理性土地城镇化的倾向。在人口城镇化政策方面，设计好不同层次城镇的汇民、聚民和富民机制，让城镇化了的市民留得下、发展得好、富得了；同时，探索城镇人口资产的增加政策，鼓励探索保障房"先租后售"政策，长远上为城镇发展培育有产一族和纳税主体。(2) 转变政府土地管理职能的政策，主要体现在做好政府角色定位、优化政府职能、营造社会公有共享氛围三个方面，其中：在做好政策角色定位方面，主要是区分政府作为土地所有者和管理服务者的角色边界，避免角色混淆和管理上的越位、缺位、错位现象；在优化政府土地管理职能方面，主张做好五大管理服务职能、规范和约束自身经济诉求、优化政府间行政生态等工作，提高政府管理效能。在营造社会公有共享氛围方面，主张做好政策宣传工作，重点将土地级差收入的分享主体是全社会、土地的社会主义公有制是土地级差收入公有共享的宪法前提和经济基础等内容广而告之。(3) 优化具体的土地管理政策，主要是优化土地产权管理、土地收储、土地市场建设、土地级差收入收支管理政策，其中：在土地产权管理政策方面，建议做好土地所有权及相关权能的入法工作、土地产权的确权工作、"三权分置"的政策细化工作；在土地收储政策方面，重点要界定好土地征收征用的"公共利益"范围、做好土地征收征用补偿标准同一化、推动土地储备中心回归事业身份、形成与土地级差收入属性相匹配的计算办法（适当提高农地补偿标准、增加级差收益基本计算办法）等；在土地市场政策方面，建议加快建成覆盖城乡建设用地的一体化市场、简化甚至取消当前土地一级市场的行政垄断政策、全面推行市场化竞标购地政策、建立土地及资产评估政策和土地资产租赁市场监管政策；在土地级差收入的收支管理政策方面，建议在现行土地收支管理序列中开增"土地收益基金"，以及设置土地级差收入全民公有共享等政策。

第二节 创新之处

本书揭示出马克思地租理论的科学方法论思想。通过全面梳理《资本论》中关于地租的经典论述，揭示马克思关于地租生成的内在逻辑和一般规律，并系统阐释马克思地租理论的科学方法论思想，即：(1) 以生产关系为根本的唯物主义方法论；(2) 工具价值和制度价值对立统一的地租功能方法论；(3) 整体性与结构性相结合的地租结构方法论。同时，指出马克思地租理论的科学方法论对于我们认识和治理土地级差收入的相关问题具有指导价值。特别是，对于剖析土地级差收入的社会主义生产关系特征、土地级差收入的实践形式与逻辑形式、土地的社会主义二元公有制、"产业—土地—人口"维度的城镇化与土地级差收入关系、我国独特的土地市场体系、"土地财政"的三元动力机制、土地级差收入的增值环节及其分配特点、"涨价归公"与"涨价归农"的分配理念、土地级差收入利益相关者间的"影响力—利益"矩阵关系、渐进式改革路径等中国特色的土地级差收入命题具有重要启示意义，为本书进一步揭示土地级差收入的理论逻辑和发展规律提供了理论参照。

本书界定了中国城镇化进程中土地级差收入的本质属性。立足我国国情，以马克思地租理论的科学方法论为指导，在论证土地级差收入与地租本质区别的基础上,分析了土地级差收入的三重属性特征,即:(1)本质上,土地级差收入是反映社会主义生产关系的土地有偿使用收入,是凭借土地所有权而取得的租赁性收入,具有公有共享特征,是土地社会主义公有制与土地收益全民共享的集中体现,与地租存在本质区别(不反映剥削关系);(2)功能上,土地级差收入具有调节土地利益关系的工具价值、具有彰显社会主义生产关系特性的制度价值,其中制度价值具有根本性和统摄性;(3)逻辑上,土地级差收入应该兑现土地的资源价值和资产价值,因而在其外延上应该表现为"一次性收入+级差收益"的组合形式。

本书从利益共同体角度提出了土地级差收入公有共享的分配理念和分配逻辑。本书认为单纯的物权法逻辑不能作为土地级差收入分配的唯一逻辑,而应该是以土地社会主义公有制这一宪法秩序为前提的物权法逻辑。这意味着具有公有共享特征的土地级差收入的分配不应该是面向少数人的分配,而是面向中央政府、地方政府、失地农民、农村集体、全体人民、纵向群体等利益共同体的分配(当然要有直接利益相关者与非直接利益相关者的区别)。基于此,本书探索了土地级差收入公有共享的分配方案,认为:(1)要在优化土地出让金收支方法的基础上,向土地使用权人加征土地级差收益,回归"一次性收入+级差收益"的土地级差收入形式,保证土地级差收入回归其本质;(2)一次性收入重在兑现土地资源价值(以政府性基金收取,专项用于土地资源整理保护与后续政府相关支出),以及支付前期土地征收与开发成本、直接利益相关者的综合保障费用;级差收益重在兑现土地资产价值,通过持续获得土地增值收益的方式为社会公共事业提供资金支持;(3)建议采取"财产性收入+工资性收入"的方式完善失地农民的分配方案,切实让失地农民参与城镇化建设,共享城镇化成果。

第三节　研究展望

本书对土地级差收入的理论界定、本质属性、生成机制、分配机制、治理体系进行了一定讨论,形成了相应结论,但相比于中国特色社会主义政治经济学的理论需要和中国城镇化建设的实践需要而言,仍很不足。结合本书的研究内容,今后还应主要在以下方面展开跟进研究:

第一,土地级差收入与深化土地管理体制改革相衔接的研究。本书从土地管理角度提出了土地级差收入的治理路径和政策,但也主要是宏观建议,仍缺乏对当前深化土地管理体制改革要求的具体跟进,今后还应加强土地级差收入的实现形式、农村集体建设用地入市试点中土地级差收入的计算方法、农地"三权分置"工作与土地级差收入分配方案、土地及资产市场价值评估等方面的研究。

第二,土地级差收入的共享机制研究。本书提出了土地级差收入的公有共享和利益共同体理念,为分析当前分配机制和分配关系提供了理论参考,也提出了今后改革的方向。但对土地级差收入的共享机制、土地级差收益的获取方式等内容缺乏深入讨论,特别是缺少与中央政府治理土地出让金收支工作的结合,土地级差收入共享机制的细化措施也有待明确,这也构成了今后研究的方向。

第三,土地级差收入与土地税、费的系统改革研究。本书提出了土地级差收入与土地税、费的区别与联系,并从确认和回归土地级差收入属性的角度对土地级差收入问题进行了系统的讨论。放眼我国当前土地管理体制改革工作,在顶层设计上做好土地级差收入与土地税、房产税、行政事业性收费等的关系定位也至关重要,因而从宏观的土地收入体系中做好土地级差收入的论证工作也将成为下一步研究的重点。

参考文献

（一）马恩著作

《马克思恩格斯文集》第1卷，人民出版社2009年版。
《马克思恩格斯文集》第2卷，人民出版社2009年版。
《马克思恩格斯文集》第3卷，人民出版社2009年版。
《马克思恩格斯文集》第4卷，人民出版社2009年版。
《马克思恩格斯文集》第5卷，人民出版社2009年版。
《马克思恩格斯文集》第6卷，人民出版社2009年版。
《马克思恩格斯文集》第7卷，人民出版社2009年版。
《马克思恩格斯文集》第8卷，人民出版社2009年版。
《马克思恩格斯文集》第9卷，人民出版社2009年版。
《马克思恩格斯文集》第10卷，人民出版社2009年版。
《马克思恩格斯选集》第3卷，人民出版社2012年版。

（二）中文著作

陈征：《社会主义城市地租研究》，山东人民出版社1996年版。
邓宏乾：《中国城市主体财源问题研究：房地产税与城市土地租》，商务印书馆2008年版。
段进：《城市空间发展论》（第2版），科学技术出版社2006年版。
高鉴国：《新马克思主义城市理论》，商务印书馆2006年版。
国家统计局：《中国城市统计年鉴（2002—2016）》，中国统计出版社2002—2016年版。

国土资源部：《中国国土资源统计年鉴（2002—2016）》，地质出版社2002—2016年版。

贺雪峰：《地权的逻辑Ⅱ：地权变革的真相与谬误》，东方出版社2013年版。

蒋省三、刘守英、李青：《中国土地政策改革：政策演进与地方实施》，上海三联书店2010年版。

蒋学模：《资本主义的地租》第1版，上海人民出版社1954年版。

刘守英、周飞舟、邵挺：《土地制度改革与转变发展方式》，中国发展出版社2012年版。

刘震：《苏联经济学界论社会主义制度下的级差地租》，农业出版社1964年版。

吕萍、周滔等：《土地城市化与价格机制研究》，中国人民大学出版社2008年版。

罗马襄：《城市化进程中的土地管理》，湘潭大学出版社2014年版。

骆祖春：《中国土地财政问题研究》，经济科学出版社2012年版。

马学广：《城市边缘区空间生产与土地利用冲突研究》，北京大学出版社2014年版。

曲福田：《中国工业化、城镇化进程中的农村土地问题研究》，经济科学出版社2010年版。

田莉：《有偿使用制度下的土地增值与城市发展：土地产权的视角分析》，中国建筑工业出版社2008年版。

汪晖、陶然：《中国土地制度改革：难点、突破与政策组合》，商务印书馆2013年版。

王宏波：《社会工程研究引论》（第2版），科学出版社2017年版。

王卫国：《中国土地权利研究》，中国政法大学出版社1997年版。

吴易风：《吴易风文集：马克思经济学来源研究——英国古典经济理论》（第1卷），中国人民大学出版社2015年版。

习近平：《决胜全面建成小康社会夺取新时代中国特色社会主义伟大胜利：在中国共产党第十九次全国代表大会上的报告》，人民出版社 2017 年版。

习近平:《习近平谈治国理政》,外文出版社 2014 年版。

新玉言:《国外城镇化:比较研究与经验启示》,国家行政学院出版社 2013 年版。

原玉廷、张改枝:《新中国土地制度建设 60 年回顾与思考》,中国财政经济出版社 2010 年版。

张家庆:《地租与地价学》,中国国际广播出版社 1991 年版。

张立彦:《中国政府土地收益制度研究》,中国财政经济出版社 2010 年版。

张良悦:《城市化进程中的土地利用与农地保护》,经济科学出版社 2009 年版。

中共中央文献研究室编:《十八大以来重要文献资料选编上》,中央文献出版社 2014 年版。

中共中央文献研究室编:《十八大以来重要文献资料选编中》,中央文献出版社 2016 年版。

朱剑农:《马克思主义地租理论概要》,农业出版社 1984 年版。

朱剑农:《我国过渡时期的农业地租》,人民出版社 1957 年版。

(三) 中文译著

[美] 爱德华·弗里曼、杰弗里·哈里森、安德鲁·威克斯等:《利益相关者理论:现状与展望》,盛亚等译,知识产权出版社 2013 年版。

[美] 布赖恩·贝利:《比较城市化》,顾朝林等译,商务印书馆 2010 年版。

[英] 大卫·李嘉图:《政治经济学及赋税原理》,丰俊功译,光明日报出版社 2009 年版。

[法] 杜阁:《关于财富的形成和分配的考察》,南开大学经济系经济学说史教研组译,商务印书馆 1991 年版。

[法] 弗朗索瓦·魁奈:《魁奈〈经济表〉及著作选》,晏智杰译,

华夏出版社 2006 年版。

[美] 亨利·乔治：《进步与贫困》，吴良健等译，商务印书馆 1995 年版。

[荷] 何·皮特：《谁是中国土地的拥有者：制度变迁、产权和社会冲突》，林韵然译，社会科学文献出版社 2014 年版。

[英] 马尔萨斯：《地租的性质与发展》，何宁译，商务印书馆 1962 年版。

[英] 马歇尔：《经济学原理（下卷）》，陈良璧译，商务印书馆 2009 年版。

[法] 萨伊：《政治经济学概论：财富的生产、分配和消费》，陈福生等译，商务印书馆 1982 年版。

[英] 威廉·配第：《配第经济著作选集》，陈冬野等译，商务印书馆 1983 年版。

[美] 威廉·阿朗索：《区位和土地利用：地租的一般理论》，梁进社等译，商务印书馆 2007 年版。

[英] 亚当·斯密：《国富论》，郭大力等译，商务印书馆 2014 年版。

（四）中文论文

安徽省财政厅课题组：《基于土地经济学视角的土地出让金研究》，《经济研究参考》2006 年第 94 期。

蔡继明：《必须给被征地农民以合理补偿》，《中国审计》2004 年第 8 期。

曹飞：《土地储备制度中买方与卖方联动市场模型研究：兼对耕地保护和征地补偿问题的思考》，《中国人口、资源与环境》2013 年第 6 期。

程瑶：《制度经济视角下的土地财政》，《经济体制改革》2009 年第 1 期。

崔龙鹤：《社会主义经济中级差地租的探讨》，《延边农学院学报》

1980 年第 2 期。

窦欣、杨金亮：《土地出让金收入规模影响因素：基于省级面板数据的实证研究》，《经济与管理评论》2013 年第 6 期。

范方志、汤玉刚：《土地财政与收入分配》，《宁夏社会科学》2013 年第 5 期。

范辉、刘卫东、张恒义：《基于利益相关者理论的失地农民土地权益保护研究》，《地域研究与开发》2016 年第 4 期。

高强：《日本美国城市化模式比较》，《经济纵横》2002 年第 3 期。

宫香玲：《我国土地租税费体系存在问题与对策研究》，博士学位论文，天津师范大学，2006 年。

苟兴朝：《城乡建设用地增减挂钩中农民合法权益保障研究：基于马克思级差地租理论视角》，《农村经济》2012 年第 4 期。

顾乃华、陈秀英：《财政约束、城市扩张与经济集聚度、劳动生产率变动》，《经济学家》2015 年第 6 期。

桂华：《城乡建设用地二元制度合法性辨析：兼论我国土地宪法秩序》，《法学评论》2016 年第 1 期。

桂华、贺雪峰：《宅基地管理与物权法的适用限度》，《法学研究》2014 年第 1 期。

胡洪曙、杨君茹：《财产税替代土地出让金的必要性及可行性研究》，《财贸经济》2008 年第 9 期。

胡能灿：《城市化要谨防"空城计"：对当前"新造城运动"中空城现象的冷思考》，《国土资源》2010 年第 9 期。

贾雁岭、童锦浩、黄克珑：《房地产税、土地出让金对城市扩张的影响：以中国 35 个大中城市为例》，《城市问题》2016 年第 2 期。

蒋炳蔚、宋羽：《重构土地财政收入模式分析》，《财税监督》2016 年第 1 期。

金栋昌、王宏波：《城市扩张进程中土地增值收益的分配逻辑：对"涨价归公""涨价归农"的辩证分析》，《内蒙古社会科学》（汉文版）2016 年第 1 期。

金栋昌、王宏波、李天姿：《城镇化进程中土地出让金的属性回归与坚守：基于马克思主义地租理论的系统思考》，《社会主义研究》2016 年第 2 期。

李丹：《城市扩张中地方政府征地行为的角色定位研究》，《中山大学研究生学刊》（社会科学版）2013 年第 1 期。

李海海：《级差地租分配、公共服务供给与人口城镇化研究》，《马克思主义研究》2015 年第 1 期。

李宏：《中国城市化进程中土地产权交易研究》，博士学位论文，武汉理工大学，2005 年。

李永乐、吴群：《中国式分权与城市扩张：基于公地悲剧的解释》，《南京农业大学学报》（社科版）2013 年第 1 期。

厉伟：《城市化进程与土地持续利用》，博士学位论文，南京农业大学，2002 年。

刘琼、吴斌、欧名豪等：《土地利用总体规划与城市总体规划冲突的利益相关者属性分析及治理策略选择》，《中国土地科学》2011 年第 9 期。

刘守英、蒋省三：《土地融资、城市扩张与金融风险——来自一个发达地区的个案》，《不动产开发与投资和不动产金融——2005 年海峡两岸土地学术研讨会论文集》，乌鲁木齐，2005 年 8 月。

刘熙钧：《对社会主义级差地租范畴问题的认识》，《中国经济问题》1962 年第 2 期。

刘英博：《集体土地增值收益权归属的分析与重构》，《东北师大学报》2014 年第 3 期。

栾锋：《论马克思级差地租理论的重大现实意义》，《经济理论与经济管理》1984 年第 1 期。

马壮昌：《近年来关于社会主义农业级差地租问题的讨论》，《兰州学刊》1986 年第 3 期。

牛彦军：《城市化过程中土地可持续利用研究》，博士学位论文，中国地质大学，2008 年。

潘光辉：《级差地租分享制度：生成、特点与出路》，《江汉论坛》2007年第8期。

平新乔、黄昕、安然：《地方财政收入中的土地出让金和房地产税收问题研究》，《中州学刊》2016年第7期。

邵绘春：《城市化进程中农民土地权益变化研究》，博士学位论文，南京农业大学，2010年。

沈飞、宋道林：《政府和农村集体土地收益分配关系实证研究：以我国土地征用—出让过程为例》，《中国国土资源经济》2004年第8期。

司马文妮：《中国城市化进程中的土地利用问题研究》，博士学位论文，西北农林科技大学，2011年。

孙秀林、周飞舟：《土地财政与分税制：一个实证解释》，《中国社会科学》2013年第4期。

孙玉环、张金芳：《中国家庭住房产权类型分化研究》，《数量经济技术经济研究》2014年第3期。

谭术魁、宋海朋：《我国土地城市化与人口城市化的匹配状况》，《城市研究》2013年第11期。

汤林闽：《中国土地出让金收支状况：2007—2014》，《财经智库》2016年第1期。

唐燕、许景权：《建立城乡统一的建设用地市场的困境分析与思路突围》，《城市发展研究》2014年第5期。

唐在富：《中国政府土地相关收入的财政学属性分析：兼论土地出让收入与房地产税并存的理论依据》，《发展研究》2013年第11期。

唐卓：《构建土地出让收入全民共享机制的研究》，《经济研究参考》2013年第59期。

陶玉厚：《城市宏观级差地租制探索》，《财贸研究》2000年第5期。

王代月：《〈资本论〉中的生产关系现象学研究》，《教学与研究》2012年第1期。

王宏新、勇越：《城市土地储备制度的异化与重构》，《城市问题》

2011年第5期。

王家庭、张俊韬：《我国城市蔓延测度：基于35个大中城市面板数据的实证研究》，《经济学家》2010年第10期。

王克强、胡海生、刘红梅：《中国地方土地财政收入增长影响因素实证研究》，《财经研究》2012年第4期。

王克强、刘红梅、张璇：《美国土地财政收入发展演化规律研究》，《财政研究》2011年第2期。

王克忠：《试论城市级差地租Ⅲ》，《上海市经济管理干部学院学报》2005年第1期。

王书明、刘元胜、郭沛：《不同用途农村集体土地征收中的收益分配研究：以辽宁省辽阳市为例》，《农业经济问题》2012年第10期。

王巍巍：《我国城市化进程中的土地增值研究》，博士学位论文，中国地质大学，2011年。

王小斌、李郁芳：《土地财政、城镇化与城乡收入差距：基于1999—2011年省级面板联立方程的实证研究》，《产经评论》2014年第5期。

王郁：《发达国家城市扩张中的开发规制与规划调控：以英美两国为例》，《城乡规划》2012年第2期。

魏浩光：《论社会主义城市经济中的级差地租》，《东北师大学报》1984年第3期。

许安拓、修竣强：《破解地方依赖土地财政的畸形发展模式》，《人民论坛》2012年第3期。

许经勇：《论级差土地收入》，《福建论坛》1983年第6期。

姚震宇：《空间城市化机制和人口城市化目标：对中国当代城市化发展的一项研究》，《人口研究》2011年第5期。

叶林、吴木銮、高颖玲：《土地财政与城市扩张：实证证据及对策研究》，《经济社会体制比较》2016年第2期。

余瑞祥：《级差地租论：对马克思地租理论的新说明》，《经济评论》1999年第3期。

张朝尊、吕益民：《论社会主义的级差收益与级差地租及其分配》，《经济科学》1991年第1期。

张赋：《关于级差地租形成原因的探讨——学习〈资本论〉第三卷第六篇的体会》，《天津师大学报》1983年第3期。

张继光：《关于社会主义级差地租的几个问题》，《学术月刊》1985年第6期。

张娟锋、贾生华：《新加坡、中国香港城市土地价值获取机制分析与经验借鉴》，《现代城市研究》2007年第11期。

张向强、姚金伟、孟庆国：《"双轮驱动"模式下土地出让金支出的影响研究》，《中国经济问题》2014年第5期。

张琦、金继红、张坤等：《日本和韩国土地利用与经济发展关系实证分析及启示》，《资源科学》2007年第2期。

张清勇：《纵向财政竞争、讨价还价与中央—地方的土地收入分成》，《制度经济学研究》2008年第4期。

张艳萍、赵鲁、王辉：《经营城市中失地农民的级差地租分配》，《甘肃农业》2007年第5期。

赵家祥：《〈资本论〉及其手稿中的生产关系理论》，《新视野》2013年第4期。

赵杰：《地方政府与土地政治——当代中国级差地租分配的政治学分析》，《"后国际金融危机时代的世界社会主义"学术研讨会暨当代世界社会主义专业委员会2010年年会论文集》，北京，2010年8月。

赵燕菁：《土地财政：历史、逻辑与抉择》，《城市发展研究》2014年第1期。

周晓维、王辉：《土地财政与城市扩张的相关性分析：基于新制度经济学的视角》，《经济与管理》2010年第7期。

朱介鸣：《制度不确定性下中国城市化过程中的土地开发》，《公共行政评论》2011年第1期。

朱靖娟、李放：《土地出让金收益分配原则建构：源自分配正义理论的启示》,《新疆大学学报》2013年第2期。

踪家峰、杨琦:《中国城市扩张的财政激励:基于1998—2009年我国省级面板数据的实证分析》,《城市发展研究》2012年第8期。

(五) 网站

《2016年非户籍人口落户城市政策》,劳动法资讯,http://www.mip. laodongfa. yjbys. com。

《2016年全国农村土地确权已完成多少?农业部给出答案》,土流网,http://www.m.tuliu.com/wnews/read-45318.html。

《中华人民共和国宪法(1954)》,中国人大网,http://www.npc. gou. cn/wx2l/wx2l/2000-12/26/content4264. htm。

《中华人民共和国宪法(1975、1978)》,法律图书馆网,http://www. aw-lib. com/lwa/law_ view. asp. id = 343216。

国家财政部:《中国财政年鉴(2000—2016)》,数据圈网站,http:// www. shujuquan. com. cn/thread-3611647-1-1. html。

国家统计局:《中国统计年鉴(2000—2017)》,国家统计局网站,http://www. stats. gov. cn/tjsj/ndsj/。

国家统计局:《中华人民共和国2017年国民经济和社会发展统计公报》,国家统计局网站,http://www. stats. gov. cn/tjsj/zxfb/2018 02/t20180228_ 1585631. html。

国土资源部、住房和城乡建设部:《关于利用集体建设用地建设租赁住房试点方案》,中华人民共和国国土资源部网站,http:// www. mlr. gov. cn/zwgk/zytz/201708/t20170828_ 1578400. htm;《中华人民共和国土地改革法(1950)》,中国人大网,http://www. npc. gou. cn/wxzl/wx2l/2001-12-26/content4264. htm。

CEIC数据库,https://www.ceicdata. com/zh-hans/products/global-economic-database。

席斯:《土地收益近半被控分配新规酝酿中》,经济观察网,http:// www. eco. com. cn/2011/1107/215/42. shtml。

袁贺：《我国的土地城镇化明显快于人口城镇化》，中国乡村发现网，http：//www.2gxcfx.com/Artical/83926.html。

中共中央办公厅、国务院办公厅：《关于完善农村土地所有权承包权经营权分置办法的意见》，中华人民共和国中央人民政府网站，http：//www.gov.cn/zhengce/2016-10/30/content_5126200.htm。

中共中央国务院：《关于加快发展现代农业进一步增强农村发展活力的若干意见》，中华人民共和国中央人民政府网站，http：//www.gov.cn/gongbao/content/2013/content_2332767.htm。

《中华人民共和国合资经营企业法（1979）》，360个人图书馆，http：//m.baidu.com/mip/c/www.360dol.cn/mip/131368601.html。

中华人民共和国审计署：《2013年第32号公告：全国政府性债务审计结果》，中华人民共和国审计署网站，http：//www.audit.gov.cn/n5/n25/c63642/content.html。

《中华人民共和国宪法（1982）》，中国人大网，http：//www.npc.gov.cn/wx2l/wx2l/2000/12/26/content_4264.htm。

（六）外文著作

David Harvey, *Consicousness and the Urban Experience*, Oxford: Blackwell, 1985.

David Harvey, *Limits to Capital*, Oxford, England: Basil Blackwell, 1982.

David Harvey, *The Urban Experience*, Oxford UK & Cambridge USA: Blackwell Publishers, 1989.

David Harvey, *The Urbanization of Capital*, Oxford UK: Basil Blackwell Ltd, 1985.

Evans A. W., *Urban Economics: An Introduction*, Oxford: Blackwell, 1985.

Friedmann J., *Regional Development Policy: A Case Study of Venezuela*, Cambridge, Mass: MIT Press, 1966.

（七）外文期刊

Akinobu Murakami, Alinda Medrial Zain, Kazuhiko Takeuchi, et al., "Trends in Urbanization and Patterns of Land Use in the Asian Mega Cities Jakarta, Bangkok, and Metro Manila", *Landscape and Urban Planning*, 2005.

Anna Burger, "Land Valuation and Land Rents in Hungary", *Land Use Policy*, 1998.

Bolgov, "Differential Rent under Socialism", *Problems of Economic Transition*, 1961.

Bourassa, S. C., Neutze, M. Strong, A. L., "Assessing Betterment under a Public Premium Leasehold System: Principles and Practice in Canberra", *Journal of Property Research*, 1997.

Donald Hagman & Dean Misczynski, "Wind Falls for Wipe Outs: Land Value Capture and Compensation", *American Society of Planning Officials*, 1978.

D'Arcy, E., McGouth, T., Tsolacos, et al., "National Economic Trends, Market Size and City Grow Effects on European Office Rents", *Journal of Property Research*, 1997.

Eli Ophek, "On Samuelson's Anaysis of Land Rent", *American Journal of Economics and Sociology*, 1973.

Evans, A. W., "On Differential Rent and Landed Property", *International Journal of Urban and Regional Research*, 1992.

E. F. Lambin, B. L. Turner, H. J. Geist, et al., "The Causes of Land-use and Land-cover Change: Moving Beyond the Myths", *Global Environmental Change*, 2011.

E. Kalnay, M. Cai, "Impact of Urbanization and Land Use on Climate Change", *Nature*, 2003.

Fran Ackerman, Colin Eden, "Powerful and Interested Stakeholders Matter: Their Identification and Management", *Academy of Management Best Conference Paper*, 2003.

George Economakis Critique, "Differential Rent, Market Values and 'False' Social Value: Some Implications", *Journal of Socialist Theory*, 2010.

George E. Economakis, "On Absolute Rent: Theoretical Remarks on Marx' Analysis", *Science & Society*, 2003.

Hartwick, John M., "On the Development of the Theory of Land Rent", *The Journal of Land & Public Utility Economics*, 1989.

H. Alphan, "Land-use Change and Urbanization of Adana", *Turkey, Land Degradation & Develpment*, 2003.

Jayati Ghosh, "Differential and Absolute Land Rent", *The Journal of Peasant Studies*, 1985.

John Henneberry, Tony McGough, Fotis Mouzakis, "The Impact of Planning on the Local Business Rent", *Urban Studies*, 2005.

Lawrence A. Leger, "Land Rents and the Demand for Protection", *The International Trade Journal*, 1993.

Mickey Lauria, "The Implications of Marxian Rent Theory for Community-Controlled Redevelopment Strategies", *Journal of Planning Education and Research*, 1986.

M. Bronshtein, "Distribution of Differential Rent Under Socialism", *Problems of Economic Transition*, 1960.

M. Sattinger, "Differential Rents and the Distribution of Earnings", *Oxford Economic Papers*, 1979.

Nick Devas, "Planning and Management of Urban Development in the 1990s: New Directions for Urban Development in Rapidly Urbanising Countries", *Cities*, 1990.

Roberts, C., "The Definition of a Region, Department of Town and Regional Planning", *University of Sheffield*, 2002.

S. Strumilin, "Differential Ground Rent under Socialism", *Problems of*

Economic Transition, 1961.

Emmanuel, Dimitris, "Urban Land Prices and Housing Distribution: Monopolistic Competition and the Myth of the 'law' of Differential Rent," *Urban Studies*, 1985.

索　引

B

博弈关系　92,121—123,184,234,
　239,240,252,289,292

补偿(安置)成本　177

C

"产业—土地—人口"的城镇化模式
　72

财产性收入　195,217,222,243,244,
　246,258,275,284,296

财政转移支付　131

差饷　283

拆迁补偿　71,109,117,197,216,
　217,219,226,227

产权标的物　220,221,223,292

产权性收入　67,287

产业兴地　273,294

城市空间网络　142,147,148

存量土地　49,95,109,111,133,134,
　146,147,152,194,196,261

D

地方政府基金　116

地租　1,5—67,69,70,79,81,83—
　89,91—96,98—102,104,117,118,
　142—149,152,154—158,175,176,
　183—186,188—190,195,201,202,
　204,221,231,232,236,237,249,
　250,254—257,259,262,265,266,
　285—287,290,291,295,296

地租竞价曲线图　142

动态分配机制　214,216,218

F

发展性维度　191,290

方法论　5,6,8,14,28—31,46,47,
　57,58,60—65,79,84,87,102,249,
　259,263,285—287,295

房地产税　7,15,81,83,91,131—
　133,204,272,283

分配悖论　218,230,232,236

分配关系　6,12,13,27,41,54,60,

63,84,85,96,206,214—220,223,230—233,235—239,243,245,258,279,280,284,286,288,291,292,297

分税制 114,115,117,130,131

G

工资性收入 244,246,275,284,296

公平性维度 191,290

公有共享 7,61,63,69,95—97,209,220,238,239,260,261,267,276,280,281,287,288,291,294—297

国有土地 2,24,25,64,68,69,95,96,104—107,109,110,116,117,123,127,128,134,136,138,139,158,160—162,164—166,174,175,177,179,196—198,212,214—216,218,220,227,231—234,242,252,271,276,277,281,283

H

合理性维度 191,290

横向群体 207

J

"经济人"理性 110,125

级差地租Ⅰ 12,42,44,48—53,55,56,62

级差地租Ⅱ 12,42—44,48—51,53,55,57,62

级差地租量 48,51,53,55

级差土地收入 9,10,12

集体建设用地入市 240,242,297

集体土地 2,4,12,17,24,25,105,108—110,119,127—129,174,177,178,182,194,212,222,223,237,241,271,281

渐进式改革 256,257,293,295

结构性弱化 130,131

经济性收入 67,70—72,89,287

净利润 177

静态分配机制 214,216,292

绝对地租 19—22,34,36,41—43,46,53,54,62,63,184,285,286

L

利益共同体 7,63,209—213,221,222,233,235,237,238,241,242,246,256—258,260,261,268,291—293,296,297

利益偏好 110,113,289

利益相关者 7,63,71,92,102,206—213,215,217,219,222,228,229,234,238—241,244,246,253,257,258,260,261,265,266,270,279,280,284,291—293,295,296

垄断地租 41,44,50,53,54,62,63,147,184,185,195,285,286

N

逆向收入分配 227—229,292

农地价格因素修正算法 178

农改非　108

Q

前期开发成本　70,177,215

去租改税　265,266

全民共享机制　71,238,239,292

R

人口城镇化　1,2,68,92,139—141,153,154,167—171,173,229,246,290,294

S

三权分置　240—242,246,267,281,294,297

社会保障成本　177

社会效益最大化　96,97

社会主义公有制　6,7,63,69,79,80,82—84,95—97,104,127,188,220,221,238,249,253,257,259,261,264,266,268,269,271,280,281,286—288,293,294,296

生产关系维度　33,37,39,46,58

生产力维度　33

双向阶段化特征　202,291

税制改革　81,115,116,269,279

T

土地财政　1—7,9,14,15,29,63,84,92,94,111,114—116,122,123,127,129—132,135,136,138,157,159,173,188,194,198,201—203,208,212,224,227—229,250—252,256,257,269,271—273,275,279,285,288,289,292,293,295

土地承包权　241,267

土地城镇化　1,2,4,68,74,91,127,139—141,153,167,170—173,202,204,229,230,260,261,284,290,294

土地出让金　1—5,7,8,14,28,31,64,69,72,83,84,90—92,94—101,104,107,109,111,114,116—118,122,123,130,132,135,153,155,157,158,164,175—177,184,196,197,201,203,204,207,215,216,221,227,228,232,234,244,248,254—256,259—261,265,267,269,270,272,279,284,285,287—289,293,296,297

土地出让收入　14,15,71,76,100,111,114—117,123,152,154,155,157,191,196—199,201,202,216,228,238,256,294

土地储备　110,117,124,125,130,133—135,176,228,282,283,289,294

土地纯收益　69,71,287

土地费　72,154,255

土地级差收入　1,5—9,12,14,16,27—31,54,57,58,60—72,74—104,106—114,116—123,125—

130,133,135—139,141,142,144—149,151—162,167,168,173—177,180,183,185—189,191—198,201—222,225—228,230—240,242—269,271,272,276,277,279—282,284—297

土地级差收入范式 260,261,293

土地级差收入量 17,84,135,136,138,139,156—167,172—177,180,183—195,198,200—205,289—291

土地价格 13,16,17,34,38,48,55,99,104,119,120,142,180,188,224,232,290

土地开发成本 96,109,111,190,194,196,244,279

土地可持续利用 1,15,97,291

土地年租 98,100,204,270,271

土地批租 89,98,100,105,179,222,270,278

土地权利 41,67,102,103,105,107—110,125—129,267,268,281,288,289,293

土地权益 16,17,208

土地确权 217,240—242,281

土地入股 194,195,204,217,270

土地使用权 13,34,40,60,67,69,83,85,86,90,97,105—107,112,127,148,153,155,156,164,175,177,184,187,214—217,221,227,231—233,237,239,257,267,270,275,277,288,291,296

土地使用权让渡 104,156,177,254,258,268,291

土地市场 17,20,23,67,85,86,103—106,108,119,122,123,130,133,165,179,189,191,202,215,232,240,242,251,263,276,278,280,282,283,288,294,295

土地市场体系 103,105,106,237,238,242,288,295

土地收入 1,5,18,19,27,31,64,65,67—71,81—85,89,95—97,105,109,114,122,123,125,138,139,154,155,159—162,183,187,204,234,238,246,254,259—261,263,266,268,271,287,288,292,293,297

土地收益基金 284,295

土地税 31,69—72,76,84,94,139,147,148,154,155,162,214,224,252,254,255,287,293,294,297

土地所有权 5,6,22,34,39—41,44,53,54,56,58—60,63,65,67,70,80,81,93—95,97,102,103,105,107,109,111,126—128,146,209,214,222,224,225,231,241,249,252,253,255,265,267,271,281,285—288,291,294,296

土地有偿流转 103

土地增值 17,82,85,108,118,132,133,139,162,177,207,214—217,223,224,236,244,246,258,267,

270—272,296

土地整体规制权　252

土地资产　64,92,93,103,125,174,176,183—185,212,213,217,228,239,244,250—252,262,263,266,267,271,274,278,282,283,290,294—296

土地资源　7,15,23,48,61—64,70,86,92,97,99,102—104,118,125,126,133,165,166,174,176,182—187,191,209,212,213,220,221,234,237—239,244,262,263,266,267,269,270,272,278,279,282,288,290,296

X

效率性维度　191,290

协议出让　120,157,164—167,283

新型城镇化　1,2,4—8,14,32,90—92,98,99,129,149,152—154,156,170,195,201,204,205,213,229,230,246,257,260,261,272,273,276,279,294

Y

营业税改增值税　115

庸俗经济学　17,18,21,22

有计划的商品经济　86

预算内收入　111,115,116,118

预算外收入　111,116,118,130,191

Z

增量土地　49,95,111,112,134,146,147,152,192,196,291

占有关系　48,54,56

涨价归公　221,222,224,225,295

涨价归农　221—223,225,295

招拍挂　104,164—167,215,232,283

征地案例比较法　178

征地费用　177,180,214,215,290

征地区片综合地价方法　178,179

政府职能　29,207,223,238,276,294

政绩考核体系　123

制度激励　130

制度伦理　207—209,291

制度优势　85,95—98,211,234,240,251,252,255,271,280,288

制度自信　95,96,98,211,285,288

中国特色社会主义政治经济学　1,5,8,29,31,65,285,297

重农学派　18,19

住房安置　109

资本化转向　103,104,288

资本循环关系　142

纵向群体　207,210,211,213,291,296

租赁市场　41,282,283,286,295

租赁性收入　67,95,287,296

"中心—外围"发展模型　149

后　　记

文至尾声，终有那么一个回顾读博点滴的环节。细想起来，这六年的学与思、行与止之间，也确有许多事、许多人值得纪念和感谢。可以说，从文章题目的确定，到中期小论文的撰写，再到整篇文章的成稿，过程虽略显冗长，但其中之感、之味无不记忆犹新。如今看来凡此种种，不啻为学术生涯的宝贵历练。

我的博士论文选题缘起于我的博士生导师——王宏波先生对我国当前"土地财政"问题及发展走向的关切。一直以来，他都注重从马克思主义基本理论的视角来关注和研究中国特色的经济社会现象，并始终坚持以发展的马克思主义来论证和分析这些现象背后的内在机理。2013年，正当王老师思考"土地财政分配正义"的问题时、正当我在准备博士论文选题报告时，这个题目就与我结了缘、绑定在了一起。接下来，从2013年到2015年的两年时间里，我都在为如何破题而"上下求索"，直到小论文《城镇化进程中土地出让金的属性确认与回归》的成型，本书的框架体系才算是基本敲定。接下来，在经历了2016年和2017年两个寒暑的缓慢思考与写作之后，这篇论文才终见天日。五年时间里，我本人的研究感觉先后经历了理论"黑洞"、朦胧之感、小确幸、自我否定乃至当下的稍显从容，每一种感觉都回味不已。庆幸的是，在每一个阶段，王老师都会利用每次集体学习的机会给予我精心指导，都会以同门"头脑风暴"的方式给我以启示。这或许就是社会科学理论研究的特点和魅力所在，这也或许就是每一个学术人都必须经历的自我"蜕变"。在此，感恩王老师、感恩同门，谢谢你们的学术导航与支持！

读博的六年也是工作的六年。当我陷入苦苦思索而止步不前的时候，我的硕士生导师、我工作上的领导——刘吉发先生总是给我以鼓励和引导。每每与他讨论我的文章进度与成果时，他总能从马克思的经典著作、从他的个人研究经验中给予我启发和鼓励，甚至每当他发现与我论文有关的高水平文献时，他都会第一时间把这些文献转发给我。在此，感恩刘老师，感恩工作中给予我理解和支持的领导与同事，谢谢！

人的精力终究有限，当我把主要经历放到工作和学习上时，也便失去了很多陪同家人的机会。感谢我的爱人杨娜对我学习的无条件支持，感谢我的女儿依依带给我生活上的快乐，感谢我的父母、岳父母给予我宽容和家庭上的帮助。谢谢你们，人生有你们才更幸福！

感谢论文答辩老师、评审老师们的辛苦指导，拙文终是一人之思，难免疏漏，诚挚感谢诸位教授大咖们迷津点悟，谢谢。

学而无涯，研亦无涯。感谢这六年读博时光带给我的幸福和人生财富，感谢西安交通大学、长安大学，感谢这个有梦、能奋斗的伟大时代。